U0537026

[意] 卢多维克·安东尼奥·穆拉托里 著 | 孔 莉 译

ANNALI D' ITALIA

# 意大利编年史
## （卷一）

罗马帝国时期：1—340 年

第二册

吉林出版集团股份有限公司

# 目　录

公元138—160年　　安东尼努斯·庇乌斯（Antoninus Pius）/ 001

公元161—169年　　马库斯·奥勒留斯（Marcus Aurelius）/ 036
　　　　　　　　　　卢基乌斯·维鲁斯（Lucius Verus）/ 036

公元170—179年　　马库斯·奥勒留斯（Marcus Aurelius）/ 058

公元180—192年　　康茂德（Commodus）/ 083

公元193年　　　　　埃尔维乌斯·佩蒂纳克斯（Helvius Pertinax）/ 114
　　　　　　　　　　狄第乌斯·尤利安努斯（Didius Iulianus）/ 114
　　　　　　　　　　塞普蒂米乌斯·塞维鲁斯（Septimius Severus）/ 114

公元194—197年　　塞普蒂米乌斯·塞维鲁斯（Septimius Severus）/ 126

公元198—207年　　塞普蒂米乌斯·塞维鲁斯（Septimius Severus）/ 143
　　　　　　　　　　卡拉卡拉（Caracalla）/ 143

公元208—210年　　塞普蒂米乌斯·塞维鲁斯（Septimius Severus）/ 165
　　　　　　　　　　卡拉卡拉（Caracalla）/ 165
　　　　　　　　　　塞普蒂米乌斯·盖塔（Septimius Geta）/ 165

公元211—212年　　卡拉卡拉（Caracalla）/ 170
　　　　　　　　　　塞普蒂米乌斯·盖塔（Septimius Geta）/ 170

公元213—216年　　卡拉卡拉（Caracalla）/ 176

公元217年　　　　　马克里努斯（Macrinus）/ 187

公元218年　　　　　马克里努斯（Macrinus）/ 194

| | 埃拉伽巴路斯（Elagabalus）/ 194 |
|---|---|
| 公元219—221年 | 埃拉伽巴路斯（Elagabalus）/ 200 |
| 公元222—234年 | 亚历山大（Alexander Severus）/ 207 |
| 公元235—237年 | 马克西米努斯（Maximinus Thrax）/ 237 |
| 公元238年 | 马克西米努斯（Maximinus Thrax）/ 246 |
| | 戈尔迪安努斯一世与二世（Gordianus I e II）/ 246 |
| | 普皮恩努斯与巴尔比努斯（Pupienus e Balbinus）/ 246 |
| | 戈尔迪安努斯三世（Gordianus III）/ 246 |
| 公元239—243年 | 戈尔迪安努斯三世（Gordianus III）/ 256 |

# 第二册（公元138—243年）

年　份　公元138年　小纪纪年第六年

希吉努斯教皇第一年

安东尼努斯·庇乌斯皇帝第一年

执政官　卡梅里努斯（Camerinus）与尼格鲁斯（Nigrus）

迄今为止仍无法确定这两位执政官的名字。有些人猜测他们的名字是苏尔皮基乌斯·卡梅里努斯（Sulpicius Camerinus）与昆提乌斯·尼格鲁斯（Quintius Nigrus），但只有发掘出几块碑文，才能够更清楚地告知我们他们的真实名字。

从《大马士革编年史》（*Anastas. Bibliothecarius.*）中可以得知，圣福禄教皇于这一年初去世，完成教皇任期，他的继任者为圣彼得·希吉努斯。尽管哈德良没有颁布任何反基督徒的新法令，但之前的一些法令仍然有效，而异教祭司们一直对基督徒怀有敌意。在哈德良统治下，许多基督教徒宁愿牺牲性命，用自己的鲜血来显示对耶稣基督的忠诚。据尤塞比乌斯（*Eusebius, Hist. Ecclesiast., lib. 4, c. 3.*）和圣哲罗姆（*Hieron., de Viris Illustr.*）证实，圣人夸德拉图斯（Quadratus）和阿里斯蒂德斯（Aristides）向哈德良表示了对基督教的支持，这也产生了一些积极影响。尽管如此，当时仍有一些反基督徒的人，他们煽动法官对基督教的追随者施以残酷的刑罚。哈德良的养子卢基乌斯·埃利乌斯·恺撒与圣福禄教皇同一天去世，似乎他是因身体突然不适而逝世。据斯帕提安努斯（*Spartianus, in Hadriano.*）所述，卢基乌斯·埃利乌斯·恺撒原本准备于1月1日这天在元老院发表一场演讲（由他写作，或是由某个老师为他写作的），以表达对哈德良收他为养子的感激之情。这一表述与巴基神甫（*Pagius, Critic. Baron.*）认为他于公元130年被收养的说法完全不符。有些人认为卢基乌斯·埃利乌斯在元老院发表演讲这件事发生在公元136年，据猜测，他本该在前一年，即公元135年完成演讲，但由于身体不适，演讲活动推迟。但他也没能在这一年完成，因为就在同一天，死神夺走了他的生命。那时人们正在为皇帝的健康庄严祈福。卢基乌斯·埃利乌斯的妻子是多米提乌斯·尼格里努斯（Domitius Nigrinus，在哈德良统治初期被杀死）的一个女儿，他们有一个儿子叫卢基乌斯·凯奥尼乌斯·康茂德（Lucius Ceionius Commodus）。不久我们会看到哈德良对这个孩子有多么喜爱。

卢基乌斯·埃利乌斯的去世打乱了哈德良的计划，几周来他都在想着收养另一个养子以弥补这一损失。罗马人非常幸运，因为哈德良最终把人选定为提图斯·奥勒留斯·弗尔维乌斯·博伊奥尼乌斯·安东尼努斯（Titus Aurelius Fulvius Boionius Antoninus），他曾是公元120年的执政官。斯帕提安努斯（*Spartianus, in Hadriano.*）称他为阿利乌斯·安东尼努斯（Arrius Antoninus）；而尤利乌斯·卡皮托里努斯（*Capitolinus, in Titus Antoninus.*）则给予了他上述的名字，他认为阿利乌斯·安东尼努斯是奥勒留斯的祖父。奥勒留斯是元老院议员，哈德良非常清楚他所具备的美德，于是将收他为养子并指定他为皇位继承人的计划告知了他。另外，由于安东尼努斯也没有男性子嗣，因此哈德良希望他可以收养马库斯·奥勒留斯·维鲁斯

（Marcus Aurelius Verus）与卢基乌斯·凯奥尼乌斯·康茂德为自己的养子——前者是哈德良的妻子萨比娜·奥古斯塔的一个兄弟阿尼乌斯·维鲁斯（Annius Verus）之子；后者是我们刚刚讲到的卢基乌斯·埃利乌斯·恺撒之子，生于公元130年，当时还是个只有8岁的孩子。安东尼努斯对此事考虑了一段时间，后来接受了这一对他有利的提议。于是，身体越来越差的哈德良就在2月25日这天举行了隆重的仪式，宣布安东尼努斯为他的养子，授予安东尼努斯"恺撒"的封号，并任命他为帝国的共治者，拥有保民官权力和行省总督指挥权。巴基神甫认为安东尼努斯还得到了"皇帝"的头衔，但我们没有充分的证据证明此事。哈德良在元老院介绍他这个新收的养子时说道，虽然死神夺走了他的儿子卢基乌斯·埃利乌斯，但如今他又找到一个品德高尚、性情温顺、心思缜密的人选，而且他正值壮年，因此不必担心他会由于年轻莽撞而治理不好国事，或者由于年老虚弱而无力顾及政务。这样一个有才能的人被选举为皇位继承人本应该会赢得每个人的欢呼和掌声。但谁不渴望这一切呢？元老院的许多人都渴望得到这一至高无上的荣誉，尤其是卡提利乌斯·塞维鲁斯（Catilius Severus），他曾任执政官，当时是罗马总督，一直觊觎着皇位。考虑到他一定会大发怨言，哈德良提前撤去了他的职位。此时哈德良虽然发现很多人在有意违背他的意愿，但他认为是元老院因他身患疾病而故意轻视他，于是开始放任自己做一些残忍的行为。一些人认为哈德良本性就偏残忍，只是看到了多米提安努斯的结局，出于害怕而避免表现出来。但狄奥尼（Dio, lib. 69.）不赞成这种说法，他认为哈德良只是因为几次过度愤怒而变得残忍。另外，哈德良在这一时期患上了一种让人烦扰的疾病，这令他心情非常不好，不仅对他人心怀愤怒，甚至对自己也满腔怒火，正因如此，他渐渐变得没有以前那么温和仁慈了。

哈德良处死了他的姐夫塞尔维安努斯（Servianus），也就是他已逝世的姐姐宝琳娜（Paolina）的丈夫（*Spartianus, in Hadriano.*）。在这之前，哈德良一直很喜爱、尊重塞尔维安努斯，他三次提拔塞尔维安努斯为执政官，每次知道塞尔维安努斯要来皇宫的时候，他总会走出房间亲自迎接。自从完成对安东尼努斯的收养工作后，哈德良就对塞尔维安努斯起了疑心，他怀疑塞尔维安努斯尽管已90岁高龄，但一直计划着篡夺皇位，因为他观察到塞尔维安努斯邀请宫廷仆人共进晚餐，有一天塞尔维安努斯还神气十足地坐在自己床边的皇帝座椅上,并且昂首阔步走进士兵营地,就好像要给他们发号施令一样。狄奥尼(*Dio, lib. 69.*)明确写道,塞尔维安努斯和他的侄子弗斯库斯(Fuscus)对哈德良收养继子一事非常不满,他们认为哈德良这样做是将一个完全没有关系的人置于他姐姐的侄子之前。因此哈德良将这二人全都处死了。据说,塞尔维安努斯在行刑时来到火堆前,放上供香,就像是在祭祀一样,说道:"不朽的神灵啊,请见证我的无辜!我只向你们请求一件事情,我希望哈德良即使热切地渴望死亡,也永生不死。"狄奥尼没有再讲到这一时期其他被哈德良下令处死的人。但斯帕提安努斯写到其他几个被秘密处死的人。有传言称哈德良的妻子萨比娜·奥古斯塔可能是被哈德良下毒而在这一年去世的。斯帕提安努斯认为这只是一个谣言。事实上,除了一些大人物,没有人相信这些谣言。尽管奥勒留斯·维克多(*Aur. Victor, in Epitome.*)生活的年代离这一年很遥远,但他依然在作品中写哈德良在去世之前,处死了很多元老院议员,而萨比娜因为丈夫的蹂躏和摧残最终选择了自杀。她曾在公开场合讲过哈德良的残忍本性,说她会尽一切可能不为他生子,因为她害怕会生出某个残害人类的可怕怪物。我们认为这些说法有真实的成分,也混杂着很多虚假的成分。如果卡皮托里努斯(*Capitolin., in Antoninus Pius.*)所述属实——哈德良下令要求安东尼努斯收养的继子马库斯·奥勒留斯是萨比娜兄弟的儿子,那么似乎可以说明哈德良对妻子并没有那么残忍。尽管如此,所有历史学家都一致认为,对元老院来说,比起哈德良在统治之初处死那四位著名的执政官,以及在生命之末又杀死一些人的行为,他一生做出的那些伟大的功绩似乎什么都不是,因为他违背了他反复重申的诺言,所以元老院也不愿授予逝世的哈德良任何惯常的荣誉。这一点我们很快就会看到。

哈德良的病越来越严重,到最后全身浮肿,还伴随着疼痛,他不仅对身体的不适感到无法忍受,也对自己的生命厌烦了(*Dio, lib. 69. Spartianus, in Hadr. Aurelius Victor, in Epit.*)。他没有凭借皇帝的权势去寻找治疗方法,却选择求助于魔法,但这对他并没有什么帮助。因此,哈德良感到十分绝望,他什么也不想要,只想要死亡,要么他自己动手自杀,要么被他人下毒或者用匕首刺穿心脏。他承诺,凡是帮助他死去的人不但不会受到惩罚,还会收到一笔财富。但没有人愿意这么做。哈德良拜托他的医生，向他恳求并威胁他，但这个医生宁愿自己死也不愿亲手杀了皇帝。他还请求一个仆人杀了他，仆人跑去将此事通报给了安东尼努斯。为了安抚哈德良，让他不再有这种可怕的想法，安东尼努斯·恺撒带着禁军总督来到哈德良的房间。哈德良见自己的计划被发现大发雷霆，下令处死那个仆人。安东尼努斯救下了那个仆人，并让哈德良相信他的命令已经执行了，同时他对那个仆人严密看护，还说如果他没有尽力保住仆人的性命（Spartianus, in Hadrian. Aurel.），他会认为自己是个杀人犯。安东尼努斯还编造了一个故事，他让一个女人前来告诉哈德良，她先前收到一个神灵的指令让她来通知他，他的疾病会痊愈的，但因为她没有这样做，所以变成了瞎子。后来那女人再次来告诉哈德良，她做了一个梦，梦里神灵告诉她，只要她亲吻哈德良的膝盖，她就能恢复视力。这件事很容易就实现了。还有一个来自潘诺尼亚假装天生失明的男人，他碰了碰哈德良就能看见东西了。这些谎言被用来安抚哈德良，可能是出于偶然，也可能是哈德良真的相信了，他停止了疯狂的举动。随后他想要去巴哈（Baja）调养身体，但是在7月10日这天，在他说了一句非常著名的名言"许多医生杀死了皇帝"，还吟诵了五句诗句描述他注定要下地狱的丑恶灵魂后，他去世了，终年62岁。在去世之前，他将安东尼努斯从罗马叫来，安东尼努斯正好赶上见他最后一面。但卡皮托里努斯（Capitolin., in Marcus Aurelius.）认为，安东尼努斯去那里只是为了将哈德良的骨灰带回罗马。斯帕提安努斯写道："被所有人仇恨的哈德良被埋葬在波佐洛（Pozzuolo）的西塞罗别墅里，他的继任者安东尼努斯在那里修建了一座神庙，就像是供奉一位神灵一样，他还派去了祭司和其他神职人员。"但卡皮托里努斯认为哈德良的骨灰被安东尼努斯带回罗马，在多米齐亚花园里展示，然后被安置在他的陵墓里（现今的圣天使堡），因为奥古斯都陵墓已经没有地方了。随后，安东尼努斯·庇乌斯继承了皇位。

　　这里还要讲一下，在博学的皇帝哈德良统治时期，文学空前繁荣。出现了诡辩家法沃里努斯（Favorinus）、著名斯多葛派哲学家爱比克泰德（Epictetus）及他的门徒阿里安努斯（Arrianus），还有阿里安努斯的自由奴隶弗列贡（Phlegon），另外还有一些同时代的作家，但他们的作品大都已丢失。有一些作家的作品在当时和现在都享有盛名，其中包括苏埃托尼乌斯，他创作了《罗马十二帝王传》。特别值得一提的是普鲁塔克（Plutarchus），他的作品可以称得上是希腊与拉丁各学科以及古代哲学的丰富宝库。

年　份　　公元139年　小纪纪年第七年

希吉努斯教皇第二年

安东尼努斯·庇乌斯皇帝第二年

执政官　提图斯·埃利乌斯·哈德良·安东尼努斯·奥古斯都（（Titus Aelius Hadrianus Antoninus Augustus）第二次，盖乌斯·布鲁蒂乌斯·普莱森斯（Gaius Bruttius Praesens）第二次

普莱森斯的名字为盖乌斯，这是从一则希腊碑文上得知的。据法法布莱图斯（*Fabrettus, Inscription, pag. 726.*）引用的碑文显示，安东尼努斯·奥古斯都任这一年的执政官，而后被奥鲁斯·尤尼乌斯·鲁菲努斯（Aulus Iunius Rufinus）接替。

哈德良皇帝于上一年去世，于是安东尼努斯·庇乌斯掌握了国家的统治权，拥有了"皇帝"的头衔（如果他之前没有被封过此头衔的话）以及"奥古斯都"和"大祭司长"的封号。安东尼努斯·庇乌斯来自奥雷利亚（Aurelia）家族，这一家族起源于高卢市的尼姆（Nimes），他原先的名字是奥勒留斯·弗尔乌斯或者弗尔维乌斯（Titus Aurelius Fulvus / Fulvius）（*Capitolinus, in Antoninus Pius.*）。和他同名的祖父三度任执政官，他的父亲也曾担任过两次执政官。他的母亲阿里亚·法迪拉（Arria Fadilla）是阿利乌斯·安东尼努斯的女儿。阿利乌斯·安东尼努斯也曾任执政官，是当时最杰出的元老院议员之一。奥勒留斯后来被称为阿利乌斯·安东尼努斯，这是因为他被他的外祖父收为养子，他当然就成了他外祖父的财产继承人。阿利乌斯·安东尼努斯于公元89年出生于拉努维姆（Lanuvio），公元120年被任命为执政官。阿利乌斯·安东尼不光外表英俊，而且思维敏锐，性格温和且为人忠实可靠。他在赠予人东西方面非常慷慨，从未想过霸占他人的东西，而且他生活总是很节制，从不铺张浪费。在他还是普通人时，罗马人民就看到了他的这些品质，成为皇帝后，他更是将这些品质发扬下去，因此学者们将他比作努马·庞皮里乌斯

（Numa Pompilius，罗马王国时期第二任国王）。他也因此被哈德良选为统治意大利的四位执政官之一。他曾担任亚细亚的行省总督，因治理得当而赢得了所有人的赞誉。后来，他进入哈德良的元老院，处理事务时他总是先对案件协商一番，然后选择最温和的判决。一些人认为，有一次哈德良看见安东尼努斯在进入元老院的时候拥抱了一下他的妻子安妮亚·加莱里亚·弗斯蒂纳（Annia Galeria Faustina），哈德良非常喜欢这一举动，因此他想让安东尼努斯做他的继任者。但更可信的说法是，哈德良之所以推举安东尼努斯为继任者，是因为欣赏他身上的学识、经验、见识及诸多美德。

安东尼努斯将哈德良的骨灰带回罗马（Spartianus, in Hadriano）后，发现元老院仍然对哈德良在统治初期和末期对元老院议员做出的残忍事件而怀恨在心，他们非常愤怒，不仅不愿意授予哈德良神灵荣誉，而且准备废除他制定的所有法令和条文。安东尼努斯眼里含着泪水真切地为他的养父辩护，即便最坚硬的心肠也能被他的话打动，然而，元老院议员们对此无动于衷。安东尼努斯不得不使出最后一招儿，说如果他们要抹除哈德良的所有事迹，就像对待暴君和敌人那样，那他也不想做这个皇帝了，因为他是哈德良的养子。听到这些话，元老院议员们终于屈服了，不仅仅是出于对安东尼努斯的尊敬，也是出于对他手中的士兵的畏惧。他们宣布哈德良可以被列为神灵，尽管他们认为他是一个血腥残忍之人。安东尼努斯（Capitolinus, in Antoninus Pius.）准时将养父承诺给军队的犒赏付给了他们，并给了人们一份赠礼，或许这也是哈德良在世时承诺给他们的。同时，他归还并免了意大利各城市要为他的继位而缴纳的贡税，还减免了意大利境外各省份一半的贡税。元老院此时才意识到哈德良为罗马帝国带来的最好礼物就是挑选了这样一位贤良、可敬的继任者，他们转而向安东尼努斯致敬，向他表示感激。元老院授予安东尼努斯"庇乌斯"（Pius）的称号，这一称号很快就出现在他的勋章上（Mediobarbus, in Numismat. Imperat.）。蒂勒蒙特（Tillemont, Mémoires des Empereurs.）认为，这一称号意味着"慈爱"，授予他这一名字是为了凸显他对父亲、对亲属和对祖国非凡的爱。古代人（Pausanias, lib. 8. Dio, l. 70. Lampridius in Elagabalus.）也在寻找安东尼努斯被授予这一称号的动机：有人认为是因为他尊重宗教；有人认为是因为他挽救了许多在哈德良患病易怒期间被判死刑的人——他当时将这些人藏了起来，在哈德良死后将他们全部释放。后者似乎是更可信的说法，就连狄奥尼也说，在安东尼努斯统治初期，许多人因各种罪行被指控，但他不想惩罚任何人，还将一些曾扰乱社会安宁的罪犯无罪释放——这在一开始并不是一件光荣的事，因为，这对公众是有害的。此外，安东尼努斯的仁慈可以说是他皇冠上一颗美丽的宝石，因此，欧特罗皮乌斯认为他值得"庇乌斯"这个称号。这一年的勋章（*Mediobarbus, in Numismat. Imperator.*）还显示，安东尼努斯被授予了"国父"的光荣称号，为此他向元老院议员们表达了真挚的感激。此外，元老院还为安东尼努斯的父母、祖父和已逝的兄弟们竖立了雕像。安东尼努斯同意了元老院授予他的妻子安妮亚·加莱里亚·弗斯蒂纳"奥古斯塔"的封号，接受了元老院为庆祝他的诞辰而于9月19日下令每年举办的竞技表演，但是他拒绝了其他公共游行活动。几年后，元老院决定为了纪念安东尼努斯和弗斯蒂纳，将9月和10月分别称作安东尼亚努斯（Antonianus）和弗斯蒂亚努斯（Faustinianus），但是安东尼努斯拒绝了这一荣誉。他发现当时还有许多被哈德良判刑或流放的人，于是在元老院上为他们请求赦免，并说哈德良也会要求这么做的。对于哈德良任命的那些官员，他没有将任何人撤职，反而让那些品德正直、做事审慎、懂得管理的人继续在各行省任职7~9年。

安东尼努斯·庇乌斯和他的妻子弗斯蒂纳有两个儿子（*Capitolinus, in Antoninus Pius.*），一个叫马库斯·奥勒留斯·弗尔乌斯·安东尼努斯（Marcus Aurelius Fulvus Antoninus），另一个叫马库斯·伽列里乌斯·奥勒留斯·安东尼努斯（Marcus Galerius Aurelius Antoninus）。但这两个孩子后来都夭折了。安东尼努斯夫妻俩还生有两个女儿。大女儿嫁给了拉米亚·西拉努斯（Lamia Sillanus），在丈夫去管理亚细亚省的时候，她不幸去世了。二女儿是安妮亚·弗斯蒂纳（Annia Faustina）。哈德良下令将这个女儿许配给卢基乌斯·维鲁斯（Lucius Verus），也就是与马库斯·奥勒留斯一起被安东尼努斯收为养子的那个人。但是在哈德良去世后，安东尼努斯认为卢基乌斯·维鲁斯还太过年轻，马库斯·奥勒留斯似乎是更好的人选，于是他改变了主意（*Capitolinus, in Marco Aurel.*），想要将女儿许配给马库斯·奥勒留斯，尽管马库斯·奥勒留斯已经与卢基乌斯·赛奥尼奥·康茂德的女儿，也就是上述卢基乌斯·维鲁斯的姐姐法比亚（Fabia）有了婚约。安东尼努斯向马库斯·奥勒留斯提议将安妮亚·弗斯蒂纳嫁给他做妻子，并给了他一定的时间考虑这件事。最后，马库斯·奥勒留斯认为这段婚姻对他的前途更有利，于是解除了原来的婚约，与安妮亚·弗斯蒂纳结了婚。目前尚不清楚这场婚礼是不是在这一年举行。在婚礼之前，安东尼努斯为了向未来的女婿表示他的高兴与满意，授予了他"恺撒"的封号，并且应元老院的请求，指定他与自己一起任下一年的执政官，尽管马库斯·奥勒留斯不是大法官，也没有担任过任何公共职务。安东尼努斯还让马库斯·奥勒留斯加入祭司协会，进入提贝里乌斯宫，为他组建一支宫廷团队，但马库斯·奥勒留斯拒绝了。安东尼努斯（*Capitolinus, in Antoninus Pius.*）还将他所有的财产留给女儿做嫁妆，但仍然保留了在国家需要时对这些财产的使用权。安东尼努斯·庇乌斯在第二次任执政官时，铸造了勋章（*Mediobarbus, in Numismat. Imperat.*），给夸迪（Quadi）人民和亚美尼亚人民分别委任了一位国王。

年　份　公元140年·小纪纪年第八年

　　　　希吉努斯教皇第三年

　　　　安东尼努斯·庇乌斯皇帝第三年

执政官　提图斯·埃利乌斯·哈德良·安东尼努斯·庇乌斯·奥古斯都（Titus Aelius Hadrianus Antoninus Pius Augustus）第三次，马库斯·埃利乌斯·奥勒留斯·维鲁斯·恺撒（Marcus Aelius Aurelius Verus Caesar）

安东尼努斯·庇乌斯的统治是完全和平的统治，因为这位出色的皇帝没有野心，也不贪慕虚荣，他唯一关心的事情就是他的子民的幸福。这原本是每位统治者都该做到的事，因此，在他漫长的统治岁月里，几乎看不到他做出的各种举措、行动。讲述他事迹的史料大多已经丢失，除了尤利乌斯·卡皮托里努斯对他一生的简短记述，我们没有别的史料可以参考，而且卡皮托里努斯的作品里没有说明事情发展的线索，因此我们无法准确地判定安东尼努斯的这些事迹发生的年份。现在我要描述一下这位杰出的奥古斯都皇帝的样子。蒂勒蒙特（*Tillemont,*

Mémoires des Empereurs.）根据卡皮托里努斯（Capitolinus, in Antonius Pius.）、其养子马库斯·奥勒留斯（Marcus Aurelius, de rebus suis.）和狄奥尼（Dio, lib. 70.）的作品及其他少量史料推测，安东尼努斯·庇乌斯天生身材高大而结实，脸庞庄严而温柔；声音动听，在与人交谈时很活跃，但又不会过分；他非常节俭，但在有需要时又慷慨大方；他喜欢待在乡下，让他的财产在这里营利，他在乡下的娱乐活动通常是打猎与捕鱼，而在城市，他喜欢观看戏剧演员带来的喜剧与滑稽表演；他生活朴素，即使当了皇帝也一直如此，他满足于普通的食物，不会寻找稀有佳肴，也不奢侈浪费，因此他活了很长时间，从来不需要看医生或者吃药。在他的公共或私人宴会上，他通常会邀请他的朋友一同用餐，与他们交谈，有时他也会完全信任地去他们家里享用午餐；他利用（Aurelius Victor, in Epitome.）上午的时间接见来访者；他只吃一块干面包以保持精力处理公务，他处理政事时总是专心致志、不知疲倦；他喜欢像一个普通人一样和朋友一起去采摘葡萄——这是罗马人非常喜爱的娱乐活动；他习惯穿朴素的衣服，并不在意用华服装点自己，但是他仍然表现出举止得体的样子；由于他不知疲倦地处理公务，有时他会患偏头痛，尽管如此，一旦他感觉头没那么疼了，就比以前更精力旺盛地投入政务中。这些是他的日常事务，他与他的家族那些英明的祖先一样，一直以家族利益为重，他好像把共和国当成了他自己的家，永不停歇地为其谋取利益，坚定地守卫着它，整治混乱与无序，满足其一切需求。他在最小的事情上也会追求准确〔这受到一些人的嘲笑，尤其是在背教者尤利安努斯（Iulianus Apostata）的讽刺诗里〕，保持极度的冷静（Zonaras, in Annalibus.），从不停留于表面，而是会深入分析一些事情，以及人的特性和其中的原因。在处理事务时，他会先向一些明智的朋友和博学的顾问寻求建议，而不是草草了事；当他经过深思熟虑决定采取一项决议时，他会一直坚定地执行这一决议。不管是通过举办演出和发放礼物来取悦人民，还是兴建建筑，抑或是实施其他有益于公众的举措，他都从不虚荣地追求人民的赞誉，也从不把他们那些不遵循礼法的评价放在心上，他只是单纯地为了做好事，而不是为了获得赞誉，因此那些阿谀奉承者在他面前也只能哑口无言。他不像哈德良那样十分忌妒在口才、法律和其他人文科学上比自己出色的人；相反，他非常尊重这些人才，并愿意屈居他们之后。他还对宗教热爱而虔诚，因而广受赞誉，尽管他信仰的宗教是异教。另外，和哈德良不同的是，他总是对友谊很坚定，然而只有才华过人和具有崇高美德的人才有机会成为他的亲信和朋友。对安东尼努斯·庇乌斯进行这几笔简单的刻画已经足够了。我们从格鲁特罗（Gruterus, Thesaur. Inscript., p. 268, n. 8.）引用的一则碑文得知，这一年的禁军总督是佩特罗尼乌斯·马梅尔提努斯（Petronius Mamertinus）与加维乌斯·马克西穆斯（Gavius Maximus）。加维乌斯是一个非常严肃的人，他担任禁军总督长达20年，他的继任者是塔提乌斯·马克西穆斯（Tatius Maximus）。据卡皮托里努斯（Capitolinus, in Antoninus Pius.）证实，在安东尼统治时期，罗马的台伯河发生了一次河水泛滥，巴基神甫（Pagius, in Crit. Baron.）之所以认为这件事发生在这一年，是因为有一枚这年的勋章上写着"台伯河"（TIBERIS）。不过，这一说法并没有充足的证据。巴基神甫补充说到的另一件事可能是真的，那就是在这一年，安东尼努斯·庇乌斯通过他的特使洛利乌斯·乌尔比库斯（Lollius Urbicus）战胜了不列颠人，并建立了一座比哈德良城墙更往北的城墙，从而更大地限制了那些人。也有人认为这场胜利发生在公元144年。

年　份　公元141年　小纪纪年第九年

希吉努斯教皇第四年

安东尼努斯·庇乌斯皇帝第四年

执政官　马库斯·佩杜凯乌斯·西洛加·普里西努斯（Marcus Peducaeus Siloga Priscinus）与提图斯·霍尼乌斯·塞维鲁斯（Titus Hoenius Severus）

据卡皮托里努斯所述，在安东尼努斯·庇乌斯统治的第三年，他的妻子安妮亚·加莱里亚·弗斯蒂纳去世。也有些人认为她是上一年去世的。但是马比隆教父发表了一则碑文，上面将第三次任执政官、第四次获得保民官权力的安东尼努斯·奥古斯都皇帝的妻子，也就是已经去世的弗斯蒂纳称为"女神"（DIVA）。巴基神甫根据这则碑文推断弗斯蒂纳是在这一年的2月25日之后7月10日之前去世的，这段时间是安东尼努斯统治第三年、第四次拥有保民官权力的时候。这个理由很有说服力，但并不能完全排除弗斯蒂纳是于上一年去世这一可能，因为那则碑文可能是在这一年为她制作的。元老院下令将皇后神化，为她建造神庙，委派女祭司，并为她打造金、银雕像，或者镀金、镀银的雕像，还举办了一些纪念她的竞技活动。这些是当时的人们为纪念这位皇后而做出的虚荣浮夸之举。据卡皮托里努斯证实，弗斯蒂纳因一生太过自由与放荡而引起人们对她的很多议论，而安东尼努斯只是痛苦地看着这一切，还曾试图耐心地对此加以掩饰。甚至安东尼努斯本人也具有相似的缺点。普拉蒂诺（Platino）、蒂勒蒙特和其他一些人从背教者尤利安努斯的讽刺诗中推断出这一点，并且均对其表示认同。佩塔维乌斯（Petavius）神甫声称这是对安东尼努斯的诽谤。根据卡皮托里努斯的记述，我们唯一可以确切知道的是，之前提到的禁军总督塔提乌斯·马克西穆斯（Tatius Maximus）在很多年后去世，安东尼努斯任命了两个人——法比乌斯·雷潘提努斯（Fabius Repentinus）与科尔涅利乌斯·维克托里努斯（Cornelius Victorinus）接替他的职位。当时流传着一篇讽刺文章，说雷潘提努斯得到这个崇高的职位是通过皇帝的一个情妇引荐的。这个说法很值得怀疑，因为安东尼努斯·庇乌斯是在64岁时去世的，而雷潘提努斯被提拔为禁军总督是发生在他在世的最后几年，似乎这样一位英明的君主不太可能会在那样的年纪沉迷于放纵的情欲。此外，根据异教徒的虚伪教义，就算当时存在这种伤风败俗的风尚，也不会被写入讽刺文章进行谴责鞭笞。伍尔卡提乌斯·加利坎努斯（Vulcatius Gallicanus, in Avidius Cassius.）撰写了阿维狄乌斯·卡西乌斯（Avidius Cassius）的一生，从中我们可以得到一点线索：在弗斯蒂纳仍在世的时候，一个叫塞尔苏斯（Celsus，不清楚具体是哪一位）的人背叛了安东尼努斯，有可能是在上一年，也有可能是这一年，弗斯蒂纳知道丈夫安东尼努斯有多么仁慈，于是给他写信说道，如果他对那个反叛者怀有怜悯之心，那就不要承认她是他的妻子或者亲属，如果某一天那些反叛者得势，他们绝不会对皇帝心怀怜悯，也不会对他的亲眷仁慈。关于这个塞尔苏斯，再没有其他的史料可供我们参考。

年　份　公元142年　小纪纪年第十年

庇护一世教皇第一年

安东尼努斯·庇乌斯皇帝第五年

执政官　卢基乌斯·库斯皮乌斯·鲁菲努斯（Lucius Cuspius Rufinus）与卢基乌斯·斯塔提乌斯·夸德拉图斯（Lucius Statius Quadratus）

比安奇尼主教（*Blanchin., ad Anastas. Bibliothecar.*）认为圣希吉努斯教皇是在这一年，而不是像巴基神甫认为的那样在上一年（*Pagius, in Crit. Baron.*）光荣地去世，他是耶稣基督的殉教者。可以确定的是，庇护教皇接替了希吉努斯的位子。我们还知道，即使在安东尼努斯·庇乌斯的统治下，对基督徒的迫害仍在继续，这不是因为颁布了新法令，也不是这位十分仁慈的皇帝的过错，因为他非常清楚基督教及其信徒大部分宣扬的都是美德，他们不应该受到惩罚。对基督徒的迫害源于之前未废除的法令，以及一些邪恶的法官和审判长，还有神灵的崇拜者，他们没有被禁止对基督徒进行迫害。因此，大概在这一时期，圣查士丁尼（San Giustino，后来光荣殉教）写了一篇为基督信徒辩护的辩解词，呈献给了安东尼努斯皇帝，向其表明基督徒被判的罪行都是虚假的，并且他们惨遭酷刑，受到了不公正对待。圣查士丁尼完成他的第一篇辩解词（他一共写了2篇）并将其呈给皇帝的具体年份尚不清楚，不过，毫无疑问的是，经尤塞比乌斯证实（*Euseb., in Chron. et Hist. Eccl., lib. 4.*），这篇辩解词产生了很大的积极影响，安东尼努斯在公元152年下令任何人都不得因受审人是基督徒而将其判刑。

这位仁慈善良的皇帝总是给人带来很大的希望，他唯一希望的就是让罗马帝国各省人民都能和平安宁、充满幸福，他骨子里的美德令他性情温顺、宽容大度，甚至别人冒犯了他，他也不愿意对其进行惩罚。卡皮托里努斯讲道，只有两起针对安东尼努斯的阴谋：一个是阿提鲁斯·塔提亚努斯（Attilus Tatianus）策划的阴谋，后来他被元老院控诉并被判有罪，但安东尼努斯只是下令将他流放。善良的安东尼努斯皇帝也不愿意去追查同谋者，对塔提亚努斯的孩子，他也尽可能在其需要的时候给予帮助。另一起阴谋的策划者是普里斯基阿努斯（Priscianus），自从他的阴谋被揭穿后，宽厚的安东尼努斯准许他自己了结生命。元老院提出请求（*Aurelius Victor,* in Epitome.），希望能追查其他的同谋者，但安东尼努斯没有同意，说再追究下去也没有益处，他也不想知道有多少人憎恨他。有一天，由于怀疑罗马缺少粮食，傲慢无礼的人们就朝安东尼努斯扔石头，但他并没有因他们以下犯上的粗鲁行为而惩罚他们，而是想方设法用充满温情的言语安抚他们。因此，在安东尼努斯统治时期，没有一位元老院议员被判死刑，只有一人被证明有弑亲罪而被判刑流放到了一座荒岛上。

年　份　公元143年　小纪纪年第十一年
　　　　庇护一世教皇第二年
　　　　安东尼努斯·庇乌斯皇帝第六年
执政官　盖乌斯·贝利基乌斯·托尔夸图斯（Gaius Bellicius Torquatus）与提贝里乌斯·克劳狄乌斯·阿提库斯·赫罗狄斯（Tiberius Claudius Atticus Herodes）

第二位执政官阿提库斯·赫罗狄斯是当时的著名人物，奥鲁斯·格利乌斯（Aulus Gell., Noct. Attic.）和菲洛斯特拉托斯（Philost., de Sophist.）对他大加赞扬。据说，阿提库斯的父亲是雅典公民，他发现了一处巨大的宝藏，于是写信给贤良的涅尔瓦皇帝，询问该怎么处理这笔财富。涅尔瓦给他的回复是任其所用。但是由于担心有一天税务局会来找麻烦，于是他给皇帝回信说他不敢接受这份恩赐，涅尔瓦向他重申，他可以使用这笔好运赠予他的财富，因为这是他的东西。他的儿子赫罗狄斯因此变得更加富有，并用这些财富帮助了许多有需要的人。阿提库斯·赫罗狄斯的卓越之处还表现在他的雄辩口才上，大概当时没有人可以与他匹敌。他曾担任过各种职务，后来安东尼努斯选择他作为其养子的老师，让他教授他们希腊的演讲艺术。

巴基神甫将奥古斯都皇帝们的事迹按照他制定的一套规则分类整理，他认为安东尼努斯·庇乌斯在这一年庆祝了他的统治5周年。但是并没有相关的史料记录这件事，也没有勋章可以参考——现有勋章都没有记述皇帝享有保民官权力的不同年份,因此我们无法推断这一时期各项工程和事件发生的具体时间。此外,安东尼努斯·庇乌斯还为罗马人民举办了许多期待已久的表演节目。据卡皮托里努斯所述,安东尼努斯曾多次举办马戏表演,让人们欣赏来自世界各地的动物,包括大象、鬣狗、老虎,甚至还有鳄鱼、海马等其他外来动物。有一次,在短短一天时间里,100只狮子被带入竞技场后,通通被人们猎杀。

年　份　公元144年　小纪纪年第十二年

庇护一世教皇第三年

安东尼努斯·庇乌斯皇帝第七年

执政官　普布利乌斯·洛利亚努斯·阿维图斯（Publius Lollianus Avitus）与马克西穆斯（Maximus）

第二位执政官马克西穆斯的名字至今尚未确定,尽管有人称他为盖乌斯·加维乌斯·马克西穆斯（Gaius Gavius Maximus）,但我还是选择将他的名字空着。诺丽斯主教（Noris, Epistola Consulari.）与巴基神甫认为他叫克劳狄乌斯·马克西穆斯（Claudius Maximus）,可能是马库斯·奥勒留斯的一位老师;卡皮托里努斯（Capitol., in Marcus Aurelius.）和阿普列乌斯（Apulejus, in Apolog. secund.）提到他曾是阿非利加的行省总督,之前还担任过执政官。在这个问题上,潘维尼乌斯（Panvin., in Fast. Consular.）认为这位马克西穆斯可能是那位我们前面提到的担任了20年禁军总督之职的加维乌斯·马克西穆斯（Gavius Maximus）,为此他引用了一则碑文,上面写着"执政官C. 加维乌斯、C. F. 斯特拉波·马克西穆斯（C. GAVIVS C. F. STRABO MAXIMVS COS.）"。但是从这则碑文里得不出任何实质上的结论,因为无法确定这是属于他的。还有可能像卡皮托里努斯所说的那样,安东尼努斯·庇乌斯增加了禁军总督享有的特权,授予了他们一些执政官的荣誉。也就是说,他们只是得到了穿执政官长袍、坐象牙椅的特权和其他授予真正执政官的荣誉,但他们并不是执政官。似乎每种说法都有可疑之处,因此我认为还是仅称上述执政官为马克西穆斯好了。

根据古代基督作家（*Justin., in Apolog. Eusebius. Tertull., Philastrius et alii.*）所述，大概是在这一时期，瓦伦提努斯（Valentinus）、塞尔多（Cerdo）与马吉安（Marcion）被罗马教会指控为异端并逐出教会，当时的异教首领和其他的虔诚信徒想方设法用怪诞的想象和令人憎恶的言论腐化神圣的基督教，因此有许多基督教博学的圣人与作家用文字对他们口诛笔伐。圣查士丁尼和阿诺比尤斯（Arnobius）就此事写道，对异教有极大热忱的安东尼努斯·庇乌斯禁止人们阅读西比尔（Sibille）的经文和西塞罗的作品，如《论神性》（*De natura deorum*）、《论预言》（*De Divinatione*）等，因为它们动摇和摧毁了人们对异教神灵的信仰。为安东尼努斯·庇乌斯撰写传记的作家对此丝毫没有提及。对于西比尔的书籍，可以看一下杜品（*Du-Pin, Dissertat. Préliminair. aux Auteurs Ecclésiastiq.*）的作品，他深入研究了这一主题，我无须多言。不过，对于西塞罗作品的禁令似乎不太可信，因为罗马人对西塞罗非常尊重，如果这件事真的发生了的话，为安东尼努斯·庇乌斯撰写传记的作家不可能对这个如此重要的细节只字未提——他们还曾经嘲笑哈德良，仅仅因为比起西塞罗，哈德良更欣赏加图（Cato）的写作风格。

年　份　公元145年　小纪纪年第十三年

庇护一世教皇第四年

安东尼努斯·庇乌斯皇帝第八年

执政官　提图斯·埃利乌斯·哈德良·安东尼努斯·庇乌斯·奥古斯都（Titus Aelius Hadrianus Antoninus Pius Augustus）第四次，马库斯·埃利乌斯·奥勒留斯·维鲁斯·恺撒（Marcus Aelius Aurelius Verus Caesar）第二次

巴基神甫认为，安东尼努斯·奥古斯都担任这一年的执政官是为了庆祝他统治5周年。这个周年庆典原本应该在之前庆祝，但巴基将其延迟到了这一年，这一延期只是他凭自己构建的规则想象的，并没有真实依据，因此遭到很多质疑。巴基还认为，据卡皮托里努斯（*Capitolinus, in Lucius Verus.*）证实，安东尼努斯的养子卢基乌斯·维鲁斯在这一年满15岁，完成了成年礼，穿起了男子成年长袍——罗马

人通常会在这种时候举办庆祝活动。一些人根据有关勋章（*Mediobarb., in Numism. Imperat.*）上所记述的认为，安东尼努斯为此重建了奥古斯都神庙。但卡皮托里努斯（*Capitolinus, in Antoninus Pius.*）的观点不同，他说安东尼努斯修建的是哈德良神庙，而不是奥古斯都神庙。卡皮托里努斯还写道，安东尼努斯·庇乌斯在他统治期间不仅在罗马，也在其他各地新建或重建了许多宏伟壮观的建筑，其中包括为纪念他的父亲哈德良而修建的神庙，以及格雷科斯塔迪奥（Grecostadio），或者叫格雷科斯塔西（Grecostasi）——这是各国使者在被带入元老院之前等待停留的地方。这座建筑之前被一场大火烧毁，现在安东尼努斯将其重建。据说，安东尼努斯还重建了提图斯竞技场、哈德良陵墓、阿格里帕神庙（也就是今天的万神殿）、台伯河上的苏尔皮基乌斯（Sulpicius）木桥，以及波佐洛（Pozzuolo）灯塔［也有可能是加埃塔（Gaeta）灯塔］。在波佐洛有一则碑文记述了这件事（*Thesaurus Novus Inscript., pag. 543, n. 5.*）。安东尼努斯修缮了加埃塔和特拉西那（Terracina）的港口，还重建了奥斯蒂亚（Ostia）的浴场、安齐奥（Anzio）的引水渠和拉努维奥（Lanuvio）的神庙。但是对于他是否修缮了奥古斯都神庙，卡皮托里努斯并没有提到。不过卡皮托里努斯补充到，安东尼努斯给了许多城市以资金支持，以便这些城市能够建造新的建筑或者修缮老建筑，他还为此躬行践履，希望元老院议员和其他行政官也可以认真地履行他们的职责。保萨尼亚斯（*Pausanias, lib. 8.*）提到了安东尼努斯在希腊下令建造的各种建筑。从马菲侯爵（*Maffejus, Antiquit. Galliae.*）引用的碑文中我们得知，安东尼努斯还重建了高卢的纳博讷（Narbona）浴场。还有一些碑文提到他下令铺设了许多公共道路。

年　份　公元146年　小纪纪年第十四年

庇护一世教皇第五年

安东尼努斯·庇乌斯皇帝第九年

执政官　塞克斯图斯·埃鲁西乌斯·克拉鲁斯（Sextus Erucius Clarus）第二次，格奈乌斯·克劳狄乌斯·塞维鲁斯（Gnaeus Claudius Severus）

在安东尼努斯·庇乌斯的英明统治下，不仅仅是罗马，整个罗马帝国都感受到一种前所未有的宁静与幸福，安东尼努斯由此被公认为是一位贤明的皇帝，是所有臣民的国父。在他之后继任的皇帝马库斯·奥勒留斯在他的自传（*Marcus Aur., de rebus suis, lib. 1, §. 26.*）中承认他从养父安东尼努斯的典范和言语中学到了很多东西，并给我们留下了一篇关于他生活方式的精彩的评论文章。卡皮托里努斯（*Capitolinus, in Antoninus Pius.*）也给我们留下了一些相关记述。安东尼努斯到达的高度并没有改变他的品性，如果有的话，也是变得越来越好，因为他从来没有被权力和财富冲昏头脑。在还是普通人时，他就生活节制有度，明辨事理，并且待人和蔼可亲（*Eutrop., in Breviar.*）；成为皇帝后，他仍然是这样，甚至比以前更加如此。他厌恶铺张浪费，不喜欢盛气凌人，尽力使自己与其他贵族公民身份平等——这不但没有减少反而增加了人们对这位皇帝的爱戴与尊崇。他让自己的奴隶服侍他，就像普通人习惯的那样。他会时常去朋友家中做客，与他们一起散步，仿佛他不是皇帝。他希望每个人都无拘无束，不必拘泥于礼节，如果被皇帝邀请一同用餐，可以选择不赴宴；如果他出门远行，也可以不必陪着他。他对元老院尤其尊重，他以自己是元老院议员时希望皇帝如何对待自己的方式对待元老院议员们，当他要颁布法令时，他总是会将他所做的一切告知元老院和人民；如果他想要担任执政官，或者为他自己或儿子谋取其他的职位时，他总是会向元老院请示。他的养子马库斯·奥勒留斯还写道，正是由于他是被安东尼努斯收养和提拔的，因此在他的所有义务中，他被要求抛弃虚荣之心，因为安东尼努斯一直向他暗示，在宫廷里要将自己视作一个普通人。安东尼努斯也一直是这么做的，并且他还有其他一些美德被马库斯·奥勒留斯所纪念。

安东尼努斯容貌严肃，但实际上他对所有人都彬彬有礼、亲切热情、温柔可亲，甚至对坏人也这样，即使他们做出危害极大的事，他也几乎从未用严酷的法律惩罚过他们。前面已经提到过，安东尼努斯对别人对自己的侮辱和敌人的复仇有多么宽容和仁慈，但这里还需要再举一些例子进一步证明此事。宝莱蒙（Polemone）是这一时期公认的最为著名的希腊诡辩家（*Philostrat., in Sophistis.*）之一，士麦那市（Smirne）最漂亮的房子就是他的居所。安东尼努斯赴任亚细亚行省总督之职时路过那里，并在那里暂住了下来。宝莱蒙当时不在士麦那市，他有一天夜里回来，看到有这么多外乡人没有经过他的许可就住在他的家里十分愤怒，怨声连连，以至于善良的安东尼努斯只好在半夜离开他的房子，寻找旅店。后来安东尼努斯成为皇帝，宝莱蒙来到罗马，鼓起勇气去见他，向他表达敬意。安东尼努斯像平常一样热情地接待了他，并没有因过去的事情而责难于他，只是以谦逊有礼方式提醒他当时的无礼，之后下令给他在宫殿里安排一个房间，任何人都不能将他赶出去。这期间有一个戏剧演员来向安东尼努斯抱怨，请求为他主持公道，因为宝莱蒙在正午时分将他赶出了剧院，于是皇帝回答说："他曾经在半夜将我赶出房子，我也没有控诉他。"需要十分清楚的是，自大与傲慢是当时大部分为人称颂的古希腊诡辩家所必备的"第五元素"。安东尼努斯非常重视对养子马库斯·奥勒留斯的教育，为此，他召来了希腊的阿波罗尼乌斯（Apollonius）——当时声誉极高的斯多葛派哲学家（*Capitolinus, in Antoninus Pius.*）。阿波罗尼乌斯带着他许多门徒来到罗马——在卢基安努斯（*Lucianus, in Demonacte.*）的作品中，他们被愤世嫉俗的哲学家德蒙纳特（Demonatte）称为"新阿尔戈英雄"（Argonauti nuovi），因为他们所有人都带着成为富豪的希望来到罗马。安东尼努斯派人将他带到宫殿，把儿子托付给他，骄傲自大的诡辩家只是说了一句："应该是门徒去找老师，而不是老师来找门徒。"博学和谨慎本不是一回事，遗憾的是，学识通常会让人的头脑产生一些幻想。安东尼努斯听后笑了起来，说道："看看多么可笑啊！您从如此遥远的地方来到罗马都没有觉得不满，现在只是从您的住所到宫殿倒是觉得不高兴了。"尽管如此，他还是允许马库斯·奥勒留斯去阿波罗尼乌斯希望的地方上课。此外，在薪水上，安东尼努斯也没有令阿波罗尼乌斯满意。有一篇评论文章是讲安东尼努斯参观瓦莱利乌斯·奥穆鲁斯（Valerius

Omulus）家时表现出的宽厚仁慈（*Capitolinus, in Antoninus Pius.*）。看见奥穆鲁斯家装饰精美的斑岩柱时，安东尼努斯惊叹不已，便问奥穆鲁斯是从哪里得到这些柱子的。但奥穆鲁斯并没有因为皇帝对他家的装饰表示喜爱而高兴，而是非常无礼地回答说："在别人的家里，应该做个聋子和哑巴。"既爱好讽刺又品质恶劣的奥穆鲁斯不仅傲慢无礼，还说出了许多刻薄的言辞，但善良的安东尼努斯皇帝总是耐心地容忍着他这些行为，从来没有想过行使自己的皇帝权威，也从未对他进行过报复。

年　份　公元147年　小纪纪年第十五年

庇护一世教皇第六年

安东尼努斯·庇乌斯皇帝第十年

执政官　拉尔古斯（Largus）与梅萨利努斯（Messalinus）

安东尼努斯·庇乌斯对马库斯·奥勒留斯·恺撒的喜爱与日俱增，不仅是因为马库斯·奥勒留斯是他的养子，是他女儿弗斯蒂纳的丈夫，还因为他发现马库斯·奥勒留斯是一个拥有智慧和美德的人，这是当时的哲学所宣扬的，因此，后来马库斯·奥勒留斯被称作哲学家马库斯·奥勒留斯·安东尼努斯（Marcus Aurelius Antoninus il Filosofo）。弗斯蒂纳（*Capitolinus, in Marcus Aurel.*）为安东尼努斯生了一个女儿，叫作露西拉（Lucilla），后来露西拉嫁给了卢基乌斯·康茂德，也就是卢基乌斯·维鲁斯。自从安东尼努斯·庇乌斯成为皇帝后，他就一直凸显对女婿兼养子的喜爱，在这一年，元老院授予了马库斯·奥勒留斯保民官权力以及罗马之外的行省总督职权，并且授予了他可以在元老院任意发言的权力。巴基神甫（*Pagius, in Crit. Baron.*）认为，马库斯·奥勒留斯在这一年还被授予了"皇帝"的称号，作为帝国共治者。但诺丽斯主教不这么认为（似乎这一说法更加可靠），因为授予马库斯·奥勒留斯的第五次演说权力不适用于一位皇帝，皇帝的权力是不受限制的，他可以做任何他想做的事情。另外，卡皮托里努斯写道，前面提到的品质恶劣之人瓦莱利乌斯·奥穆鲁斯（Valerius Omulus）有一天看见马库斯·奥勒留斯的母亲多米齐亚·卡尔维拉（Domizia Calvilla）在花园里供奉阿波罗神像，便小声对安东尼努斯说："她现在在祈祷你快点闭上眼睛，让他的儿子成为皇帝。"安东尼努斯没有特别在意这件事，说他非常清楚马库斯·奥勒留斯的正直，作为一位皇帝他非常谦逊——最后这句话不知是指马库斯·奥勒留斯还是安东尼努斯自己。作为一位谦虚节制的统治者，安东尼努斯不相信有人会希望自己死亡。安东尼努斯·庇乌斯对另一个养子，也就是卢基乌斯·康茂德（Capitolinus, in Lucius Verus.）也表现出喜爱之情，但这种喜爱与对马库斯·奥勒留斯是完全不一样的。安东尼努斯·庇乌斯在世的时候，卢基乌斯·康茂德一直是一个普通人的身份，从来没有被授予"恺撒"的封号，也没有被授予其他荣誉，因此，看起来他不会是皇位的继承人。别人仅仅称他为"皇帝的儿子"。当安东尼努斯去乡下的时候，卢基乌斯·康茂德不是与父亲共坐一辆马车，而是坐在护卫军指挥的马车里。所有这些都是卡皮托里努斯清楚地写下的，因此，可以认为一些勋章和碑文上的内容是虚假的，上面似乎写着相反的情况（Tillemont, Mémoires des Empereurs. Pagius, Crit. Baron.）。安东尼努斯·庇乌斯非常了解这个年轻人（卢基乌斯·康茂德）的缺陷，但并没有因此同情他，他喜欢他的天资平平，以及简单朴实的生活方式。

我们从《亚历山大编年史》（Chron. Pascale, Histor. Byzantin.）中得知，这一年，安东尼努斯·庇乌斯对国库债务人做出了一个慷慨之举：免除了所有人的债务，并公开烧毁了他们的债务单据。我们也可以猜测这是为了庆祝马库斯·奥勒留斯获得上述的那些荣誉。与此同时，这一年适逢罗马建立900周年，一些学者认为在这一年罗马举办了隆重的世纪庆典，巴基神甫否认了这件事。但是根据斯科特（Scotto）神甫的版本，奥勒留斯·维克多（Aurelius Victor, in Epitome.）在作品中写道："隆重庆祝建市900周年（Celebrato magnifice Urbis nongentesimo）。"这可以令我们确定这件事是真的。

年　份　公元148年　小纪纪年第一年

庇护一世教皇第七年

安东尼努斯·庇乌斯皇帝第十一年

执政官　卢基乌斯·托尔夸图斯（Lucius Torquatus）第三次，马库斯·萨尔维乌斯·尤利安努斯（Marcus Salvius Iulianus）

彼得罗·雷兰多（Pietro Relando, *Reland., Fast. Consular.*）对自公元146年开始的执政官年鉴进行了非常详细的研究，他根据古迪奥（Gudio）引用的碑文，推断第二位执政官名为盖乌斯·尤利安努斯·维图斯（Gaius Iulianus Vetus）。但是这需要先证实古迪奥发表的那些碑文都是真实的、没有任何疑问的，这并不是件容易的事。而我更倾向称这位执政官为马库斯·萨尔维乌斯·尤利安努斯（Marcus Salvius Iulianus）——他生于米兰，是当时十分著名的法律顾问——因为在我发表的一篇碑文（*Thesaurus Novus Inscript., p. 329, n. 3.*）中就是这么称呼他的。另外，我们从斯帕提安努斯（*Spartianus, in Didius Juliano.*）那里可知，他担任过两次执政官。如果这一年的执政官是盖乌斯·尤利安努斯·维图斯，那么这一年就应该标示：执政官托尔夸图斯与维图斯，因为根据当时的习惯用法，一般会将人名的姓氏写出来。但是，在所有古罗马历书中都只有执政官托尔夸图斯与尤利安努斯。或许这位托尔夸图斯不是第三次任执政官。

这一年，罗马隆重庆祝了安东尼努斯·庇乌斯·奥古斯都皇帝统治10周年，一些勋章（*Mediobarb., in Numism. Imperator.*）上清楚地记述了这件事，并提到人们为皇帝的健康而许愿祈福。巴基神甫（*Pagius, Crit. Baron.*）认为，在这一年，圣查士丁尼向安东尼努斯·庇乌斯呈上了他的第一篇捍卫基督教的辩护词（一些人认为是第二篇）。

年　份　公元149年　小纪纪年第二年

　　　　庇护一世教皇第八年

　　　　安东尼努斯·庇乌斯皇帝第十二年

执政官　塞尔维乌斯·西庇阿·奥尔菲图斯（Servius Scipio Orfitus）与昆图斯·诺尼乌斯·普里斯库斯（Quintus Nonius Priscus）

如果雷兰多（Reland., Fast. Consular.）所述属实，第一位执政官应该叫塞尔吉乌斯·西庇阿·奥尔菲图斯（Sergius Scipio Orfitus）。为了证明这一点，雷兰多引用了马夸多·古迪奥（Marquardo Gudio）文集中的四则碑文，其中清楚地写着"塞尔吉乌斯"。但如我之前所说："古迪奥的碑文发表于几年之前，因此对于他的这些碑文的真实性要谨慎以待。"有一则碑文据说是制作于这两位执政官时期，但这则碑文显然是假的，因为上面讲到了君士坦丁浴场（Terme Costantiniane），但那个时候根本没有这个浴场。因此，我给奥尔菲图斯取名为塞尔维乌斯，因为在潘维尼乌斯和格鲁特罗引用的几篇碑文中可以读到"SER"这几个字母，它们代表着"塞尔维乌斯"，而不是"塞尔吉乌斯"。诺丽斯主教（Noris, Epist. Consulari.）认为，这位执政官名叫塞尔吉乌斯·维提乌斯·西庇阿·奥尔菲图斯（Sergius Vettius Scipio Orfitus）。我已经讲过了"塞尔吉乌斯"这个名字，不再赘述，而且对于"维提乌斯"这个名字，我认为是存在疑问的。斯波尼乌斯（Sponius, Section. III, num. 28.）提到一篇碑文，上面写着第二位执政官的名字为索修斯·普里斯库斯（Sosius Priscus）。不过需要验证一下那篇碑文的真实性，因为上面还提到提图斯·奥古斯都皇帝的一个自由奴隶，但那位皇帝已经于60年前去世了。不管怎样，法布莱图斯认为他是叫诺尼乌斯·索修斯·普里斯库斯（Nonius Sosius Priscus）。在我发表的一篇古代碑文（Thesaur. Nov. Inscription., pag. 330, n. 3.）中，他被称作普里西努斯（Priscinus）——可能是习惯这么称呼，也可能是为了将他与另一位普里斯库斯分辨开来。

这一年的勋章（Mediobarbus, in Numism. Imperat.）讲到安东尼努斯皇帝给罗马人民的慷慨赠予，巴基神甫（Pagius, in Crit. Baron.）认为这是为了庆祝马库斯·奥勒留斯获封"恺撒"10周年。没有人清楚这是不是真的。巴基神甫热衷于谈论5周年、10周年、15周年、20周年等，但这些都是基于他设定的那一套规则。

年　份　公元150年　小纪纪年第三年

阿尼塞教皇第一年

安东尼努斯·庇乌斯皇帝第十三年

执政官　加利坎努斯（Gallicanus）与维图斯（Vetus）

这两位执政官的名字至今仍无法确定。潘维尼乌斯（*Panvinius, in Fastis Consul.*）认为，第二位执政官名叫盖乌斯·安提斯提乌斯·维图斯（Gaius Antistius Vetus），因为多米提安努斯统治时期有一个人叫这个名字。不过这个推测非常没有说服力。同样没有说服力的还有蒂勒蒙特（*Tillemont, Mémoires des Empereurs.*）称第一位执政官为格拉布里奥·加利坎努斯（Glabrio Gallicanus），以及比安奇尼（*Blanc., ad Anastas. Bibliothecar.*）称其为昆图斯·罗慕路斯·加利坎努斯（Quintus Romulus Gallicanus）的说法，二者都没有充足的证据。

根据比安奇尼的说法，这一年圣庇护教皇去世，光荣殉教，接替他在圣彼得教堂任教皇之职的是阿尼塞教皇。根据这一年由元老院和罗马人民打造的勋章（*Mediobarbus, in Numism. Imperator.*），安东尼努斯·庇乌斯被授予了"最佳元首"称号。这位皇帝是完全配得上这一光荣称号的，因为他花费了他所有思想与精力为罗马乃至整个罗马帝国各省的百姓谋取利益（*Capitolinus, in Antoninus Pius.*）。他对于各省的状况及从各省获得的利益了如指掌，他叮嘱收税官们在行事时不要太严苛，不要征收苛捐杂税；一旦他们没有履行这项职责，他就会要求他们严格地将此事报告给他们的行政机关。他的大门永远为任何受到这样的行政官压迫的人敞开，因为他十分憎恶通过压迫别人使自己富裕的行为。因此在他统治期间，罗马帝国的各个省份都经济繁荣，人民生活富裕。如果有的地方不可避免地遇上了饥荒、地震、瘟疫和其他疾病，充满仁爱之心的安东尼努斯就会在一段适当时间里免除这些地方的赋税。他最关切的是公平正义，他不仅自己在宣扬公正上十分谨慎与孜孜不倦，还尽力挑选他认为有能力、能够为他人主持公道的人担任职务。在这方面越是出色的人，越受到他的喜爱，越有机会被提拔到更高的职位。他任用当时最杰出的法律顾问，包括维尼迪乌斯·维鲁斯（Vinidius Verus）、萨尔维乌斯·瓦伦斯（Salvius Valens）、沃卢修斯（Volusius）、梅蒂亚努斯（Metianus）、乌尔皮乌斯·马塞卢斯（Ulpius Marcellus）与贾布勒努斯（Jabolenus），制定了许多有利于公众的法令。他下令禁止将死者埋葬在城市里，因为不应该再继续施行古代法律了。他制定了有效的规章制度减轻了邮局的负担。或许圣奥古斯丁（Santo Augustinus，*August., de Adulter. Conjug., lib. 2, cap. 8.*）引用的一则法律也是由安东尼努斯制定的，那就是禁止丈夫以通奸罪控诉妻子，因为丈夫也可能对妻子不忠。如果有人来（*Marcus Aurel., lib. 1, cap. 16, de Rebus suis.*）向他提出对公众有利的提议，他会很乐意倾听。他对任何提出好意见的人都笑脸相迎，如果他们的建议与他的看法相悖，或者有人对他的统治表示不满，他也不会对此生气。他还非常尊敬真正的哲学家，为此他给整个罗马帝国的哲学家和雄辩家提供了抚恤金，赋予他们特权。他还对那些肤浅的哲学家怀有宽容之心，从未指责过他们的傲慢姿态或虚伪面目。这些理由足够说明安东尼努斯·庇乌斯称得上"最佳元首"这个无上光荣的称号。

年　份　公元151年　小纪纪年第四年
　　　　阿尼塞教皇第二年
　　　　安东尼努斯·庇乌斯皇帝第十四年
执政官　塞克斯图斯·昆提利乌斯·康迪亚努斯（Sextus Quintilius Condianus）
　　　　与塞克斯图斯·昆提利乌斯·马克西穆斯（Sextus Quintilius Maximus）

巴基和雷兰多及其他人没有给这两位执政官加上"塞克斯图斯"的名字。我根据我的文集（*Thesaur. Novus Inscript., pag. 330, n. 5.*）中提到的碑文上的内容给他们加上了这个名字。两个人有着相同的名字并不是一件新鲜事，因为不同的姓氏可以将他们区分开来。

在这一年，安东尼努斯·庇乌斯（*Mediobarb., in Numism. Imper.*）的勋章上提到了国家配给粮（Annona），也就是粮食供给，这是贤明的皇帝为减轻人民负担而做的另一件善举。在其他年份的勋章上也能找到相关的记述。安东尼努斯皇帝（*Capitol., in Antoninus Pius.*）非常关注这一重要事务，为当时居住在罗马的广大人民提供了足够的粮食。有一年，人们遭遇了一场严重的饥荒，不过这场饥荒也让人们进一步认识到这位皇帝的慷慨与仁爱之心：他自己出钱从各个地方运来粮食、橄榄油和葡萄酒，然后将所有东西免费发放给人民。这位皇帝似乎太过节俭，甚至到了吝啬的地步，但人们并不赞同这个说法，因为这在贤人看来也是他值得称颂的地方之一。他撤除了哈德良给许多无用之人的抚恤金，说道："让公众的财产被那些没有做出任何服务的人吞噬是不值得的，甚至是残忍的。"比如，他减少了梅索梅德斯·坎迪奥图斯（Mesomedes Candiottus）的薪水，梅索梅德斯·坎迪奥图斯是一位诗人和里拉琴演奏者，尤塞比乌斯（Eusebius, in Chron）和苏伊达（Suida）赞颂过他，因此他应该在他所处的领域是位十分杰出的人物。他卖掉了皇宫里的各种装饰和其他一些多余的东西，甚至还卖掉了一些农场（不过很有可能其中有一些谣言），所有这些都是为了公众的利益，而不是为了积累财富，因为在共和国有需要的时候，他会很大方地拿出钱，同时，他拥有这些积蓄也是为了永远不向人民征收新的赋税。如果佐纳拉斯（Zonaras, in Annal.）所述属实，为进行战争或有其他需求需要给士兵们赠送礼物时，他不会向任何人索要钱，也不会征收任何赋税，他会将皇宫里的装饰品拿来进行公开拍卖，甚至包括他妻子的珠宝首饰，然后用所得的收益来奖赏士兵。等到满足了这一需求时，他会通过赎买收回所售出的贵重物品。一些人归还了物品，也有一些人没有归还，不过安东尼努斯并没有因此而感到气愤，也没有使买家感到不安。我们之后会看到，在公元170年，他的继任者马库斯·奥勒留斯也做出了相同的事，以至于我们可以怀疑佐纳拉斯可能是错误地认为这件光荣的事是安东尼努斯·庇乌斯做的。安东尼努斯没有进行过任何长途的旅行，他到达的最远的地方是坎帕尼亚和他在罗马近郊的别墅，因为他知道皇帝游行的队伍会花费百姓很多钱，尽管他每次出行都只是带很少的随从。他很清楚各个城市对于哈德良和多米提安努斯于各地巡游时发出的抱怨之声，但他从来没有剥削过臣民，这从他撤销了过去的所有指控这一点就能看出来（Capitolin., in Antoninus Pius.）。因此在他统治期间，国家财政官几乎没有做出什么事情——这些人在过去经常霸占那些地方长官、法官和其他行政官的财产。安东尼努斯将没收的资产返还给了他们的子嗣，并尽力弥补各省遭受的损失。他也从未接受过有子嗣的人给他留下的遗产。佐纳拉斯（Zonar., in Annal.）还叙述，安东尼努斯还废除了尤利乌斯·恺撒制定的法令，这条法令的内容是需要在遗嘱中写明将遗产的一部分留给国家财政。保萨尼亚斯（*Pausanias, lib. 8.*）也谈到一条法律，根据这条法律，任何享有罗马公民身份的人无法将这一身份延续给他的子女，他的财产必须转给其他罗马公民，或者留给国家财政，而他的子女没有继承权。安东尼努斯更重视法律的人性化，因此他希望子女可以继承他们父辈的遗产。

年　　份　　公元152年　小纪纪年第五年

　　　　　　阿尼塞教皇第三年

　　　　　　安东尼努斯·庇乌斯皇帝第十五年

执 政 官　　马库斯·阿西利乌斯·格拉布里奥（Marcus Acilius Glabrio）与马库斯·瓦莱利乌斯·奥穆鲁斯（Marcus Valerius Omulus）

这位执政官奥穆鲁斯就是我们之前讲过的那位爱好讽刺、品质恶劣的人物。安东尼努斯似乎并不在意他自由发表言论，甚至将他刻薄的话语当作一件好玩、滑稽的事，或者他是想通过这一恩惠赢得奥穆鲁斯的积极评价。

许多学者认为，在这一年，安东尼努斯·庇乌斯写信（*Eusebius, Hist. Eccles., lib. 4, c. 13.*）给亚细亚各市以维护基督徒，他下令除了法律规定禁止的罪行，不得因他们的宗教信仰而骚扰他们。其他人认为这封信是马库斯·奥勒留斯写的，因为属于他统治时期。可以肯定的是，信中谈到了当时亚细亚发生的各种地震，而一些盲目无知的人或异教徒却将这些灾难归咎于基督教。卡皮托里努斯（*Capitolinus, in Antoninus Pius.*）写道，在安东尼努斯·庇乌斯统治时期发生了许多灾害，包括我们之前讲到的饥荒，还有罗马竞技场的倒塌，以及罗迪岛和亚细亚的许多城市遭遇的猛烈地震。在罗马，一场可怕的大火烧毁了340座房屋（这里用的是"Isole"这个词）。对于这些房屋（Isole），据信是古代人对那些与周围房屋分离开来的建筑的称呼，但这似乎与普布利乌斯·维克多对罗马的描述不相符，因为他写整个罗马城内的"因苏拉"（Insulae，平民住宅）就有46702座，而"多姆斯"（Domus，贵族住宅）仅有1790座。"多姆斯"指的是那些我们现在称作宫殿的建筑，而"因苏拉"指的是罗马人的普通房屋，它们彼此分离，但由共同的墙连接在一起。还有纳博讷（Narbona）和安提阿（Antiochia）市，以及迦太基（Cartagine）的大广场也遭遇了类似的火灾。佐纳拉斯（Zonaras, in Annal.）还讲到当时发生的地震给比提尼亚（Bitinia）和赫勒斯滂（Ellesponto）的各个城市带来了毁灭性的灾难，特别是摧毁了基齐库斯（Cizico）神庙——它被认为是当时亚细亚最为宏伟壮观的神庙。这些灾害进一步凸显了安东尼努斯·庇乌斯的慷慨，因为他用自己的钱重建了那些被灾害摧毁的城市，或者捐助了很多钱给当地人以帮助他们重建城市。著名诡辩家阿里斯蒂德斯（Aristid., Oration. 16.）证实，宏伟的基齐库斯神庙后来在马库斯·奥勒留斯·奥古斯都统治时期完成了重建工作。

年　份　公元153年　小纪纪年第六年
　　　　阿尼塞教皇第四年
　　　　安东尼努斯·庇乌斯皇帝第十六年
执政官　盖乌斯·布鲁蒂乌斯·普莱森斯（Gaius Bruttius Praesens）与奥鲁斯·尤尼乌斯·鲁菲努斯（Aulus Iunius Rufinus）

根据这一年铸造的勋章（Mediobarbus, in Numism. Imper.）上有关于皇帝获得胜利桂冠的内容，我们可以推断这一时期罗马人进行过几场战争，尽管并没有史料记载安东尼努斯在这一年获得代表"获胜者"的"皇帝"称号（他获得过两次"皇帝"封号，分别在公元138年和公元145年）。卡皮托里努斯（Capitolinus, in Antoninus Pius.）写道，他非常热爱和平，在很多场合都会重复西庇阿的那句话，对他来说，挽救一个罗马公民比杀死1000个敌人更重要。但是热爱和平是一回事，没有战争是另一回事。即使天生爱好和平的君主有时候也不得不参与战争，但安东尼努斯从来没有亲自上过战场，他都是派他的将领前去作战。我们前面讲过在不列颠的战争，这场战争在洛利乌斯·乌尔比库斯（Lollius Urbicus）的指挥下赢得了胜利。我们从卡皮托里努斯那里还得知，安东尼努斯派了一些军队援助奥尔比奥波利蒂人

（Olbiopoliti）——他们当时正与陶罗西提人（Taurosciti）在本都（Pontus）附近作战，通过武力最终迫使那些蛮族人将人质归还给奥尔比奥波利蒂人。另外，根据圣查士丁尼（*Justinus, in Dialog. contra Triphon.*）的记述可以推断，犹太人在他们的国家发动了几次新的叛乱，但最后都被安东尼努斯·奥古斯都的军队制伏。由于缺少史料，我们无从得知关于这件事的更多信息。除此之外，卡皮托里努斯证实，这位皇帝从来都不是自愿，而是不得已才委派他的特使，或者叫代理长官发动了一些战争。奥勒留斯·维克多（*Aurelius Victor, in Epitome.*）写道，安东尼努斯统治罗马帝国的23年间从未发动过任何战争。卡皮托里努斯的说法似乎比奥勒留斯·维克多的说法更可信。

年　份　　公元154年　小纪纪年第七年
　　　　　阿尼塞教皇第五年
　　　　　安东尼努斯·庇乌斯皇帝第十七年
执政官　　卢基乌斯·埃利乌斯·奥勒留斯·康茂德（Lucius Aelius Aurelius Commodus）
　　　　　与提图斯·塞克斯提乌斯·拉特拉努斯（Titus Sextius Lateranus）

第二位执政官拉特拉努斯被卡皮托里努斯（*Capitol., in Lucius Verus.*）称为塞斯蒂里乌斯·拉特拉努斯（Sestilius Lateranus），而在格鲁特罗的一篇希腊碑文中，他被称为提图斯·塞克斯提乌斯·拉特拉努斯（Titus Sextius Lateranus）。诺丽斯主教（*Noris, Epist. Consulari.*）发现卢基乌斯·塞克斯提乌斯·塞斯迪努斯·拉特拉努斯（Lucius Sextius Sestinus Lateranus）是公元前366年的执政官，因此他推断，这一年这位执政官的名字是塞克斯提乌斯，而不是塞斯蒂里乌斯。但他的说法仍然疑点重重。另外还让人怀疑的是格鲁特罗的希腊碑文是不是经过精确复刻的。潘维尼乌斯（*Panvin., Fast. Consular.*）引用了另一篇拉丁语碑文，上面写着"执政官塞斯蒂里乌斯·拉特拉努斯、阿奎利乌斯·奥尔菲图斯（Sestilius Lateranus, ed Aquilius Orfitus Consoli）"。这与卡皮托里努斯的说法一致。雷兰多（*Reland., Fast. Consular.*）引用了古迪奥的一篇碑文，其中这位执政官被称作塞克斯提乌斯·塞斯蒂里乌斯·拉特拉努斯（Sextius Sestilius Lateranus）。但是古迪奥的碑文不太可信，因为塞克斯图斯的名字就与格鲁特罗的碑文中显示的名字不一致。古迪奥的碑文中写着卡萨里（Cassari）——引人怀疑的名字，以及斯卡比拉里（Scambillari）——事实上，应该是斯卡比鲁里（Scabilluri）。或许十分博学的古迪奥意识到他收集的所有碑文都不可靠，因此他才不愿在他有生之年将它们发表出来。后来一些没有古迪奥那么谨慎的人在他去世后将这些碑文印刷了出来。

这一年的第一位执政官是卢基乌斯·埃利乌斯·奥勒留斯·康茂德，也就是安东尼努斯·庇乌斯的养子（Capitol., in Lucius Verus.），他除了"皇帝的儿子"这个称号之外再没有其他的荣誉封号。上一年，安东尼努斯提拔他为财政官，他任职期间，用养父的钱为人们举办了一场角斗士表演，他也有幸坐在了皇帝和他的哥哥马库斯·奥勒留斯中间。他青少年时期一直在学习文学，安东尼努斯也尽可能为他提供良好的教育，希望他成为一位杰出人士。安东尼努斯委派尼科米德斯（Nicomedes）做他的家庭教师；斯卡乌鲁斯（Scaurus，哈德良在位时的语法学家斯卡乌鲁斯之子）是他的拉丁语语法老师；特雷弗斯（Telephus）、赫费斯提翁（Hephaestion）与哈普克拉提翁（Harpocration）则教他希腊语语法；阿波罗尼乌斯·卡尼尼乌斯·塞莱尔（Apollonius Caninius Celere）与曾任执政官的赫罗狄斯·阿提库斯（Herodes Atticus）教他希腊语辩术；同样曾任执政官的科尔涅利乌斯·弗龙蒂努斯（Cornelius Frontinus）教他拉丁语辩术；教他斯多葛派哲学的是阿波罗尼乌斯（Apollonius），我们之前讲过他的自大傲慢。还有塞克斯图斯（Sextus），他也是当时著名的哲学家。尽管卢基乌斯·康茂德并不热衷文学，但他对所有老师都怀有特别的爱意，而老师们也都很喜欢他。他学会了写作诗句和创作演讲，比起作诗，他在演讲方面更加优秀，或者更准确地说，他在作诗方面比在演讲方面更糟糕。比起文学，他更喜欢奢华享乐，喜欢与有趣的人聊天，喜欢狩猎和其他马上项目，尤其喜欢观看竞技比赛和角斗士搏斗。这就是卢基乌斯·康茂德，我们会看到他在几年之后成为皇帝，被称为卢基乌斯·维鲁斯。根据勋章（Mediobarbus, in Numismat. Imp.）上的记录，这一年，安东尼努斯皇帝第七次慷慨地赠予罗马人民礼物与奖赏。这是皇帝们用来取悦百姓的手段，从而让他们忘记自己曾经在罗马统治中扮演过很重要的角色，曾经手握重权。

年　　份　　公元155年　小纪纪年第八年

阿尼塞教皇第六年

安东尼努斯·庇乌斯皇帝第十八年

执政官　盖乌斯·尤利乌斯·塞维鲁斯（Gaius Iulius Severus）与马库斯·尤尼乌斯·鲁菲努斯·萨比尼亚努斯（Marcus Iunius Rufinus Sabinianus）

我给第二位执政官加上了尤尼乌斯的名字，这是基于多尼（Doni）发布的一篇碑文，这篇碑文在我的作品（*Thesaurus Novus Inscript., p. 332, n. 2.*）中也被引用。这一年，有许多人补任执政官，但具体是哪几位，在哪一年担任执政官之职的，现在我们仍缺少史料可以证实。但根据一则潘维尼乌斯（*Panvinius, in Fastis Consularibus.*）和格鲁特罗（*Gruter., in Thesaur. Inscr., p. 607, n. 1.*）引用的碑文，似乎这一年的11月5日安提乌斯·波利奥（Antius Pollio）和奥皮米亚努斯（Opimianus）担任补任执政官。但是，潘维尼乌斯引用的另一则碑文似乎与这则碑文相冲突，上面写着12月5日执政官仍是塞维鲁斯与萨比尼亚努斯，这或许是因为当时的公文大多都是以首任执政官的名字标示，没有写补任执政官的名字。

属于这一年的一枚勋章（*Mediobarbus, in Numismat. Imp.*）向我们展示了不列颠化身为一个悲伤的女人，坐在悬崖边，身边有一些战利品，这可能寓意着那一年随着罗马军队的入侵，不列颠发生了一些动荡与骚乱。

年　份　公元156年　小纪纪年第九年

　　　　阿尼塞教皇第七年

　　　　安东尼努斯·庇乌斯皇帝第十九年

执政官　马库斯·凯奥尼乌斯·西尔瓦努斯（Marcus Ceionius Silvanus）与盖乌斯·塞里乌斯·奥古里努斯（Gaius Serius Augurinus）

古罗马历书的注解者对这两位执政官的名字一直存在争议，但格鲁特罗（*Gruterus, Thes. Inscr., p. 128, n. 5.*）引用的一则碑文给了我们坚实的证据，从而确定了他们的名字。诺丽斯主教（*Noris, Epist. Consular.*）也有相同的看法。古迪奥的碑文中显示这两位执政官的名字是尤利乌斯·西尔瓦努斯（Iulius Silvanus）和马库斯·维布利乌斯·奥古里努斯（Marcus Vibulius Augurinus）。还是像我之前说的，古迪奥的碑文来源不明，除非看到它们是出自可靠的地方，否则我们无法认为他的碑文是可信的。比安奇尼主教（*Blanchin., ad Anastas. Biblioth.*）认为第二位执政官的名字是塞克斯提乌斯·奥古里努斯（Sextius Augurinus），而不是塞里乌斯·奥古里努斯，但他并没有解释原因。

巴基神甫（*Pagius, in Critic. Baron.*）总是在他的作品中谈及皇帝的10周年、15周年等，他认为这一年是安东尼努斯·庇乌斯庆祝他任行省总督20周年。斯坦帕主教（*Stampa, Additament. ad Fast. Sigonii.*）表明，巴基神甫是错误地引用了一枚勋章的内容来证明他这种主张——那枚勋章上标明了安东尼努斯·庇乌斯第二十一次获得保民官权力，但这是在下一年2月才开始的。

年　份　公元157年　小纪纪年第十年

　　　　阿尼塞教皇第八年

　　　　安东尼努斯·庇乌斯皇帝第二十年

执政官　巴尔巴卢斯（Barbarus）与雷古鲁斯（Regulus）

对于这两位执政官的其他事情我们一无所知。诺丽斯主教（*Noris, Epist. Consulari.*）猜测第一位执政官的名字是维图莱诺·巴尔巴卢斯（Vettulenus Barbarus），但并不确定。潘维尼乌斯（*Panvinius, in Fastis Consul.*）认为他不叫巴尔巴卢斯，而是叫巴尔巴图斯（Barbatus）。伊达齐乌斯（*Idacius, Fast.*）的作品中也是这么写的。最近在特兰西瓦尼亚（Transilvania）的埃尔科拉诺浴场（Terme Ercolane）发现的一则碑文上也写着巴尔巴图斯这个名字，帕斯夸莱·加洛法洛（Pasquale Garofalo）在论述埃尔科拉诺浴场时引用了这则碑文，在我的作品中也有提到（*Thes. Novus Inscript., pag. 332, n. 3.*）。但是古罗马历书和其他一些碑文上写的都是巴尔巴卢斯，而不是巴尔巴图斯，到目前为止，我们可以遵循这一说法。

根据一枚纪念安东尼努斯·庇乌斯的勋章（*Mediobarbus, in Numism. Imperator, ex Goltzio.*），我们知道这一年他被授予了"罗慕路斯·奥古斯都"（Romulus Augustus）的封号。这似乎有点奇怪，因为据卡皮托里努斯（*Capitolinus, in Antoninus Pius.*）所述，这位爱好和平、谦虚谨慎的奥古斯都皇帝在各个方面都受到称赞，因而他被比作努马·庞皮利乌斯（Numa Pompilius，罗马王政时期第二位国王），而罗慕路斯却是另一种品性。欧特罗皮乌斯（*Eutrop., in Breviar.*）说，由于图拉真被看作另一个罗慕路斯，因此安东尼努斯·庇乌斯被看作另一个努马·庞皮利乌斯。

年　份　公元158年　小纪纪年第十一年
　　　　阿尼塞教皇第九年
　　　　安东尼努斯·庇乌斯皇帝第二十一年
执政官　特图鲁斯（Tertullus）与克劳狄乌斯·萨凯尔多斯（Claudius Sacerdos）

关于第二位执政官萨凯尔多斯的名字克劳狄乌斯，并没有可靠的史料可以证明其真实性，这只是基于诺丽斯主教（*Noris, Epist. Consular.*）的一个合理的猜测。

有一枚勋章（*Mediobarbus, in Numism. Imperat.*）上提到，安东尼努斯·庇乌斯第八次对罗马人民慷慨赠予。梅扎巴尔认为这件事发生在这一年，但也有可能这枚勋章是属于前几年或后几年的，因为勋章上并没有写明是第几次获得保民官权力。但毫无疑问的是，这表明安东尼努斯·庇乌斯为取悦罗马人民再次向他们赠送了礼品。

年　份　公元159年　小纪纪年第十二年

阿尼塞教皇第十年

安东尼努斯·庇乌斯皇帝第二十二年

执政官　普拉提乌斯·昆提利乌斯（Plautius Quintilius）第二次，斯塔提乌斯·普里斯库斯（Statius Priscus）

第一位执政官在各种古罗马历书中都被称作昆提卢斯（Quintillus）。我根据现存于米兰安布罗乔图书馆（Biblioteca Ambrosiana）的一篇碑文——已将其引用在了我的新作品集（*Thesaurus Novus. Inscr., pag. 333, n. 3.*）中，将这位执政官的名字写为昆迪利乌斯（Quintilius）。关于他第二次任执政官这件事，也是不为其他人所了解的。诺丽斯主教（*Noris, Epist. Consular.*）基于一定理由而猜测第二位执政官，也就是斯塔提乌斯·普里斯库斯的首位名字是马库斯。

我们根据勋章（*Mediobarbus, in Numismat. Imper.*）上记录的内容可知，这一年，在罗马，人们为安东尼努斯·庇乌斯统治20周年而进行庆祝，同时为他许愿祈福，希望他能到达统治的第三个10年。勋章上还记录着安东尼努斯为此重建了奥古斯都神庙——实际上只是对其进行了修复。据信，这一年，阿尼塞教皇在罗马举办了主教会议（*Blanch., ad Anast. Bibliothecar.*），著名的圣波利卡（San Policarpo）主教也参加了会议，会议上讨论并决定了复活节期间要做的事项。

年　份　公元160年　小纪纪年第十三年

阿尼塞教皇第十一年

安东尼努斯·庇乌斯皇帝第二十三年

执政官　阿庇乌斯·阿尼乌斯·阿提利乌斯·布拉多（Appius Annius Atilius Bradua）与提图斯·克洛狄乌斯·维比乌斯·瓦鲁斯（Titus Clodius Vibius Varus）

学者们对于第二位执政官的姓氏和名字一直存在争议，一些人认为他叫维鲁斯（Verus），一些人认为他叫瓦鲁斯（Varus）。事实证明后者是对的，因为在里昂发现了一则碑文——在我的作品（*Thesaurus Novus Inscript., p. 333, n. 4.*）中也有引用，上面记录的内容可以使我们确切地知道这位执政官的名字和姓氏。

一些学者认为在这一年，如奥勒留斯·维克多（*Aurelius Victor, in Epitome, edit. Scotti.*）所写的那样，来自伊尔卡尼亚（Ircania）、巴特里亚纳（Battriana），甚至是印度的外交使臣来到罗马觐见安东尼努斯·庇乌斯。但是没有史料证明这件事是发生在这一年还是前几年。可以确定的是，安东尼努斯不仅是一个热爱和平、充满仁爱之心的人（*Capitolinus, in Antoninus Pius.*），他的智慧、坚定和公正也广受赞誉，这为他在蛮族国家中赢得了很高的权威和颇高的声望，所有人不仅尊重他、敬畏他，而且竞相与他交好，建立友好关系。甚至有时候各国之间交战时，往往会将他们的争端交给安东尼努斯评判，他们认为没有人比他更有能力且公正无私了。伊比利亚（Iberia）的国王法拉斯曼（Farasmane）来到罗马想要亲自认识并致敬这样一位声名远播的皇帝，还献上了比给前任皇帝哈德良还要多的礼物。帕提亚的国王（很可能是沃洛加索斯）向亚美尼亚发动战争，安东尼努斯仅仅给他写了一封信，就使他撤兵停止了进攻；那位国王向安东尼努斯提出要求，希望可以恢复他父亲被图拉真罢免的王位，安东尼努斯并没有留意到他的威胁，依旧坚持他的立场。安东尼努斯命令埃德萨（Edessa）的国王阿布加尔（Abgaro）前来罗马，阿布加尔服从了命令；他还将博斯普鲁斯（Bosforo）的国王里迈特斯（Rimetalse）召来了罗马，因为安东尼努斯得知他与他的监管人产生了一些不和。不过令人惊讶的是，安东尼努斯的这些光荣之举竟然没有史料详细记载。

年　份　公元161年　小纪纪年第十四年

阿尼塞教皇第十二年

马库斯·奥勒留斯皇帝第一年

卢基乌斯·维鲁斯皇帝第一年

执政官　马库斯·奥勒留斯·维鲁斯·恺撒（Marcus Aurelius Verus Caesar）第三次，卢基乌斯·维鲁斯·奥勒留斯·康茂德（Lucius Verus Aurelius Commodus）第二次

安东尼努斯·庇乌斯·奥古斯都将两个养子——马库斯·奥勒留斯·恺撒与卢基乌斯·康茂德推举为这一年的执政官。这一年初他们的名字还仅仅是上述这样的，格鲁特罗（*Gruterus, Thesaurus Inscript., pag. 300, num. 1.*）的一则碑文也是这么写的。后来由于他们的养父安东尼努斯去世，两个人都被宣称为皇帝，因此在安东尼努斯去世之后的碑文中，他们不仅被称作"执政官"，也被称作"奥古斯都"。从《查士丁尼法典》的两条法律中可以发现这一年被标示为执政官神圣奥古斯都兄弟（*Divis Fratribus Augustis Consulibus*）。

到目前为止，安东尼努斯·庇乌斯一直以过人的智慧，将人民的幸福放在首位，统治着罗马帝国。然而在他满73周岁零5个半月时（*Eutrop., Breviar. Euseb., in Chron. Aurel. Victor, Epitome.*），死神还是带走了这位如此贤明的皇帝。当时安东尼努斯在距罗马12罗马里的罗里奥（Lorio）别墅里，一天晚餐，他吃了比平常更多（*Capitolinus, in Antoninus Pius.*）的阿尔卑斯奶酪，夜里，他腹泻呕吐并突然发起烧来。第三天，他感到身体越来越不舒服，在护卫军指挥在场的时候，他将国家和他的女儿弗斯蒂纳托付给他的养子兼女婿马库斯·奥勒留斯，还叫人把幸运女神的小金像带到他的房间——这个金像一直被放置在皇帝的房间里。然后，他胡言乱语了一会儿，将给哨兵起的名字——"心灵的宁静"告诉给护卫军军官后，又谈论起了政府与国王——他对这些国王很是愤怒（据说其中之一是帕提亚的国王），后来他平静下来，就好像睡着一般离世了，据信这天是3月7日。安东尼努斯早已预料到了这一天，因而早就立下了遗嘱，他将大部分私人财产留给了他的女儿，并将一部分按比例赠送给他每一个仆人。在他的葬礼上，所有人都流下了悲

伤的泪水，他的遗体被安置在了哈德良陵墓里。根据异教的仪式惯例，元老院将他神化，为他建造神庙，设立神职人员。历史将这位皇帝非凡的美德和杰出的统治保留了下来，以至于在之后的一个世纪里，如果一位皇帝的名字中没有"安东尼努斯"这个后缀（就像使用"奥古斯都"的名字一样），那么人民和士兵们似乎就不会爱戴和敬重他，就好像是不是一个好的皇帝取决于他的名字而不是他的事迹。我们之后会看到就连一些暴君也拥有这个名字。值得一提的是，公元237年的皇帝戈尔迪安努斯一世（Gordianus I）在他年轻的时候（*Capitolin., in Gordianus.*），创作了一首题为《安东尼努斯史诗》（*Antoniniade*）的叙事诗，受到广泛赞誉，在这首诗中，他展现了安东尼努斯·庇乌斯和他的继承人马库斯·奥勒留斯·安东尼努斯的生平事迹及战争经历。卡皮托里努斯说他曾经读过这首诗，然而今天这首诗早已失传，后人再也无法阅读它。在安东尼努斯统治时期，文学得以繁荣。其中具有极高声望的有阿皮亚努斯·亚历山德里努斯（Appianus Alexandrinus），他撰写的历史著作流传至今；托勒密（Tolomeo）给我们留下了著名的天文学和地理学论述；柏拉图学派哲学家马克西穆斯·提里乌斯（Maximus Tyrius）的哲学推理被保留至今（*Euseb., in Chron.*）。但是也有一些人的作品不幸丢失，包括来自贝里托（Berito）的卡尔维西乌斯·陶鲁斯（Calvisius Taurus），来自哈尔基斯（Calcide）的斯多葛派哲学家阿波罗尼乌斯（Apollonius），来自斯希托波利（Scitopoli）同样是哲学家的巴希里德斯（Basilides）、赫罗狄斯·阿提库斯（Herodes Atticus），历史学家卡利尼库斯（Callinicus），罗马著名演说家弗龙蒂努斯（Frontinus）及其他一些人，我就不再罗列了。一些人认为著有《〈腓利史〉概要》（*Epitoma Historiarum Philippicarum Pompei Trogi*，《腓利史》由庞培·特罗古斯著）的历史学家查士丁（Giustino）生活在这一时期，但是这一说法并没有可靠的依据。不过我们确切知道的是，著名的哲学家与基督教殉教士圣查士丁尼（S.Giustino）成名于这一时期。有人将一本古代旅行指南认定是安东尼努斯·庇乌斯·奥古斯都创作的，但韦斯林吉奥（Wesslingio）对这部作品进行了研究和详细的注解，并说明它的作者存在极大的不确定性。在安东尼努斯·庇乌斯之后继承皇位的是马库斯·埃利乌斯·奥勒留斯·安东尼努斯（绰号"哲学家皇帝"）与卢基乌斯·埃利乌斯·奥勒留斯·康茂德（后来被称作维鲁斯），二人都是安东尼努斯的养子，也是这一年的执政官。

我们前面提到过马库斯·奥勒留斯原来的名字是阿尼乌斯·维鲁斯（Annius Verus），他出生于公元121年4月26日，哈德良·奥古斯都是他的一个亲戚（*Dio, lib. 71.*）。在少年时，哈德良就注意到他是个精神高尚的人。他对长辈非常尊敬，对文学有极高的天赋，特别喜欢研究道德哲学，他不仅将那些文献记在脑子里，还会将它们应用于实践，因此，哈德良非常喜爱器重他，以至于打算将皇位传给他。然而，哈德良觉得他年龄尚小，还没有足够的能力担此重任，于是选举安东尼努斯·庇乌斯为他的继承人，同时强迫他收养阿尼乌斯·维鲁斯（后来他的名字变为马库斯·埃利乌斯·奥勒留斯·维鲁斯）和卢基乌斯·埃利乌斯·恺撒之子卢基乌斯·凯奥尼乌斯·康茂德（后来被称为卢基乌斯·埃利乌斯·奥勒留斯·维鲁斯）二人为养子。当马库斯·奥勒留斯成为皇帝后，更多地被称为马库斯·奥勒留斯·安东尼努斯，或者马库斯·安东尼努斯，因为安东尼努斯·庇乌斯的名字为提图斯，因此，"马库斯"这个名字将他与他的前任皇帝区分开来。不过，这位奥古斯都皇帝更为人所知的是他的绰号"哲学家"，因为他很早就投入斯多葛哲学的研究中，还写了一些这方面的书籍且流传至今，他在书中讲了自己的事情，展示了他所学的内容，并发表了他对于人类行为、美德与罪恶的思考（*Marcus Aurelius, de Rebus suis, lib. 1.*）。马库斯·奥勒留斯在演讲、诗歌和学识研究方面有着最为出色的老师，但他本人承认，他没有那么多天赋可以在这些研究中表现得出类拔萃，他还感谢上帝没有令他在发表精彩的演讲、构建演绎推论与思考人生中像诡辩家那样迷失自我。他在优秀的法律顾问卢基乌斯·沃卢修斯·梅基安努斯（Lucius Volusius Mecianus）的教授下学习法律，这对后来他成为皇帝后实行公平正义有很大的帮助。他天生庄重、沉稳，即使在精力最旺盛的年纪也毫无惰性；他生性善良，追求至善至美，这些使他对道德哲学充满热爱，并专注于对该领域的学习。真希望这样的优良品行在今天能更受推崇、更能得到实践！他12岁就穿上了哲学家的衣服，也就是希腊式斗篷。据说，他在哲学学习的最初阶段过着简朴节制的生活，直至他习惯了在光秃秃的地上睡觉。后来在他的母亲多米齐亚·卡尔维拉（Domizia Calvilla）的要求下，他才睡到了一张小床上，冬天只铺着一些皮革。他通过这种方式向上帝表明他热爱哲学，并以此禁欲修行，抑制自己的欲望和激情，这使他远离恶习，让他在年轻时能够保持贞洁。这在异教的信仰者与恶习的煽动者中是罕见的事情。背教者尤利安努斯（Iulianus Apostata, *Julian, de Caesarib.*）说遍了前任皇帝的坏话，但对于马库斯·奥勒留斯，他却表示了赞颂，他把马库斯·奥勒留斯的样子描述为：一副温柔而庄重的脸庞，浓密而稍显凌乱的胡子，穿着简单朴素的衣服。克劳狄乌斯·塞维鲁斯（Claudius Severus）是他的柏拉图哲学老师，我们不久就会看到他担任执政官。而在马库斯·奥勒留斯最喜欢的斯多葛哲学上，他的老师有来自哈尔基斯（Calcide）的阿波罗尼乌斯（Apollonius），来自奇罗尼亚（Cheronea）的普鲁塔克的侄子塞克斯图斯（Sextus）、尤尼乌斯·鲁斯提库斯（Iunius Rusticus）、克劳狄乌斯·马克西穆斯（Claudius Maximus）、齐纳·卡图鲁斯（Cinna Catullus）、巴希里德斯·阿利亚诺（Basilides Arrianus）以及其他一些人（*Eusebius, in Chron.*）。由于他懂得汲取所有人的优点而抛弃糟粕部分，因此在他的作品开头，他写道他从每一位老师，包括他的养父安东尼努斯·庞乌斯和其他语法学家、演说家、哲学家们身上学到了最有用的东西，在哲学家中他尤其喜欢尤尼乌斯·鲁斯提库斯，并非常愿意听他的讲解（*Capitolinus, in Antoninus Pius.*）。据卡皮托里努斯所述，当马库斯·奥勒留的一位老师去世的时候，他为其痛哭，朝臣们都取笑他心肠太过柔软，安东尼努斯·庞乌斯对他们说："让他哭吧，哲人也是人，哲学和权威都无法压制我们的感情。"马库斯·奥勒留斯从他所有老师身上都学到了一些对生活有帮助的东西，他阅读他们的著作，以他们为榜样，因此他年纪轻轻就习惯了节制自己的肉欲，过着艰苦朴素的生活，不耽溺于享乐，每天阅读、劳作，只专注于必要的事情。

就这样，拥有渊博学识及众多美德的马库斯·奥勒留斯成了安东尼努斯·庞乌斯的养子，而后他娶了安东尼努斯唯一的女儿弗斯蒂纳（Faustina），成了他的女婿。他与弗斯蒂纳生育了几个女儿。就在丈夫成为皇帝的这一年，弗斯蒂纳在8月31日生了一对双胞胎兄弟，其中一个叫康茂德（Commodus），他不配拥有这样一位好父亲，因为他后来成了一个令人憎恨的暴君。马库斯·奥勒留斯与弗斯蒂纳还生了几个儿子，但都不幸夭折了。

自从安东尼努斯·庇乌斯去世后，元老院原本只宣布马库斯·奥勒留斯为奥古斯都皇帝，但由于他高尚的人格，尽管卢基乌斯·埃利乌斯·康茂德与他没有血缘关系——他们只是一同被收养的兄弟，但他还是想（*Idem, in Lucius Verus Imper.*）让养弟做帝国的共治者，授予他奥古斯都皇帝的封号和保民官与行省总督权力。就这样，两位皇帝同时执政——这是前所未有的事情。马库斯·奥勒留斯担任大祭司长，为自己加上了"安东尼努斯"的名字，同时把自己的名字让给养弟，也就是"维鲁斯"，因此从那以后，他就被称作马库斯·奥勒留斯·安东尼努斯，而他的养弟则被称为卢基乌斯·奥勒留斯·维鲁斯，或者叫卢基乌斯·维鲁斯。据狄奥尼（*Dio, lib. 71.*）和佐纳拉斯（*Zonaras, in Annal.*）所述，马库斯·奥勒留斯下这个决定是因为他体质虚弱，且他想要专心致力于学术研究，而卢基乌斯·维鲁斯年轻强壮，可以更多地操劳军队事务。我无法说明这种说法是否属实。如果马库斯·奥勒留斯不敢接手战争之事，只想专心读书，那么我们在后面会看到。当时著名的诡辩家阿里斯蒂德斯（*Aristid., Orat. 16.*）在他的一次演说中，着重称赞了马库斯·奥勒留斯不在意卢基乌斯·维鲁斯有可能生下儿子而坚持同养弟一同继承皇位的行为，他赞颂这是有史以来最伟大之举。他说的的确是实话。马库斯·奥勒留斯拥有诸多美德，正是因为这些美德让这两兄弟可以达成一致，齐头并进，尽管卢基乌斯有很多缺点，我们之后会讲到这一点。马库斯·奥勒留斯还将自己的女儿露西拉许配给他做妻子，当时露西拉尚且年幼还不适合结婚，但在她成年之后他们举办了婚礼。后来，这两位奥古斯都皇帝一同来到禁卫军的营地，给士兵们许诺会赠予他们惯常的犒赏。卡皮托里努斯在文章中写道："他们答应给每位士兵不少于2万硬币（相当于400斯库多金币）的奖赏（*Vicena millia nummum singulis promiserunt militibus*）。"我觉得这句话可能是弄错了，如果给每个人的金币是400斯库多，当时有成千上万的士兵，那么总额着实令人震惊。根据一些勋章（*Mediobarbus, in Numismat. Imperator.*）所知，当时的人民也获得了皇帝的赠礼。除此之外，他们不仅给罗马贫穷市民家的子女捐赠小麦，还给新搬来罗马居住的人们送去了粮食援助。

年　　份　　公元162年　小纪纪年第十五年

　　　　　　索泰尔教皇第一年

　　　　　　马库斯·奥勒留斯皇帝第二年

　　　　　　卢基乌斯·维鲁斯皇帝第二年

执政官　　昆图斯·尤尼乌斯·鲁斯提库斯（Quintus Iunius Rusticus）与盖乌斯·维提乌斯·阿奎利努斯（Gaius Vettius Aquilinus）

鲁斯提库斯是马库斯·奥勒留斯的一位老师，也是他最喜欢的老师。根据潘维尼乌斯（Panvinius, in Fastis Consular.）引用的一则碑文可以推断，这一年7月1日，昆图斯·弗拉维乌斯·特图鲁斯（Quintus Flavius Tertullus）接替了阿奎利努斯的执政官之位。

据信（Blanc., ad Anastasium Bibliothec.），圣阿尼塞教皇在上一年光荣殉教，结束了教皇任期。但这一时期罗马教皇继位与退位的年份十分混乱，《大马士革编年史》（Anastasio bibliotecario）也是这么说的。不管怎样，据这部编年史所述，索泰尔教皇在这一年开始了他的教皇任职。马库斯·奥勒留斯已于上一年开始了统治，并开始证明柏拉图（Platone）的说法是多么正确，即如果只是哲学家在位统治的话，人民就会生活幸福；如果统治者热爱智慧，钻研学问，那么人民也会幸福。卢基乌斯·维鲁斯·奥古斯都与他一同执政，他们相处融洽，卢基乌斯总是听命于马库斯·奥勒留斯，就好像一个是父亲，另一个是儿子（Capitolinus, in Marcus Aurelius.）。卢基乌斯·维鲁斯尽可能使自己顺应马库斯·奥勒留斯的生活方式，让自己外表看起来朴素、庄重、克制，因为他们二人在本质上完全不同。人们可以在他们身上看到安东尼努斯·庇乌斯那样的仁慈与宽容。首先出来验证此事的人是戏剧演员马塞卢斯（Marcellus），他在公共剧院里说了几句含糊不清的话试图激怒马库斯·奥勒留斯，但马库斯·奥勒留斯得知此事后，并没有对他表示出任何的愤恨。罗马帝国开始发生一系列灾难与不幸，如果罗马人民在那样一个动荡的时代没有像马库斯·奥勒留斯这样意志强大的皇帝，那灾祸就会越来越多。第一个使公众幸福受到干扰的灾难是台伯河洪水泛滥，洪水给罗马市的房屋、商品和其他物品造成了非常严重的破坏，还淹死了大量牲畜，并且引发了可怕的饥荒。两位皇帝在这个时候及时满足了供给需求，控制了混乱局面，使城市重归平静。但是更加令人担心的是帝国边界出现的动荡——这在安东尼努斯·庇乌斯去世之前就已经存在了。在日耳曼，卡蒂人已经几次入侵罗马帝国；不列颠也受到不愿臣服于罗马帝国的蛮族的威胁。因此，奥菲狄乌斯·维克托里努斯（Aufidius Victorinus）被派往日耳曼保卫边境地区，但是关于这件事并没有任何留存下来的史料；卡尔普尔尼乌斯·阿格里科拉（Calpurnius Agricola）被派往不列颠进行防御，但同样，相关史料已经丢失。

相比之下，更为严重的是帕提亚国王沃洛加索斯（Vologeses）从上一年开始就发动的战争，不知道是因为安东尼努斯·庇乌斯拒绝归还他父亲霍斯劳（Chosroes）被罢免的王冠，还是像他的前辈们那样，为了争夺附属于罗马帝国的亚美尼亚王国。在安东尼努斯去世后，他就煽动幼发拉底河和底格里斯河另一边的王国和民族一起对抗罗马人，向罗马人宣战，而且很有可能他首先对亚美尼亚发动了战争。罗马帝国意识到有必要派出一位具有极高权威的将领率领英勇强健的军队去迎击如此强大的敌人，由于国家的情势需要马库斯·奥勒留斯留在罗马处理不列颠和日耳曼的动乱，因此，元老院一致同意派卢基乌斯·维鲁斯·奥古斯都前往东方。于是，这位年轻的皇帝带着所有需要用到的军官从罗马出发，马库斯·奥勒留斯一直送他到卡波亚（Capoa）。但是卢基乌斯·维鲁斯刚抵达卡诺萨（Canosa）就病倒了，刚回到罗马的马库斯·奥勒留斯得知了此消息，再次前往那里看望他。后来他返回罗马，在元老院为卢基乌斯·维鲁斯的身体许愿祈福。许多学者都认为卢基乌斯·维鲁斯此次出征是发生在这一年，但巴基神甫（Pagius, Critic. Baron.）认为这件事发生在上一年。卢基乌斯·维鲁斯的疾病是源于他在旅程中过度沉溺于无节制的享乐生活，身体痊愈后，他立即向睿智的兄长皇帝告辞，继续海上之旅。据卡皮托里努斯（Capitolinus, in Lucius Verus.）和尤塞比乌斯（Eusebius, in Chron.）所述，卢基乌斯·维鲁斯去了科林托（Corinto）和雅典，航行途中一直有歌唱家和演奏家为他奏乐表演。在雅典，他进行了祭祀祈福，这被异教幻想者认为是不吉利的。后来，他继续海上的旅程，沿着小亚细亚（Asia Minore）、潘菲利亚（Pamfilia）和西里西亚（Cilicia）的海岸航行，在每个著名的城市都停留几天寻欢作乐，直到最终抵达安提阿，结束了航行。他很有可能是于这一年抵达的目的地。

年　份　公元163年　小纪纪年第一年

索泰尔教皇第二年

马库斯·奥勒留斯皇帝第三年

卢基乌斯·维鲁斯皇帝第三年

执政官　莱里亚努斯（Lelianua）与帕斯托里斯（Pastoris）

迄今为止，第一位执政官的名字是叫卢基乌斯·埃利亚努斯（Lucius Aelianus）还是莱里亚努斯（Lelianua）仍然存在争议。根据我从各处获取的信息，我更偏向是莱里亚努斯。另外，我在其它作品中引用了一则碑文（*Thesaurus Novus Inscript., pag. 335.*），这则碑文令我猜测他的完整名字应该是马库斯·庞提乌斯·莱里亚努斯（Marcus Pontius Lelianua）。与他共任执政官的还有昆图斯·穆斯提乌斯·普里斯库斯（Quintus Mustius Priscus），他可能是接替帕斯托里斯的补任执政官。一则由雷内西奥（Reinesio，*Reinesius, Inscript., pag. 218.*）、库佩罗（Cupero）和雷兰多（Relando，*Reland., Fast. Consular.*）发表的碑文上写着"执政官马库斯·奥勒留斯与卢基乌斯·埃利亚努斯"。我认为这则碑文是假的，因为执政官通常都是以姓氏标示，而不是仅仅用名字标示。这则碑文取自利戈里奥（Ligorio）的手稿，就像我在序言中所说的那样，并不是利戈里奥的真实作品，而是被后世的几个诈骗者篡改了的文稿，他们复制了大量古碑文，以利戈里奥的名义将它们散播出去，而古迪奥就是滥用这一成果的人之一。在利戈里奥的真实手稿里，我并没有看到这些东西。

与此同时，地中海东部沿岸诸国的事务对罗马人来说变得越来越糟糕。据狄奥尼（*Dio, lib. 71.*）所述，塞维利亚努斯（Severianus）被派去支援亚美尼亚，他有可能是卡帕多细亚（Cappadocia）的行政长官，率领着他在卡帕多细亚拥有的军队。根据当时疯狂的迷信惯例，他想要先咨询一下帕夫拉戈尼亚（Paflagonia）的亚历山大（Alexander）——一个著名的行骗者，到处谎称自己是预言家，后来作家卢基安努斯（*Lucian., in Pseud.*）记述了他臭名昭著的一生。这个狡猾的骗子预言他会取得胜利，于是，塞维利亚努斯就怀揣着这个胜利的预言带着几支军团来到了亚美尼亚的埃莱吉市（Elegia）。然而，这里突然出现了一大批帕提亚人，连续3天从各个地方堵截罗马军队，最终一阵箭雨将罗马军队彻底击败，所有将领也都牺牲在了战场上。这件事应该发生在上一年，即公元162年。如果卡皮托里努斯（*Capitolin., in Lucius Verus.*）所述属实，这个不幸的消息被传到了罗马，当时朝着东方各国行进的卢基乌斯·维鲁斯·奥古斯都正在普利亚（Puglia）寻欢作乐，进行狩猎，消磨时间。帕提亚国王沃洛加索斯为这场胜利骄傲不已，随后率军向索里亚开战。阿提狄乌斯·科尔内利亚努斯（Attidius Cornelianus）是当时索里亚的行政长官。在那里，罗马军队向沃洛加索斯发起攻击，沃洛加索斯击溃了他们，并洗劫了那一地区，使得那里到处充满了恐慌。卡帕多细亚省也遭遇了巨大的损失。似乎这件不幸的事也是发生在上一年。正如我前面讲到的，卢基乌斯·维鲁斯·奥古斯都（*Idem, ibid.*）到达了索里亚的首都安提阿，但是他并没有投入到重要的事务中，而是在这里成天寻欢作乐，沉溺于奢侈、宴席和各种淫欲——再也没有老师在他身旁盯着他，束缚着他的双手。他本应如他的兄长皇帝所希望的，亲自带兵上阵，赢得胜利，但他每天只想着满足他那无节制的欲望。他为战争所做的事就是派大量士兵和优秀将领与帕提亚人交战，如斯塔提乌斯·普里斯库斯（Statius Priscus）、阿维狄乌斯·卡西乌斯（Avidius Cassius，后来起兵造反）及马尔提乌斯·维鲁斯（Martius Verus）。狄奥尼（*Dio, lib. 71.*）因他们的英勇而对他们进行了赞颂。似乎从一些勋章（*Mediobarbus, in Numismat. Imp.*）中可以推断出，这一年罗马人在亚美尼亚取得了一些优势，或者收复了其中部分地区，但这应该不算很卓著的功绩。马库斯·奥勒留斯早已将自己的女儿露西拉许配给了卢基乌斯·维鲁斯。根据巴基神甫（*Pagius, Critic. Baron.*）的说法，他们在这一年举办了婚礼（*Capitolinus, in Marcus Aurel. et in Lucius Verus.*）。马库斯·奥勒留斯将女儿一直送到了布林迪西（Brindisi），然后她被转移到了以弗所（Efeso），卢基乌斯·维鲁斯到那里接她。马库斯·奥勒留斯曾在元老院说想要送女儿到索里亚，但卢基乌斯·维鲁斯表示会到以弗所接她，因为他担心兄长来到安提阿，会发现他在这里过的是怎样无耻的生活。贤明的皇帝马库斯·奥勒留斯为了免除人民的负担，提前给各省下达了命令，不需要为他的女儿举办迎接仪式。但更可信的说法是，被授予"奥古斯塔"封号的露西拉是在下一年开始旅程的，因为有谣言称马库斯·奥勒留斯想要去索里亚是为了夺取卢基乌斯·维鲁斯打赢战争的胜利荣耀，于是他急忙从布林迪西返回罗马，制止这散播的谣言。但是根据我们所了解到的，迄今为止，罗马军队在索里亚还没有取得什么能够让马库斯·奥勒留斯对卢基乌斯·维鲁斯产生妒忌之心的重大胜利。

年　份　公元164年　小纪纪年第二年

索泰尔教皇第三年

马库斯·奥勒留斯皇帝第四年

卢基乌斯·维鲁斯皇帝第四年

执政官　马库斯·庞培·马克里努斯（Marcus Pompeius Macrinus）与普布利乌斯·尤文提乌斯·盖尔索（Publius Juventius Gelso）

终于在这一年，幸运女神对罗马人的严峻面庞变成了愉悦的笑脸。斯塔提乌斯·普里斯库斯（Statius Priscus）成功地攻占了亚美尼亚（Capitol., in Marcus Aurelio.）的城市阿尔塔沙特（Artasata），并在一个地方驻扎营地，那个地方后来被称作"新城"（Città-Nuova），因为马尔提乌斯·维鲁斯（Martius Verus）被派去管理亚美尼亚行省时，将那一地方设为亚美尼亚的第一座城市（Dio, lib. 71.）。马尔提乌斯到达那里的时候，发现那里的军队全都叛变了，最后他凭借着精明审慎，成功镇压住了他们。在这一年的勋章（Mediobarbus, in Numismat. Imperat.）上可以找到"亚美尼亚被打败"及"亚美尼亚被攻占"的字样。另外，值得一提的是，罗马人在亚美尼亚获得了不止一次胜利，因为我们注意到，两位奥古斯都皇帝在这一年第二次获得"皇帝"封号，这标志着罗马人取得了胜利。除此之外，根据他们的勋章或者钱币上的内容，马库斯·奥勒留斯和卢基乌斯·维鲁斯都被授予"亚美尼亚征服者"（Armeniaco）的称呼。勋章上还显示，他们给亚美尼亚封了一位国王，这位国王是阿萨希德（Arsacidi）家族的索赫姆斯（Sohaemus），不知道他之前是不是一位国王，也可能是由两位皇帝给亚美尼亚人民封的新国王。狄奥尼（Dio, in excerpt. Valesian.）在谈到马库斯·奥勒留斯的仁慈时写道，在这场战争中，提里达提斯·萨特拉帕（Tiridates Satrapa）被囚禁，他是引起亚美尼亚混乱局面的罪魁祸首，还杀死了恩尼科（Eniochi）的国王，并且与罗马军队将领马尔提乌斯·维鲁斯交战，只因为马尔提乌斯指责他行为太过分。但是，作为惩罚，善良的皇帝只是将他流放到了不列颠。与此同时，卢基乌斯·维鲁斯一边嘲笑着战争的喧嚣和危险，一边在安提阿寻欢作乐，而让罗马将领们在战场上为他冒着生命危险流汗流血。4年来，他一直待在那座城市，但居所不固定。他冬天住在拉塔基亚（Laodicea），夏天住在达芙涅（Dafne）——这是靠近安提阿的一个宜人且隐蔽的村庄。在这场战争期间，在参谋官的要求下，卢基乌斯·维鲁斯曾两次亲自来到幼发拉底河，但刚一看到罗马军队（还不是敌人的军队），他就又回到了安提阿，继续沉溺于他所钟爱的无耻玩乐中。甚至那些演戏的演员也无法原谅他，他们在公共剧院里多次用歌词讽刺他的胆小和放荡无耻，没有人不在背后嘲笑他。在梅扎巴尔巴的作品里提到一枚这一年的勋章，上面写着马库斯·奥勒留斯被授予"日耳曼征服者"的封号，并且取得了一次战争胜利。但这一说法并不可信。我们会在后面看到这位皇帝被授予"日耳曼征服者"的封号。现在他还仅仅是被称作"亚美尼亚征服者"。

年　份　公元165年　小纪纪年第三年
　　　　索泰尔教皇第四年
　　　　马库斯·奥勒留斯皇帝第五年
　　　　卢基乌斯·维鲁斯皇帝第五年
执政官　卢基乌斯·阿利乌斯·普登斯（Lucius Arrius Pudens）与马库斯·加维乌斯·奥尔菲图斯（Marcus Gavius Orfitus）

罗马人在这一年与帕提亚人的战事更加惊人（*Dio, lib. 71.*）。阿维狄乌斯·卡西乌斯（Avidius Cassius）指挥着一支庞大的罗马军队迎击帕提亚人，他在幼发拉底河上架起了一座桥，就像图拉真所做的那样，然后率领军队进入美索不达米亚，追捕逃兵，使得那一地区臣服于罗马帝国。其中，他最著名的一次征服是在塞琉西亚（Seleucia）——底格里斯河沿岸一座人口稠密且经济富庶的城市，如果欧特罗皮乌斯（*Eutrop., in Breviar.*）与保卢斯·奥罗修斯（*Orosius, in Histor.*）的说法可以相信的话，当时那座城市里住着40多万居民。那座城市的人民心悦诚服地屈服于卡西乌斯，但是卡西乌斯——这个心肠狠毒的将领，又想要将那座富饶的城市直接洗劫以犒赏军队，于是找了一些借口，编造了一些控诉罪名，实施了他那邪恶残酷的计划。他屠杀了那里的人民，将整座城市烧毁，甚至在阿米阿努斯·马尔切利努斯（*Ammianus Marcellinus, Histor., lib. 23.*）时期，依然能看到这一残忍行径的遗迹。然而，卡皮托里努斯（*Capitolin., in Lucius Verus.*）证实，描述这场战争的作家阿西尼乌斯·夸德拉图斯（Asinius Quadratus）为卡西乌斯辩解，他指责塞琉西亚人，认为是他们先背信弃义的，他们才是灾难的源头。不过，手里有武器的人自以为有理由做任何事，他们往往会为了达到目的而忘记所有人性、法律，去做那些残忍的事以使自己变得富裕，或者为了其他可耻的目的。卡西乌斯取得的胜利并没有到这里就结束，他越过底格里斯河，进入了帕提亚的首都科泰西丰特（Ctesifonte）和当时的著名城市巴比伦（Babilonia）。卡西乌斯将沃洛加索斯在科泰西丰特的所有宫殿都夷为平地，以便让他也像他父亲一样学会尊重罗马帝国的威严。那一时期的作家卢基安努斯（*Lucian., de Conscribenda Hist.*）写道，罗马人和帕提亚人在幼发拉底河沿岸的扎格玛（Zaugma）进行了一场大战，最后帕提亚人惨败。之后，为了嘲笑那些爱拍马屁的历史学家，他补充说有37万帕提亚人死在了那里，而罗马人只有3人死亡，9人受伤。卢基安努斯还写到埃德萨（Edessa）也被罗马人围攻。因为此次胜利，马库斯·奥勒留斯与卢基乌斯·维鲁斯两兄弟第三次获得"皇帝"封号，以及"帕提亚征服者"（Partico）的姓氏。巴基神甫（*Pagius, in Critic. Baron.*）认为，这场帕提亚之战于公元161年开始，于这一年结束，而后卢基乌斯·维鲁斯返回了罗马。这一说法并不可信。一些人认为这场战争结束于下一年，卢基乌斯·维鲁斯也是在下一年返回罗马的，我觉得这一说法更加可信。

年　份　公元166年　小纪纪年第四年

　　　　索泰尔教皇第五年

　　　　马库斯·奥勒留斯皇帝第六年

　　　　卢基乌斯·维鲁斯皇帝第六年

执政官　昆图斯·塞尔维利乌斯·普登斯（Quintus Servilius Pudens）与卢基乌斯·福菲狄乌斯·波利奥（Lucius Fufidius Pollio）

在我看来，罗马人与帕提亚人的战争在这一年仍然持续了数月。有勋章（Mediobarbus, in Numismat. Imp.）可以向我们证明：这一年，马库斯·奥勒留斯与卢基乌斯·维鲁斯第四次被授予"皇帝"封号。由此可以推断，他们的军队肯定又取得了战争的胜利，而这胜利只能是取得了帕提亚之战的胜利，因为与马可曼尼人（Marcomanni）的战争发生在更晚些的时候。除此之外，在这些勋章上还找到了"帕提亚胜利"的字样。因此我们有理由这样认为，罗马将领阿维狄乌斯·卡西乌斯在这一年继续征服并洗劫帕提亚人，也正是在这个时候，他一直征战到梅迪亚（Media），于是后来卢基乌斯·维鲁斯（Capitolin., in Lucius Verus.）除了"亚美尼亚征服者"与"帕提亚征服者"的称号外，又加上了"梅迪亚征服者"（Medico）的称号，然而，这在勋章上并没有留下任何记述。卡西乌斯横扫了那里的很多国家，甚至有传言称他越过了印度河（Indo），但卢基安努斯（Lucian., de Conscribenda Histor.）认为这并不是真的，并嘲笑当时的历史学家故意写一些夸张的内容以歌颂他们的英雄。我们从狄奥尼（Dio, Lib. 71.）那里得知，卡西乌斯在返程路上失去了大量士兵，一部分是因为缺少粮食，一部分是因为疾病，于是，卡西乌斯带着剩下的士兵最终到了索里亚，这一庞大的行省后来也归顺于他。这件事最后的结局是怎样的，史料没有相关记载，罗马人和沃洛加索斯之间很有可能签署了一些和平条约，因此罗马人似乎占领了一部分美索不达米亚。卢基乌斯·维鲁斯当时仍住在安提阿，他为接连取得的胜利而骄傲自满。马库斯·奥勒留斯派他的嫡亲兄弟安阿尼乌斯·利博（Annius Libo）到安提阿（Capitolinus, in Lucius Verus.）担任特使，也就是代理长官，拥有很高的权威。然而没过多久，阿尼乌斯·利博就生病去世了。因为他开始上任的时候态度非常傲慢，对卢基乌斯·维鲁斯也表现得毫不尊重，并说会写信给马库斯·奥勒留斯说明一切可疑的事，因此有人认为是卢基乌斯·维鲁斯下令将他毒死的。马库斯·奥勒留斯要么是不相信这件事，要么是假装不相信这件事。这时卢基乌斯·维鲁斯返回罗马，想要把利博的遗孀嫁给他的自由奴隶阿加克利托（Agaclito），尽管马库斯·奥勒留斯不太赞同这件事，但还是出席了这场婚礼宴席。就这样，正如卡皮托里努斯（*Capitolinus, in Lucius Verus.*）所说的，帕提亚之战持续了5年，卢基乌斯·维鲁斯在这年年底返回了罗马，然而他并没有押送着战败被俘的帕提亚国王而归，而是带着一帮戏剧演员、滑稽小丑、杂耍演员、舞蹈演员、乐师和其他类似的人——沉迷于玩乐的埃及人民和索里亚人民特别喜欢这些，就好像他不是从战场上回来，而是从一群奢侈享乐的人那里回来一样。这些就是卢基乌斯·维鲁斯带回来的战利品，他与他贤明睿智的兄长皇帝完全不同，在他寻欢作乐时，身在罗马的马库斯·奥勒留斯心里想的只有人民的利益。

年　份　　公元167年　小纪纪年第五年

　　　　　索泰尔教皇第六年

　　　　　马库斯·奥勒留斯皇帝第七年

　　　　　卢基乌斯·维鲁斯皇帝第七年

执政官　　卢基乌斯·埃利乌斯·奥勒留斯·维鲁斯·奥古斯都（Lucius Aelius Aurelius Verus Augustus）第三次，夸德拉图斯（Quadratus）

根据巴基神甫（*Pagius, Crit. Baron.*）的说法，皇帝马库斯·奥勒留斯与卢基乌斯·维鲁斯在上一年为帕提亚之战和亚美尼亚之战胜利结束而在罗马举行了隆重的凯旋仪式。但根据梅扎巴尔巴（*Mediobarbus, in Numism. Imperat.*）的说法（似乎他的说法更有依据），凯旋仪式是在这一年举行的，卢基乌斯·维鲁斯担任了这一年的执政官。我们根据一枚勋章上的内容可知，马库斯·奥勒留斯在这一年第二十一次被授予保民官权力。从勋章上还可以看到，两位皇帝坐在一辆由四匹马拉着的马车上，前面是凯旋仪式的豪华场面。谦逊的马库斯·奥勒留斯（*Capitolin.,* in Marcus Aurelio.）本不愿参加这场凯旋仪式，他说这应该是为卢基乌斯·维鲁斯庆祝的，他为了制伏蛮族付出了巨大努力。但是卢基乌斯·维鲁斯向元老院提出请求，希望兄长也可以与他一起庆祝凯旋，此外，他还希望可以授予兄长的儿子康茂德（Commodus）与维鲁斯（Verus）"恺撒"的封号，元老院同意了这一请求。后来，马库斯·奥勒留斯的子女们也和他们一起坐在了凯旋战车上。这个时候，元老院授予了他们二人"国父"的称号，在这之前，马库斯·奥勒留斯一直因弟弟不在而不接受这一称号。在勋章上，找不到有关他们这一荣誉称号的字样。不过，在这一年和下一年纪念皇帝卢基乌斯·维鲁斯的碑文中提到这件事。这也可以用来表明凯旋典礼举行的确切年份（我认为是在这一年），以及了解到那些写着在这之前他们就被授予了这一称号的碑文出现了错误，可能是伪造的。在上述凯旋典礼举行的同时，还举办了一些公共竞技演出，两位奥古斯都皇帝皆身着凯旋战袍观看演出。勋章（*Mediob., in Numism. Imperat.*）上还记载，在这一年，奥古斯都皇帝第四次给罗马人民赠送礼物，可能是为了在隆重庆祝凯旋之际增加公众的喜悦。这一年，两位奥古斯都皇帝都在罗马，人们可以看到尽管二人品性完全不同，但他们相处得十分融洽。这真是一件神奇的事。马库斯·奥勒留斯是一位天生充满智慧的君主，他做出了许多令人称赞的行为，留下了许多精彩的箴言，这得益于他对哲学的研究。他致力于为公众谋取利益，就像家庭中一位明智的父亲善于管理自己的家一样（*Capitolinus, in Marcus Aurelius.*）。他一直孜孜不倦地为人民主持公平正义，这是统治者的首要义务。他愿意耐心地倾听一切，审讯当事方，分析原因，给律师充足的时间推论判决。因此有时候，一个案件要花费好几天进行审理，而那些最终被判刑的人也会对他们的判决心服口服。他进行工作时会向有经验的法律顾问寻求建议与帮助，比如斯凯沃拉（Scaevola）——直到今天他在法学院还备受赞誉。马库斯·奥勒留斯的善良让他总是充满仁慈，在大多数情况下他会减轻刑事案件中的惩罚力度，而要是涉及严重的罪行，他也会表现出无情的一面。他盯着法官的一举一动，以免他们因疏忽大意或出于恶意而滥用他们的权威。有一位初审法官没有仔细审理一项诉讼，马库斯·奥勒留斯就命令他从头到尾再读一遍诉讼书；还有一位办事更加糟糕的初审法官，出于仁慈，马库斯·奥勒留斯没有撤去他的职位，但是暂停了他的司法裁判权,将该权力授予他的同事。他最热心的事就是以温柔的方式让人们弃恶从善,他用慷慨之举和各种奖励来奖赏好人,并试图通过宽恕可以被原谅的罪恶来赢得恶人的心,他的行为使许多恶人变成了好人,也使原本的好人更加善良。

不过他备受争议的一点是他几乎从不对国库上心。比起制定新的法律,他更愿意重新施行旧的法律。他对许多法律都进行了革新,比如限制过多的假期、妥善管理国家配给粮、罢免滥用职权的人、保持罗马和各省的道路平整、惩罚多收取赋税的人、减少演出和戏剧的花费、惩罚造谣诽谤者,以及用好其他有益的法律条款。他尤其禁止控诉任何诽谤皇帝的人,他不会因恶人的谣言而发怒,甚至别人当着他的面表现出傲慢的姿态,他也是耐心忍受着。曾有一个声名狼藉的退伍士兵向他急切索要一个职务,英明的皇帝要他先想办法获得好名声。这个退伍士兵反驳道:"我可是见过很多与我在竞技场里搏斗过的人担任初审法官呢。"善良的奥古斯都只是耐心地容忍着这傲慢的话。他对元老院极其尊重,在罗马的时候,他总是会参加元老院的会议,即使没有什么事需要汇报。甚至当他在坎帕尼亚度假时,他觉得有一些建议要提出来,却不以写信的方式,而是亲自前往元老院谈论这些事。他只会委任那些他知晓的具有美好品德的人为元老院议员,还会将那些贫穷但正直的元老院议员提拔到赚钱的职务以此帮助他们。如果有哪位元老院议员被指控犯有死罪,他会首先将此消息保密,以免没有可靠的证据而损害了议员的名誉。他还会参加公民大会,并一直待到晚上,如果执政官没有解散议会,他也不会提前离开元老院。这就是这位杰出皇帝的生活方式。那么卢基乌斯·维鲁斯的生活方式是怎样的呢?我留到后面再讲。但是,这里需要提一下的是,这位年轻的皇帝从索里亚回来时(Capitolin., in Lucius Verus. Lucian., de Conscrib. Histor. Ammianus, lib. 23.),给整个国家带来了一个可怕的"礼物"——他将瘟疫也一同带了回来。有人说这场瘟疫源于埃塞俄比亚(Etiopia),有人说源于埃及,还有人说源于帕提亚。在交战过程中,罗马军队染上了瘟疫,继而把瘟疫带入了卢基乌斯·维鲁斯的宫廷,瘟疫所经之处的每个地方都受到致命的感染,最后连罗马也开始感受到瘟疫的存在。后来,瘟疫渐渐地扩散到整个意大利,甚至扩散到高卢,直至莱茵河。这场瘟疫持续了数年，各个国家死于瘟疫的人不计其数。保卢斯·奥罗修斯（Paulus Orosius, *Orosius, Histor. lib. 8.*）写道，农村地区缺少农民，城市和寨子人烟稀少，各个地方因为没有居民而荆棘丛生。罗马也遭遇了同样悲惨的境况（*Capitol., in Marcus Aurelius.*），穷人的尸体被马车送到城外埋葬，许多杰出人物也因瘟疫而丧生，马库斯·奥勒留斯给其中最德高望重的几个人竖立了雕像。

年　份　公元168年　小纪纪年第六年
　　　　索泰尔教皇第七年
　　　　马库斯·奥勒留斯皇帝第八年
　　　　卢基乌斯·维鲁斯皇帝第八年
执政官　阿普罗尼亚努斯（Apronianus）与卢基乌斯·维提乌斯·保卢斯
　　　　（Lucius Vettius Paulus）

几乎所有的古罗马历书中都写这一年的执政官是阿普罗尼亚努斯（Apronianus）与保卢斯（Paulus）。这些历书都弄错了似乎不太可能。仅仅有一则潘维尼乌斯（*Panvin., Fast. Consul.*）和格鲁特罗引用的碑文里写执政官是卢基乌斯·维提乌斯·保卢斯（Lucius Vettius Paulus）与提图斯·尤尼乌斯·蒙塔努斯（Titus Iunius Montanus）。但很有可能是一个叫阿普罗尼亚努斯的人与保卢斯为这一年的首任执政官，后来由于他去世，蒙塔努斯接替了他的位子，似乎不太可能这个蒙塔努斯就是阿普罗尼亚努斯。

卢基乌斯·维鲁斯·奥古斯都（*Capitol., in Lucius Verus.*）原本就喜好奢侈和淫荡的生活，特别是在远离了兄长的眼线后，正如我前面提到的，他便沉溺于各种各样令人憎恶的寻欢作乐中，完全辜负了兄长把他派去那里的期望——马库斯·奥勒留斯原本希望军务的劳苦可以纠正他的恶习，但从结果可以知道，这一希望完全落空。回到罗马后，尽管他想方设法在马库斯·奥勒留斯面前掩饰他的恶习，但他私底下比以前更加过分。他在他的宫殿里安排了一个厨房，那样与马库斯·奥勒留斯吃过简单的晚餐后，他就可以到那里满足他贪吃的欲望，餐桌上服侍他的是些低贱下流的人。他还在用餐的同时观看角斗士搏斗,但那往往会持续很长时间,因此有时他就在靠垫或卧榻(古罗马人在餐厅里都是躺在靠垫或卧榻上的)上睡着了,于是就需要有人将他抬回他的房间。当时有这样的习俗:一张餐桌上不能坐超过7个人。这样在重大场合就要摆很多张桌子,因为有这样的谚语:"7个人成一场宴席,9个人成一场争吵。"卢基乌斯·维鲁斯是第一个想要在一张桌子上坐12个宾客的人,并且还送给了宾客们很多礼物:他给侍童、上菜者和同席者赠送了金银制作的带有珠宝装饰的盘子、杯子,以及涂有香脂的金制花瓶,还给马车加上配有奢华装备的骡子。他在每一个宾客身上都花了许多钱,我不敢说出有多少钱,反正在卡皮托里努斯的文章里这笔金额数目是巨大的。之后,卢基乌斯·维鲁斯将晚上的剩余时间用在游戏、作乐和各种其他在索里亚习得的恶习上。他还在克罗地亚(Clodia)大道上建了一座豪华的别墅,在那里与他那些自由奴隶,还有在索里亚一同寻欢作乐的朋友花天酒地。马库斯·奥勒留斯知道弟弟这些胡作非为的事情后,尽管非常难过,但他还是假装不知道这些事情,以免破坏与弟弟的关系。甚至他也会被邀请去那座别墅——去那里并不费劲儿,他希望在那里能以身作则,教弟弟应该如何度假。马库斯·奥勒留斯在那里住了5天,在那期间他还忙着处理公务案件,而卢基乌斯·维鲁斯只是沉溺于宴席中,或者是忙于准备宴席。很多人都说,这个放荡的皇帝也开始效仿卡里古拉、尼禄和维泰里乌斯的无耻恶习,在晚上乔装打扮,戴着风帽逛小酒馆和妓院,与一些流氓、无赖一起吃饭,和别人打架,有时回来的时候脸上被人打得青一块紫一块,而他要是摔碎了酒馆的杯子,就往空中扔一把铜币。他尤其喜欢观看竞技场里的赛马项目,并且十分偏袒穿着绿色赛袍的普拉西娜(Prasina)队,当他与马库斯·奥勒留斯一起观看比赛时,穿着蓝色赛袍的威尼托(Veneta)队曾因此多次向他说一些粗鲁的话语。卢基乌斯·维鲁斯特别喜爱一匹叫作"小鸟"(Volucre,或者Uccello)的马,甚至为这匹马打造了一座金像,随身携带着它。他给这匹马喂食的不是大麦,而是精制葡萄干。正因为如此,此后的赛马比赛中引入了将一尊金马雕像送给获胜者作为奖品的传统。这匹马死后,他还为它在梵蒂冈建了一座陵墓。这些就是卢基乌斯·维鲁斯·奥古斯都所做的荒唐之事。

在帕提亚战争进行期间，意大利北方正蓄谋着另一场对抗罗马人的战争（*Capitolinus, in Marcus Aurelius. Dio, lib. 71.*）。马可曼尼人（据信是现今波希米亚的居民）开始侵扰罗马帝国疆界，但因为当时罗马正与帕提亚交战，守卫那一地区的军队将领为了不让帝国卷入这场危险的战争中，一直耐心地拖延时间，直到一个合适的时机到来才削弱他们的气势。东方之战胜利结束，这些马可曼尼人的嚣张气焰越涨越高，同时，从大西洋到黑海几乎所有莱茵河和多瑙河以北的蛮族国家都准备起兵与罗马人交战，可能是他们之间有什么联盟，或者是他们彼此效仿蔑视罗马帝国的军事力量。他们全都是好战凶残的野蛮民族，似乎在密谋着毁掉罗马人，除了主要的马可曼尼人，还有纳里西人（Narisci）、埃蒙杜里人（Ermonduri）、夸迪人（Quadi）、苏维汇人（Suevi）、萨尔玛提亚人（Sarmati）、汪达尔人（Vandali）、维托瓦利人（Vittovali）、罗索拉尼人（Rossolani）、巴斯特尼人（Basterni）、科斯托波奇人（Costobochi）、阿兰尼人（Alani）、贾齐吉人（Jazigi）和其他不知道名字的民族。如果狄奥尼所述属实，莱茵河以东的日耳曼人进攻了意大利，给意大利造成了十分严重的损失（这似乎令人难以置信）。在他们杀死的人中，发现了许多全副武装的妇女。就这样，其他的蛮族洗劫了各个行省，攻占了城市，似乎他们还占领了整个潘诺尼亚，或者至少占领了潘诺尼亚的一部分。据保萨尼亚斯（*Pausanias, lib. 10.*）所述，科斯托波奇人一直入侵到希腊。这一残酷的消息传到了罗马，令整个城市都充满了恐慌，特别是这个时候瘟疫已经使许多罗马士兵丧命，而且仍旧有不少士兵在丧生。马库斯·奥勒留斯（*Capitolinus, in Marcus Aurelius.*）尽管拥有很多美德与学识，但从未认识到异教宗教的虚伪性，也未认识到基督教的真实性，相反，他还是基督教的迫害者。因此，他向神灵寻求帮助，并把各地的祭司召来，也包括其他外来宗教的祭司，做了许多祭祀活动，在这个亟须帮助的时刻向充耳不闻的神灵祷告。他还竭尽所能地做了许多准备，如招募士兵，为几乎溃散的军队补充兵力。瘟疫夺去了许多人的生命，也使马库斯·奥勒留斯的出征推迟了一段时间，但在这一年，他还是亲自率领军队从罗马出发了。出发前，他暗中对元老院旁敲侧击，说有必要让两位皇帝一同出征，因为这是一场规模浩大的战争，元老院批准了这一请求。英明的皇帝马库斯·奥勒留斯信不过卢基乌斯·维鲁斯带兵作战，因为之前的战争已经证明了卢基乌斯·维鲁斯的胆小怯懦（*Capitolinus, in Lucius Verus.*），他也不愿意留卢基乌斯·维鲁斯自己在罗马，怕卢基乌斯·维鲁斯在完全自由的情况下沉溺于寻欢作乐，变得更加无耻下流。于是，两位皇帝（卢基乌斯·维鲁斯内心充满不满和抵触）一同启程出征，直到到达阿奎莱亚（Aquileja）。从这一年的勋章（*Mediobarb., in Numism. Imper.*）上可以看到，两位皇帝第五次被授予"皇帝"封号。这似乎不像是在与马可曼尼人的战争中取得了胜利，那么就有可能标志着阿维狄乌斯·卡西乌斯在与布科利人（Bucoli，也就是叛乱的埃及牧人）的战争中取得了胜利。我们从伍尔卡提乌斯·加利坎努斯（*Vulcatius Gallicanus, in Avidius Cassius*）那里得知，卡西乌斯也参加了马库斯曼尼之战，因此布科利人挑起叛乱和被罗马军队击溃应该发生在之前。野蛮民族布科利人起兵造反后（*Dio, lib. 71.*），许多人被捕，另外一些人就穿着女人的衣服，假扮成那些囚犯的妻子，邀请罗马军队的一位百夫长来拿他们准备的黄金作为释放囚犯的赎金。但百夫长看到的并不是黄金，而是敌人的剑，于是这位百夫长被这些人杀死了。布科利人越来越嚣张，拉拢了大部分埃及人加入他们的队伍，他们的首领是一个叫伊西多鲁斯（Isidorus）的英勇男子，许多罗马士兵都死于他们的剑下，他们还无休止地到处抢劫，差点儿就侵占了埃及当时的首都亚历山大里亚（Alessandria），不过，还好索里亚的行政官阿维狄乌斯·卡西乌斯率领军队及时赶来。卡西乌斯并没有冒险与人数众多、凶残且不顾一切的敌人决一死战，而是成功地在他们之间制造了矛盾，这足以压垮那些顽固的人，让他们缴械投降。如果这件事确实发生在这一年，那么这就有可能是两位奥古斯都皇帝再次获得"皇帝"封号的原因。但是由于我们所知的马库斯·奥勒留斯统治时期的事件都没有标注时间，因此很难确定确切的年份，在这样模糊不清的情况下，也无法判断谁的说法更准确。

年　份　公元169年　小纪纪年第七年

索泰尔教皇第八年

马库斯·奥勒留斯皇帝第九年

卢基乌斯·维鲁斯皇帝第九年

执政官　昆图斯·索修斯·普里斯库斯·塞内乔（Quintus Sosius Priscus Senecio）与普布利乌斯·凯利乌斯·阿波利纳里斯（Publius Caelius Apollinaris）

我给第一位执政官也就是普里斯库斯，加上了"塞内乔"这一姓氏，这在我别处引用的一篇碑文（*Thesaurus Novus Inscription., pag. 336, num. 5.*）中可以读到，在其他回忆录中，这也是普里斯库斯唯一的姓氏，应该是最常用的。

据卡皮托里努斯（*Capitolinus, in Marcus Aurelius.*）所述，两位皇帝率领庞大的军队于上一年来到阿奎莱亚（Aquileia），这带来了积极的作用，北方大部分蛮族国王和人民不但停止了战事，还杀死了叛乱的始作俑者，以此表示愿意与罗马人和平相处。甚至没有国王的夸迪人表示除非罗马皇帝认可，否则不会承认已经选举出来的国王。还有各国的特使也到罗马帝国的代理长官那里请求议和。这种情势，加上瘟疫已经蔓延到了阿奎莱亚，夺走了部分士兵的生命，甚至禁军总督弗利乌斯·维克托里努斯（Furius Victorinus）也因染上瘟疫而死，使得卢基乌斯·维鲁斯向兄长皇帝请求返回罗马，以便能像往常一样享受寻欢作乐的乐趣。但马库斯·奥勒留斯持不同意见，他坚持认为，蛮族人现在撤退并表示出求和的意愿有可能是他们看见罗马帝国如此庞大的军队而采取的伪装和权宜之计，因此还需要继续向前，弄清楚敌人到底是真的归顺还是假意投降。巴基神甫（*Pagius, in Critic. Baron.*）引用盖伦（Galenus）的几段话证明，两位奥古斯都皇帝在阿奎莱亚度过了冬天。卢基乌斯·维鲁斯不情愿地跟着兄长皇帝来到潘诺尼亚和伊利里亚，将它们从蛮族手里解放出来，恢复了这些地方的平静和良好秩序。有勋章（*Mediobarbus, in Numism. Imper.*）显示，这一年，两位奥古斯都第六次获得"皇帝"封号，但并没有说明他们的军队在哪里打了胜仗。尤塞比乌斯（*Eusebius, in Chron.*）写道，这一年罗马人与日耳曼人、马可曼尼人、夸迪人、萨尔玛提亚人和达契亚人进行了战斗。在这一年制造的勋章（*Mediobarbus, in Numismat. Imper.*）

上写有"日耳曼胜利"和"日耳曼被征服"的字样。此外，马库斯·奥勒留斯还被授予了"日耳曼征服者"的称号。所有这些证据都证明罗马军队进行过战斗，并取得了几次胜利。卡皮托里努斯（Capitol., in Marcus Aurelius et Lucius Verus.）对这场战争的很多细节都没有提到，因此勋章比他更值得相信。但是关于马库斯·奥勒留斯是不是在这一年获得"日耳曼征服者"的称号，这是很值得深入研究的。

在恢复了潘诺尼亚和伊利里亚的平静之后，两位奥古斯都皇帝就回到了阿奎莱亚。卢基乌斯·维鲁斯（Capit., in Marcus Aurelius et Lucius Verus.）迫不及待地想要回到罗马去过享乐生活，因此多次恳求兄长，马库斯·奥勒留斯最终同意在这年年底满足他的愿望。不过根据巴基神甫引用的盖伦的话，似乎是他们达成一致决定返回罗马的。毫无疑问的一件事是，在他们一同乘着马车从康科迪亚（Concordia）到阿尔蒂诺（Altino）时，卢基乌斯·维鲁斯（Eutrop., in Breviar. Aurelius Victor, in Epitome.）突然中风，失去了说话的能力。卢基乌斯·维鲁斯被抽了血后带到阿尔蒂诺，3天后去世了。由这场意外死亡引发的谣言有无数个，因为那些爱说闲话的人、奸邪恶毒的人和愚蠢无知的人个个都想当"政治家"。有不少人认为卢基乌斯·维鲁斯是被他的岳母弗斯蒂娜·奥古斯塔（Faustina Augusta）下毒毒死的，因为她从女儿也就是卢基乌斯的妻子露西拉那里得知，他的姐姐法比亚（Fabia）出于忌妒，与卢基乌斯来往非常密切，要么是为了其他女人间的无耻勾当，要么是他和他的姐姐正在策划谋害马库斯·奥勒留斯的性命，他的自由奴隶阿加克利托（Agaclito）有可能就是被指派杀害马库斯·奥勒留斯的人。还有人编造了一个故事，说马库斯·奥勒留斯用一把一面涂有毒药的刀切了一块肉，把有毒的那块给了卢基乌斯·维鲁斯，自己吃了另一块。还有人认为是他的医生波斯迪普斯（Posidippus）给他抽血抽了太长时间导致死亡的。但是马库斯·奥勒留斯仍然保持着他的正直和名声，因为没有一个正派之人会相信这种虚假的谣言。马库斯·奥勒留斯一直很爱他这个弟弟，即使他非常难过，也尽其所能帮他掩饰他的缺点。据卡皮托里努斯（Capit., in Marcus Aurelius.）所述，在这件事情过去之后，马库斯·奥勒留斯于这一年回到罗马，请求元老院授予已逝世的卢基乌斯·维鲁斯以神的荣耀，他的遗体被埋葬在哈德良陵墓里。另外，根据皇帝被神化的惯例，他给卢基乌斯·维鲁斯指派了一些祭司和其他神职人员。他还给卢基乌斯·维鲁斯的姑姑和姐妹提供了一笔合适的补助金，善待他所有的奴隶并归还他们自由之身，尽管他们中大部分是一些奸邪之人，过去利用主人的软弱做了很多坏事。过了一段时间，他解散了卢基乌斯·维鲁斯的宫廷，只留下了艾莱克图斯（Electus），也就是后来参与谋杀马库斯·奥勒留斯之子康茂德·奥古斯都的人。后来，马库斯·奥勒留斯来到元老院感谢他们授予已故的弟弟荣誉，并且婉转地说明，在帕提亚之战中取得的所有胜利并不是源于卢基乌斯·维鲁斯的建议和举措。

年　份　公元170年　小纪纪年第八年
　　　　索泰尔教皇第九年
　　　　马库斯·奥勒留斯皇帝第十年
执政官　马库斯·科尔涅利乌斯·凯瑟古斯（Marcus Cornelius Cethegus）与盖乌斯·埃鲁西乌斯·克拉鲁斯（Gaius Erucius Clarus）

上一年，马库斯·奥勒留斯怀疑北部蛮族假装议和不是没有道理的。这一年，马可曼尼人联合之前提到的蛮族人民，以及卡皮托里努斯（Capitol., in Marcus Aurelius.）提到的其他民族，再次拿起武器，向罗马各省开始了新的战争行动，或许是因为他们收到了瘟疫使罗马军团兵力锐减的消息。更糟糕的是，这个时候瘟疫再次在罗马蔓延开来。虽然既缺少士兵，又缺少打仗需要的钱，但善良的皇帝并不忍心在这个多灾多难的时期以新的理由压榨受苦的人民。那么他做了什么呢？他寄希望于在国家陷入严重困境时采取的权宜之计。从前，仆人或者说是奴隶是不被允许纳入军队的。当时罗马帝国境内的奴隶数目十分庞大，为了将他们利用到战争上，马库斯·奥勒留斯归还了他们自由之身，并将他们组建成一支军队，起名为"志愿军"。在共和国时期的布匿战争中也采取过同样的做法。他还想让角斗士也与他一起到战场上，尽管他们都是一些下流低贱之人，但与其让他们互相厮杀，不如将他们的身手更好地用到对国家有利的地方。此外，他还收买了达尔马提亚、达尔达尼亚的土匪和许多日耳曼军队，让他们对付日耳曼人。就这样，他组建了一支十分强大的军队。但是国库根本不足以支撑如此庞大的开支，正如我前面所说的，他不愿意压榨人民，于是开始将皇宫的装饰物、珍贵花瓶，甚至是妻子的衣服和在哈德良珠宝匣中找到的宝石全都拿来进行公开拍卖。这场拍卖持续了两个月，他从中获取了很多收益，足以满足战争之需。战争结束后，他发布了一条公告，希望以同样的价格请那些珍宝的购买者归还购买物，不愿意归还珍宝的人也不会因此受到任何欺压。马库斯·奥勒留斯曾到帕莱斯特里纳（Palestrina）隐居，不知是为了享受度假还是为了躲避瘟疫。在这里，他的第三个儿子维鲁斯（Verus）因耳朵下长了一个肿瘤而不幸夭折，他当时年仅7岁，却已经获得了"恺撒"的封号。马库斯·奥勒留斯对他的哀悼没超过5天，还安慰那些没能治愈他儿子的医生。很快他就重新回到了公务的处理上，这位哲学家皇帝不管是发生好事还是坏事，总是表现出同样的面貌和情绪。当时朱庇特罗马竞赛正好在这一悲伤时刻举行，但他不允许因自己儿子的逝世而中止竞赛，仅仅是下令给已故的儿子竖立雕像，以及将他的金制肖像画带到竞技比赛场上。马库斯·奥勒留斯在准备出征之际，打算给女儿露西拉——已逝的卢基乌斯·维鲁斯·奥古斯都的遗孀重新找个丈夫。他为女儿挑选的丈夫是克劳狄乌斯·庞培安努斯（Claudius Pompeianus）。克劳狄乌斯·庞培安努斯是安提阿人，是一位罗马骑士的儿子，为人正直，具有智慧，但是由于他不是第一贵族，并且年纪很大，皇帝之女、拥有"奥古斯塔"封号的露西拉和她的母亲弗斯蒂纳皇后都不知道如何处理这样一段姻亲关系。

| 年　份 | 公元171年　小纪纪年第九年 |
|---|---|
| | 艾流德教皇第一年 |
| | 马库斯·奥勒留斯皇帝第十一年 |
| 执政官 | 卢基乌斯·塞普蒂米乌斯·塞维鲁斯（Lucius Septimius Severus）第二次，卢基乌斯·奥菲狄乌斯·赫伦尼亚努斯（Lucius Aufidius Herennianus） |

这一年，罗马教皇索泰尔为捍卫基督教的真理而光荣殉教。尽管马库斯·奥勒留斯从哲学中获得很多启示，但如我之前所说的，他从未分辨出异教宗教的虚伪和他所崇拜神灵的虚无缥缈，他热心地维护众神的荣誉，甚至允许迫害基督信徒。尤塞比乌斯（Eusebius, in Chron. et in Histor. Eccl.）和其他古代作家都写到了在他统治时期的第四次对基督教的迫害，因此在高卢和亚细亚，许多忠于耶稣基督的英雄光荣殉教，其中最著名的殉教者有波利卡普（Polycarpus）和查士丁尼（Giustino）。在罗马，圣索泰尔教皇也遭遇了同样的结局。每当异教祭司抨击基督徒时，都会有不幸发生在罗马帝国内，然而他们却将此归咎于基督教，认为是这些教徒的轻蔑引起了神灵的愤怒。这一时期发生的严重瘟疫又进一步增加了他们对基督教追随者的怒气。在索泰尔之后继任罗马教皇之职的是艾流德（Eleutherius）。尽管大概在这一时期，萨尔迪（Sardi）的美利通（Melito）主教和耶拉波利（Jerapoli）的阿波利纳里斯（Apollinaris）主教向马库斯·奥勒留斯呈献了捍卫基督教的辩护词，但马库斯·奥勒留斯从未醒悟，对基督徒的严厉态度也没有减缓。马库斯·奥勒留斯已经亲自出征，朝着被蛮族攻占的潘诺尼亚行军。由于这是罗马人有史以来最危险、最值得纪念的战争之一，因此我们希望有一些史料留下相关记载。但是关于这场战争，我们只有一篇晦涩难懂的草稿，而且上面并没有标注时间。有可能马库斯·奥勒留斯在这一年开始他的军事行动，但他做了哪些事，我们并不知晓。勋章（Mediobarbus, in Numismat. Imper.）上并没有提到他取得什么胜利，只是向我们展示了他与几个士兵经过的一座桥。不过我们知道，在这一年，罗马举办了马库斯·奥勒留斯统治10周年的庆祝活动，包括庆典、祭祀和竞技表演，并为他进行公共祈愿，期待他统治的第二个10年到来。这一时期，著名医生盖伦（Galenus，或者像其他人称

呼他的那样，叫加里恩努斯，Gallienus）在罗马名声大噪，他出生于亚细亚的别迦摩（Pergamo）（*Galenus, de Prognosticis.*）。公元169年，马库斯·奥勒留斯将他从别迦摩召来阿奎莱亚，然后将他带回了罗马。马库斯·奥勒留斯写信给他表示非常希望在出征中能有他在身边，但是盖伦立马请求留在罗马，因为他不喜欢伴随着不便与危险的军营生活，善良的皇帝答应了他的请求，但是命令他负责儿子康茂德·恺撒（Commodus Caesar）的身体健康——康茂德他在父亲出征的时候病得很严重。在上述对抗马可曼尼人和其他蛮族人的远征中，出类拔萃的军官有克劳狄乌斯·庞培安努斯（Claudius Pompeianus，马库斯·奥勒留斯的女婿）、阿维狄乌斯·卡西乌斯（Avidius Cassius，后来叛变）及埃尔维乌斯·佩蒂纳克斯（Helvius Pertinax，后来成为皇帝）。佩蒂纳克斯担任过许多军队职务，他当时在达契亚的军营，但因为一些关于他恶劣行径的传言，马库斯·奥勒留斯将他从那里撤走了。马库斯·奥勒留斯很欣赏庞培安努斯的英勇，想让他做自己的助手，而庞培安努斯也拥有极高的声誉，值得担任元老院议员的职位。马库斯·奥勒留斯也清楚地知道有一些怀疑他的传言纯粹是谣言，后来他更加喜爱庞培安努斯，将他提拔到最高的荣誉地位。

据狄奥尼（*Dio, lib. 71.*）所述，在罗马人与马可曼尼人的几场战役中，马可曼尼人占上风，禁军总督马库斯·文德克斯（Marcus Vindex）在其中一场战役中不幸丧生，马库斯·奥勒留斯为他在罗马竖立了3座雕像。另一位禁军总督是鲁弗斯·巴塞乌斯（Rufus Bassaeus），他出身贫穷，甚至没有学过文学。不过，他的成就、他的英勇及他的德行弥补了他出身的不足，并最终使他到达这样一个地位极高的职位。

年　　份　公元172年　小纪纪年第十年

艾流德教皇第二年

马库斯·奥勒留斯皇帝第十二年

执政官　马克西穆斯（Maximus）与奥尔菲图斯（Orfitus）

到目前为止，仍然无法确定这两位执政官的名字。

根据勋章（*Mediobarbus, in Numismat. Imper.*）上记述的内容，这一年，罗马军队在与马可曼尼人的战争中取得了胜利。勋章上有"日耳曼胜利""日耳曼被征服"的字样，还写着马库斯·奥勒留斯被授予"日耳曼征服者"的称号。但是让人不明白的是，上面没有说到马库斯·奥勒留斯再次获封"皇帝"的事情，通常取得重大胜利时都会这么做的。或许马库斯·奥勒留斯是否获得"日耳曼征服者"的称号也是值得怀疑的。虽然我们不知道准确时间，但我们从卡皮托里努斯（*Capitol., in Marcus Aurelio.*）和狄奥尼（*Dio, lib. 71.*）那里获得的确切消息是，马库斯·奥勒留斯将马可曼尼人一直赶到多瑙河，就在他们准备过河的时候，马库斯·奥勒留斯将他们一举击溃，将潘诺尼亚彻底从马可曼尼人、萨尔玛提亚人和汪达尔人的枷锁里解救出来。由于在这场胜利中获得的战利品都是从潘诺尼亚人民那里抢夺来的，马库斯·奥勒留斯想要将这些战利品归还给可怜的人民。这位英明的皇帝在这样一个危险的时刻一直稳步前进，没有一时兴起而与敌人殊死搏斗，他懂得等待时机以获得优势。在处理公务时，他都会先与他的顾问们商讨再决定，在处理战争的事务上，他更是如此，因为谨慎和警觉比武力更能出奇制胜。他也不会固执己见，经常说："我听从这么多明智之人的建议比这么多明智之人听从我的建议更加有帮助。"此外，他一直勤勤恳恳地忙于政事军务，尽管许多人因此而责备他：一位像他这样的哲学家怎么会想要在军队和战争的危险中生活呢？这是与其他哲学家的行为准则完全不相符的。但他通过写信或者讲话的方式让别人知道他这么做是对的，也是值得称颂的，因为是为了国家的利益，他必须忍受和牺牲一切。不管朋友们从罗马给他写了多少封信，希望他把指挥权交给将领们，自己回来休息，他一直不愿意这么做，直到战争结束。实际上，这场战争持续的时间比人们一开始认为的要长。

年　份　公元173年　小纪纪年第十一年

艾流德教皇第三年

马库斯·奥勒留斯皇帝第十三年

执政官　马库斯·奥勒留斯·塞维鲁斯（Marcus Aurelius Severus）第二次，提贝里乌斯·克劳狄乌斯·庞培安努斯（Tiberius Claudius Pompeianus）

根据诺丽斯主教（Noris, Epist. Consulari.）一如既往地细心谨慎，第二位执政官，也就是庞培安努斯，应该不是马库斯·奥勒留斯的女婿。我没有像其他人一样将他的首位名字写为"提图斯"，因为在多尼和我引用的一则碑文（Thesaurus Novus Inscription., pag. 338.）中，他被称为"提贝里乌斯"，这是克劳狄乌斯家族更常使用的名字。

这一年的勋章（Mediobarbus, in Numismat. Imperat.）上提到"日耳曼胜利"和"日耳曼被征服"，并且将马库斯·奥勒留斯称为"日尔曼尼库斯·奥古斯都"，但是，除了第六次获封"皇帝"（在前几年他就拥有此封号了）之外，他再没有其他的封号了。据狄奥尼（Dio, lib. 71.）所述，有可能在这一年冬天，罗马人与贾齐吉人在结冰的多瑙河上战斗时英勇非凡，最终取得了胜利。或许伍尔卡提乌斯·加利坎努斯在阿维狄乌斯·卡西乌斯的传记中（Vulcat., in Avidius Cassius.）所叙述的事情也发生在这一年。卡西乌斯想要严格执行军纪，并以自己被称为另一个"马库斯"而感到光荣。有许多例子都说明了他这种严厉，或者称残忍更合适。其中一个例子是这样的：卡西乌斯在多瑙河畔指挥着一支罗马军队。一天，几个百夫长观察到河的另一边有一支由3000萨尔玛提亚人组成的军队没有严加防守，于是在卡西乌斯和军队军官不知情的情况下，他们带着几个人突然越过多瑙河，对萨尔玛提亚人的军队发起突袭，将其击溃，并俘获许多战利品。这些百夫长回到军营后，兴高采烈地去告诉卡西乌斯这件事，希望能获得丰厚的奖赏。而他们没想到的是，卡西乌斯立即将他们所有人处以了死刑——给他们施行了奴隶的惩罚，也就是钉在十字架上，并说这有可能是蛮族人假装疏忽大意以引罗马人上当，还说谁都不可以拿罗马帝国的名誉来冒险。由于他这个严厉的处决，他的军队造反了，卡西乌斯只穿着一条裤子冲出帐篷，大喊道："如果你们有胆量就杀了我，把这条罪名加到你们违反军纪的罪名上。"他这种无所畏惧倒使士兵们害怕了，于是他们平静了下来。卡西乌斯的这一行为传播开来，蛮族人也十分恐惧，他们给当时不在多瑙河畔的马库斯·奥勒留斯派去使者，恳求可以在未来100年获得和平。和卡西乌斯相反，这位皇帝善待士兵，对他们充满仁慈与宽容，但是不希望士兵对他发号施令（*Dio, lib. 71.*）。在一次激烈的战争之后，罗马军队取得了胜利，士兵们向马库斯·奥勒留斯讨要双倍的犒赏或其他礼物。但马库斯·奥勒留斯不愿意给他们，说如果他给他们比平常更多的钱，就需要压榨他们的亲属以获取钱，那么他自己就要为此而向上帝忏悔。不知疲倦的皇帝忙完军中事务之后，会继续倾听和处理必要的案件和矛盾。当时他正在塞尔米奥（Sirmio）市，这是这次战争期间他惯常的居住地，尽管保卢斯·奥罗修斯（Paulus Orosius）（*Orosius, in Histor.*）写他在卡农托（Carnunto，靠近现今维也纳的城市）待了3年。当时著名的演说家赫罗狄斯·阿提库斯（*Philostr., in Herodes Atticus.*）因为他与他的家乡雅典之间的一个激烈矛盾而来到此地。雅典的特使德莫斯特拉托（Demostrato）也来了，他受到马库斯·奥勒留斯的热情接待——马库斯·奥勒留斯是一位天生更加注重集体利益而非个人利益的君主。弗斯蒂纳·奥古斯塔依据惯例，陪着丈夫一起来到战场上，站在雅典城这一方，一天，他们年仅3岁的女儿站在赫罗狄斯·阿提库斯脚下，咿咿呀呀地将雅典人这件事情告诉了他。赫罗狄斯·阿提库斯得知了一切，当人们不得不在皇帝面前讨论这件事时，他愤怒地跑到大街上，用面罩遮着脸公然向皇帝表示对立，甚至还指责皇帝让一个女人和3岁的孩子统治国家。护卫军队长鲁弗斯·巴塞乌斯（Rufus Bassaeus）对他说这种说话方式会让他没命的，但赫罗狄斯说像他这个年纪的人（他当时年纪已经非常大了）没什么好怕的，随后转身离去。马库斯·奥勒留斯对此毫不慌张，也没有表现出厌烦或不屑的样子。赫罗狄斯离开之后，他平静地让雅典的特使说明赫罗狄斯·阿提库斯的情况。德莫斯特拉托是个口才极好的人，他知道如何生动地阐述理由。马库斯·奥勒留斯听着，当得知赫罗狄斯和他的自由奴隶是如何压迫雅典人民的时候，他抑制不住泪水，因为赫罗狄斯·阿提库斯是一位杰出的人物，还曾是马库斯·奥勒留斯的老师，因此马库斯·奥勒留斯对他怀有崇高的敬意，但是这位皇帝更爱他的人民。然而，他并不想对赫罗狄斯做出任何的判决，只是判处赫罗狄斯的傲慢的自由奴隶一些较轻的惩罚，并给雅典人提供了赔偿。过了一段时间，马库斯·奥勒留斯来到亚细亚，赫罗狄斯为了试探皇帝是否还生他的气，就写信给皇帝抱怨再也没有收到他的信，说皇帝以前很喜欢写信给自己的。善良的皇帝给他回了一封长信，其中全是表示友好的语句，还为被迫将他手下的人判罪而道歉。根据蒂勒蒙特（*Tillemont, Mémoires des Empereurs.*）所说的，当然会有很多基督徒在被审判之日为一位皇帝（还是异教的皇帝）这番温和的行为而感到羞耻。

年　份　公元174年　小纪纪年第十二年
　　　　艾流德教皇第四年
　　　　马库斯·奥勒留斯皇帝第十四年

执政官　加卢斯（Gallus）与弗拉库斯（Flaccus）

关于这两位执政官，我们什么也不知道。在我引用的一则碑文（*Thesaurus Novus Inscription., pag. 338.*）中写着"执政官C.卡尔普尔尼乌斯·弗拉库斯，L.特莱比乌斯·日尔曼尼库斯（C. CALPVRNIUS FLACCUS, L. TREBIUS GERMANICUS COS）"。我猜测这则碑文可能是这一年的，而这个"日尔曼尼库斯"有可能是在7月1日或者在之后的几个月接替加卢斯任执政官的。这一猜测是否合理由读者自己判断吧。

从这一年的勋章（*Mediobarb., in Numism. Imperat.*）上可以看出，马库斯·奥勒留斯第七次获得"皇帝"封号，因此他一定是在与蛮族的战争中取得了胜利。从各个方面来看，这场战争就是狄奥尼（*Dio, lib. 71.*）描述的那场战争。当时罗马军队进入夸迪国，皇帝本人也在那里。人数众多的蛮族人采取各种措施，将罗马军队围困在一个地势不利的地方，使得罗马士兵无法施展身手与他们交战。当时的天气极度炎热，在那一地区也找不到水源。蛮族人故意延迟战斗，希望等到罗马士兵筋疲力尽、口渴难耐时再捉拿他们。事实上，如果不是发生了一场意外，罗马军队可能真会陷入那样极端危险的境地。当时天空突然乌云密布，下起了倾盆大雨，每个罗马士兵都高兴地摘下头盔和盾牌来收集降落的雨水，然后拿给自己和马匹喝，所有人都重振了精神。虽然蛮族人依赖天时和地利来战胜罗马人的希望落空，但他们还是认为罗马士兵因过去的伤病而身体虚弱，于是发起了进攻。或许之前他们也向罗马军队发起过进攻，以为此时的罗马人和他们的马匹已经筋疲力尽，无力反抗。但罗马士兵饮用了雨水后恢复了元气，精力充沛地作战。而恰在此时，一道闪电击在蛮族军队上方，接着，一团天火落在了蛮族人身上。狄奥尼本人称这是一个奇迹般的事情。总之，蛮族人被彻底击败，罗马人不仅获得了解救，而且获得了胜利。所有人都称这次伟大的胜利简直就是个奇迹。马库斯·奥勒留斯通常是等着元老院宣布给他加封"皇帝"，因为这是取得新的胜利的标志。而这次如此振奋人心的胜利，使军队热烈地宣布他第七次获得"皇帝"的封号。后来，马库斯·奥勒留斯写信给元老院告知他们这次奇迹般的胜利，元老院不仅批准他再次获封"皇帝"，还授予他的妻子弗斯蒂纳·奥古斯塔"军队之母"（Madre Degli Eserciti）的称号。

据狄奥尼（*Dio, lib. 70.*）、卡皮托里努斯（*Capitol., in Marcus Aurelius.*）和其他古代作家（*Themistius, in Oration. ad Imp. Theodosium. Claudianus, in Sexto Consulatu Honorii.*）所述，异教徒们也都认为这件事是一个奇迹，其中有人将此事归功于埃及魔法师阿努菲（Arnufi）的魔咒，有人将其归功于一位名叫尤利安努斯（Iulianus）的迦勒底魔法师，还有人认为是马库斯·奥勒留斯自己的祈祷发挥了作用。然而，在刻有安东尼努斯肖像的石柱上，人们发现上面绘有朱庇特神同时从天空放出雨水和闪电的画面，于是异教徒们又将这一恩泽归功于他们的朱庇特神。但是古代作家们更相信的说法是，当时马库斯·奥勒留斯的军队里有很多士兵是基督徒，面对遇到的危险，他们退到一边，双膝跪地，祈求上帝的帮助，才发生了那些奇迹。关于是否有一支全部是基督徒的军队［这支军队被命名为梅利特尼（Melitene），后来又被称为"闪电军"（Fulminatrice）］，是存在疑问的。基督徒向上帝祈祷这件事在学者看来，是根本不存在的。但是，有一些证据可以让我们相信那场胜利与基督徒的祈祷有关，尤塞比乌斯（*Euseb., Histor. Ecclesiast., lib. 5, cap. 5.*）、耶拉波利的阿波利纳里斯（Apollinaris）主教、德尔图良（*Tertullianus, Apologet., c. 5.*）、圣哲罗姆（San Hieronymus）、尼撒的圣贵格利（San Gregorius di Nissa）和其他古人都可以证实。尤其德尔图良还提到马库斯·奥勒留斯本人也给元老院写过信，说这一奇迹归功于基督徒的祈祷,尽管他是带着些疑问这么说的——为了不让自己显得太过相信这一被异教神灵崇拜者如此憎恶的宗教。还有些勋章(Mediobarb., in Numism. Imp.)说到马库斯·奥勒留斯在与萨尔玛提亚人的战争中取得了几次胜利。关于这位皇帝,除了上面讲到的品行习惯外,还有需要补充的一点是,他在各处都分布有密探,不过不是(Capitol., in Marco Aurelius.)为了伤害别人,而是为了知道别人是怎么谈论他的。他没有听到过任何关于他个人的谣言和诽谤。如果他发现别人对他的指责是有道理的,他就会改正,这是他唯一的目标。比如,当他与蛮族人进行战争的时候,他得知罗马人民产生的抱怨之声,只因他带走了一大批角斗士,罗马人民就再也看不到他们热爱的激烈搏斗了。另外,他还下令将戏剧表演(或者说是哑剧演员的滑稽表演)推迟到很晚进行,以免妨碍商人的交易。因此罗马人民觉得,皇帝想要通过取消他们惯常的消遣娱乐,将所有人都变成哲学家。听到这一指责后,马库斯·奥勒留斯立即下令恢复以往的演出项目,并委派贵族执行这件事情,因为他们有更多资金,也比其他人更有能力让人民高兴起来。

年　份　公元175年　小纪纪年第十三年

　　　　艾流德教皇第五年

　　　　马库斯·奥勒留斯皇帝第十五年

执政官　卡尔普尔尼乌斯·皮索(Calpurnius Piso)与马库斯萨尔维乌斯·尤利安努斯(Marcus Salvius Iulianus)

正如我在其他地方(Thesaurus Novus Inscript., pag. 338.)提到的,执政官尤利安努斯是否就是后来的皇帝马库斯·狄第乌斯·尤利安努斯·塞维鲁斯(Marcus Didius Iulianus Severus)还有待考证。赫罗狄安(Herodianus)证实,在成为皇帝之前他担任过执政官;斯帕提安努斯(Spartianus, in Juliano.)写他与佩蒂纳克斯(Pertinax,后来也成为皇帝)曾一同担任执政官,有可能是皮索在这一年接替了佩蒂纳克斯的执政官之位。

据卡皮托里努斯(Capitol., in Pertinax.)所述,佩蒂纳克斯将雷蒂亚(Retia)

与诺里库姆（Norico）从敌人那里解救出来，作为奖赏，马库斯·奥勒留斯指定他为执政官，但不知道具体是哪一年。据狄奥尼（*Dio, lib. 71.*）证实，许多人对此有非议，因为佩蒂纳克斯出身卑微。马库斯·奥勒留斯的军队成功击溃了马可曼尼人和夸迪人，再没有哪个民族能抵抗得了取胜的罗马军队。马库斯·奥勒留斯安排了2万士兵驻扎在他们国家设防良好的地方，尽管那些人民抵抗了一段时间，但最后还是屈服了，罗马帝国与他们达成一项协议——规定他们不得居住在靠近多瑙河的地方。早已被罗马人打败的贾齐吉人仍态度强硬，罗马人囚禁了他们的国王博纳达斯佩（Bonadaspe），他们派了几名特使去马库斯·奥勒留斯那里请求议和，在第一次谈判中，他们什么也没有得到，因为马库斯·奥勒留斯不相信他们，但最后他们的新任国王赞蒂库斯（Zanticus）与他们国家的主要官员一同来拜见马库斯·奥勒留斯，最后答应了一些条件才获得了和平。其中一个条件是将他们所囚禁的10万囚犯全部释放，不包括那些逃跑的、被判死刑的和被贩卖的囚徒。此外，他们还给马库斯·奥勒留斯送去了8000名骑兵，其中5000人被派去了不列颠。马库斯·奥勒留斯命令他们居住在远离多瑙河且比马可曼尼人更远的地方。纳里西人（Narisci）、布里人（Buri）和其他野蛮民族也都向令人敬畏的奥古斯都皇帝（*Capitolinus, in Marcus Aurelius.*）恳求和平，有的表示归顺，有的与罗马结盟，有的为罗马提供士兵。马库斯·奥勒留斯给他们分别在达契亚、潘诺尼亚、默西亚和日耳曼分配了一些领地，还安排了许多马可曼尼人在意大利定居。但是由于其中一些居住在拉文纳（*Dio, lib. 71.*）的马可曼尼人试图占领那座城市，所以马库斯·奥勒留斯就将所有人都安置到了阿尔卑斯山以北的地方。马库斯·奥勒留斯是一位如此仁慈、公正的皇帝，以至于他待所有的敌人、囚犯或者臣服于他的人都像朋友一般。格鲁特罗和我收集的碑文显示，当时许多士兵的名字是马库斯·奥勒留斯。有可能他们是被马库斯·奥勒留斯释放的奴隶，但更有可能的说法是，他们是一些外族人民，被马库斯·奥勒留斯收买，因作为奖励而被赋予了与皇帝同样的名字。

就这样，马库斯·奥勒留斯成功征服了那些蛮族人民，因此获得"日耳曼征服者"和"萨尔玛提亚征服者"的称号（*Mediobarbus, in Numismat. Impera-*

*tor.*）。他还准备将马库斯曼尼和萨尔玛提亚设为罗马的两个行省，由罗马的行省总督和初审法官进行管理，但这一年发生了一件令人讨厌的意外事件，使他不得不中止这一计划。前面讲到的阿维狄乌斯·卡西乌斯，在马库斯曼尼之战之后（*Vulcat., in Avidius Cassius. Dio, lib. 71.*）接到马库斯·奥勒留斯的命令回到了叙利亚，也就是索里亚，继续管理该地，在那里他发动了一场叛乱。因为卡西乌斯出生于叙利亚，所以马库斯·奥勒留斯后来下令，自那时起，只有出生于该行省，或者先辈源于该行省的人才可以拥有对那一行省的管理权。为卡西乌斯撰写传记的伍尔卡提乌斯·加利坎努斯认为他是尤利乌斯·恺撒的谋杀者之一卡西乌斯的后代。但是他的这一说法很难令人相信，连卡西乌斯本人在他的一封信中也不承认这一出身。加利坎努斯还写他是军纪的严格执行者，甚至趋于残忍。我在前面举过一个例子，只要士兵们犯一点小错误，卡西乌斯就会把他们钉在十字架上，不是被活活烧死就是被溺死，还有许多逃兵被他砍去了手和腿。这与卢基乌斯·维鲁斯的说法不一致，他写卡西乌斯深受士兵们的爱戴。不过，可以肯定的是，卡西乌斯总是在一周中的某一天给士兵们训练，剥夺士兵们在营地里每一样在吃和穿上的乐趣。很长时间以来，他都认为自己有统治天赋，于是说了很多关于马库斯·奥勒留斯和卢基乌斯·维鲁斯的坏话，称马库斯·奥勒留斯为"哲学家老太婆"，称卢基乌斯·维鲁斯为"淫荡的傻瓜"。他嘲笑他们的行为，也不尊重他们的来信。人们总是听到他为罗马帝国的现状而惋惜，因为人们不再遵守古代的纪律，君主任一切变得越来越糟，不对坏人进行惩罚，还放任军队指挥和各省的行政长官无节制地损人肥己。还说，如果他是皇帝，他会砍去恶人的脑袋，奖赏好人，并做出其他类似的能干之举。卢基乌斯·维鲁斯被他的话所震惊，于是到索里亚告知马库斯·奥勒留斯这件事，提醒他提防这样一个危险的人，希望他能保护他和他子女的安全。马库斯·奥勒留斯说他从卡西乌斯的信中没有发现卡西乌斯有适合做皇帝的伟大人格，而他自己治理得善，无须害怕革命，如果真的要发生什么，命运也无法避免，人们不能谴责一个没有任何罪名的人；而且说卡西乌斯可以说他想说的任何话，因为他是一个非常英勇的人，也是一个杰出能干、严肃认真的将领，他对国家很有用，因此不应该伤害到他。最后，他用这句

感人的话结束了他的回答:"至于设法保护我的孩子,如果卡西乌斯比他们更值得人爱戴,如果卡西乌斯的生命比他们的生命对国家更重要,那么我会更愿意看着他们所有人死去。"

在这一年4月,卡西乌斯发起了叛乱,宣布自己为皇帝,将为他披上皇袍的人任命为禁军总督。据说他收到假消息称马库斯·奥勒留斯已经去世,为了安慰士兵,他给马库斯·奥勒留斯以神的称号。有些说法认为弗斯蒂纳·奥古斯塔(*Dio, lib. 71.*)与他相互串通,因为见丈夫身体虚弱,她想之后嫁给卡西乌斯。在我看来,这就是游手好闲之人编造的谣言,弗斯蒂纳·奥古斯塔也写信否认过这件事,伍尔卡提乌斯·加利坎努斯(*Vulcat., in Avidius Cassius.*)在他的作品中有提到这些信。弗斯蒂纳听说卡西乌斯叛乱的消息后,效仿她的母亲(Faustina maggiore),劝说丈夫惩罚卡西乌斯和他的同谋者,并向他表示,如果在这种情况下他不把他的仁慈放在一边,不进行公正的判决的话,其他人就会受到鼓动也试图做同样的事,那他们的孩子就会有生命危险。与此同时,卡西乌斯正带着他的军队,令整个索里亚臣服于他。特别是安提阿人,他们非常爱戴卡西乌斯,向他宣誓效忠。西里西亚(Cilicia)也表示对卡西乌斯的拥护。埃及由于行政长官弗拉维乌斯·卡尔维西乌斯(Flavius Calvisius)的背叛,也支持卡西乌斯。德尔图良(*Tertullianus, ad Scap., cap. 2; et Apologet., cap. 35.*)注意到,此次叛乱中没有一个基督徒参与其中,因为基督教义教导他们即使是暴君,也要对其表示敬重。当时身在日耳曼的马库斯·奥勒留斯从卡帕多细亚的行政长官普布利乌斯·马尔提乌斯(Publius Martius)那里得知了这次意想不到的骚乱,一段时间以来,他都试图隐藏他的忧心与焦虑。而令他感到更加难过的是不得不迎来一场内战。后来这件事传播开来,他对曾经在马库斯曼尼之战中与其作战的军队发表了一场激昂的演说,还给元老院写信,谈论的是宽恕之事,而不是复仇。他命令他的儿子康茂德(*Lampridius, in Commodus.*)前来日耳曼边境找他,以授给他男子成年长袍——奥古斯都皇帝的儿子在他们满15岁时都会被授予这种成年长袍(*Capitolinus, in Marcus Aurelius.*)。据卡皮托里努斯所述,为了庆祝这一授袍仪式,马库斯·奥勒留斯给罗马人民赠送了一份礼物。在一枚勋章上提到马库斯·奥勒留斯的第七次慷慨赠予。梅扎巴尔巴(*Mediobarbus, in*

*Numismat. Imperat.*）认为，这是在此次庆祝中他给日耳曼军队赠予的礼物。但有可能这次赠予发生在更晚些的时候，因为当时康茂德的称呼还是"青年王子"。与此同时，马库斯·奥勒留斯在日耳曼边境进行完备的武装之后开始向索里亚进军，自那时起，他都紧紧跟随着军队，时刻准备着与叛乱的卡西乌斯展开一场激战。此时罗马也到处弥漫着恐惧，人们害怕卡西乌斯会来进攻意大利，而他们的皇帝不在那里。尽管如此，元老院也没有宣布卡西乌斯为罗马帝国的公敌，没有将他的财产没收而纳入国家财政，因为马库斯·奥勒留斯从来没想过占有别人的财产。

然而，这场骚乱没有持续很长时间。自卡西乌斯宣布自己为皇帝（*Dio, lib. 71.*）刚过去三个月零六天，卡西乌斯在路途中遇到一个名叫安东尼乌斯（Antonius）的百夫长，他忠于马库斯·奥勒留斯，于是朝卡西乌斯的脖子上砍了一刀。伤口并不致命，卡西乌斯本可以骑马逃跑，然而一位骑兵队长赶到，将他杀死了。这两位军官将他的头砍下来，叫人带给皇帝。关于这件事的其他细节，历史学家们没有留下相关记载，我们只知道卡帕多细亚的行政长官马尔提乌斯·维鲁斯（Martius Verus）被马库斯·奥勒留斯派去索里亚（*Vulcatius, in Avidius Cassius.*），似乎他的军队与卡西乌斯的军队进行过几次战斗。卡西乌斯任命的禁军总督也被杀死了，还有背叛了马库斯·奥勒留斯加入卡西乌斯阵营的梅蒂亚努斯（Metianus）——他是亚历山大里亚的行政长官。卡皮托里努斯（*Capitol., in Marcus Aurelius.*）称梅蒂亚努斯是卡西乌斯的儿子。这些屠杀都是在马库斯·奥勒留斯未曾下达命令，甚至不知情的情况下发生的，马库斯·奥勒留斯不希望杀死任何人，甚至还想挽救卡西乌斯的生命，只希望对他的不忠和忘恩进行谴责。事实上，在听说卡西乌斯被杀的消息时，他为失去了这个对其进行宽恕的机会而感到悲伤、痛苦。来到索里亚后，在普登斯的珍宝盒中找到许多卡西乌斯的拥护者写给卡西乌斯的信，马尔提乌斯·维鲁斯（后来被任命为索里亚的行政长官）将这些信全部烧了，说他相信马库斯·奥勒留斯也会希望这么做的，就算不是这样的，他宁愿牺牲自己也不愿看那么多人死去（*Dio, in Excerptis Valer. Ammianus, Histor., lib. 21.*）。但是更广为人知的说法是，马尔提乌斯·维鲁斯将这些信带给了马库斯·奥勒留斯，马库斯·奥勒留斯看都没看就将它们扔进了火堆里，这样他就不知道卡西乌斯的同谋者有谁，自己也不会去憎恨他们了。当针对卡西乌斯的审判被带到他面前时，他也做出了同样的事，他不愿看到卡西乌斯的头颅，在携带其头颅而来的人到达之前他就下令将其埋葬。他的仁慈之举还不止这些。元老院对所有同谋者又展开了调查和审判，并给很多人判了刑，马库斯·奥勒留斯不像提贝里乌斯那般虚伪，而是真心诚意地从亚细亚（后面会讲到他去了这里）写信给元老院恳求他们对罪犯宽容相待，而不是施以严厉的酷刑，并请求他们不要判处任何人死刑，特别是对元老院阶级和骑士阶级的人。因为他希望在他统治期间实现这样的荣耀，即在叛乱之际，任何人都不会在动荡的热潮之外丧生。他还补充说，如果有可能的话，他希望可以将死者从坟墓里召唤回来（Dio, lib. 71.）。他在这番请求的结尾说道，如果他们真的给某些元老院议员或骑士判了死刑，那就是在期待着他不久死去。事实上，除了少数几个百夫长被斩首之外，其他罪犯都只是被处以了流放之刑。埃及的行政长官弗拉维乌斯·卡尔维西乌斯（Flavius Calvisius）尽管是这次叛乱的拥护者，也只是被流放到一座岛上，不仅保住了性命，还保住了他的财产。

马库斯·奥勒留斯宽恕了卡西乌斯的妻子、孩子和女婿，尽管他知道他们说过他的坏话。只有赫利奥多罗斯（Heliodorus）被流放到一座岛上。马库斯·奥勒留斯给卡西乌斯的孩子留了一半的父母财产，让他们选择去任何他们喜欢的地方（也许是远离罗马的意大利境外），并且送给了他们很多礼物，还下令禁止以他们的不幸侮辱或指责他们。就这样，他们得以安全舒适地生活下来——不是作为一个僭主的子女，而是作为罗马元老院议员的子女，直到残忍的康茂德（马库斯·奥勒留斯之子），以一场阴谋为借口将他们判刑，活活烧死。没过多久，马库斯·奥勒留斯还将这次叛乱中的几个土匪召了回来。总之，卡西乌斯的这场叛乱除了进一步凸显马库斯·奥勒留斯的伟大人格和无可比拟的仁慈之外，没有其他的作用。然而，有许多人不认可他这种宽容之举，因为这给了别人伤害他和他儿子的可乘之机，他们二人的生命安全没有保障。有一个人问马库斯·奥勒留斯："如果卡西乌斯胜利了，事情会怎么发展呢？"马库斯·奥勒留斯回答说："我如众神般无所畏惧，如果卡西乌斯取得了胜利，我也不会继续活下去（Vulcat., in Avidius Cass.）。"这样的皇帝值得认识真正的神，但他一直非常信任异教的神灵。他继续说道："之前所有被刺杀的皇帝都是值得被杀的。卡里古拉、尼禄、奥托和维泰里乌斯都是这样的。加尔巴也是因为他的贪婪而死。"在伍尔卡提乌斯·加利坎努斯的作品中，马库斯·奥勒留斯还谈到了佩蒂纳克斯（Pertinax）——他是在马库斯·奥勒留斯之后的皇帝（这个重大的错误应该不是来源于历史学家，一定是一些冒充博学的人加上去的）。他又补充说："奥古斯都、图拉真、哈德良，还有他的父亲安东尼努斯·庇乌斯都没有被叛乱者或阴谋者打败，因为他们从来没有邪恶之心。"马库斯·奥勒留斯是在朝索里亚行军的途中得知卡西乌斯死讯的，也是在行军途中给元老院写了上面说到的信（Vulcat., in Avidius Cassius.）。从他给妻子弗斯蒂纳的一封信和弗斯蒂纳给他的回信中我们可以得知，他曾取道意大利，经过阿尔巴诺（Albano）和卡波亚（Capoa），但是没有进入罗马。可能他觉得不中断已经开始的旅程更重要，他与他的儿子康茂德继续赶路，并如一些人所认为的那样，登上了米塞诺（Miseno）的船队。诺丽斯主教和巴基神甫（Pagius, in Crit. Baron.）认为，在这一年8月，当马库斯·奥勒留斯还在坎帕尼亚的时候，在元老院的请求下，他的儿子被授予了保民官权力。对于这样有权威的作家，他们的话是可以相信的，但是他们的说法仍然存在疑问，这件事也有可能发生在更晚些的时候。可以肯定的是，元老院在收到马库斯·奥勒留斯对卡西乌斯叛乱（Vulcat., in Avidius Cassius.）的支持者实行从宽处理的来信后，为他而欢呼。此外，他们向马库斯·奥勒留斯请求将皇位传给其子，并授予他保民官权力。那封信是在何时何地写得并不清楚，但从这封信中我们了解到，当时已经有一些人被流放到了岛上，其他一些罪犯被判处了别的刑罚，审判需要一些时间和来自索里亚的消息与审查。因此，似乎这封信是在马库斯·奥勒留斯到达地中海东部沿岸诸国时写的。而且，狄奥尼（Dio, lib. 71.）也清楚地表明，马库斯·奥勒留斯写这封信是在弗斯蒂纳·奥古斯塔去世之后。而弗斯蒂纳去世（我之后会讲到）的时候，马库斯·奥勒留斯正是在亚细亚。因此，我们有足够的理由怀疑上述两位评论家的观点不是十分可信，康茂德有可能是在更晚些的时候获得那至高无上的特权的。

年　　份　公元176年　小纪纪年第十四年

艾流德教皇第六年

马库斯·奥勒留斯皇帝第十六年

执政官　提图斯·维特拉修斯·波利奥（Titus Vitrasius Pollio）第二次，马库斯马库斯·弗拉维乌斯·阿普尔（Marcus Flavius Aper）第二次

如我前面讲到的，马库斯·奥勒留斯于上一年来到东方国家以平定由于卡西乌斯的叛乱而在索里亚和埃及引发的骚乱。他到达了陶罗山脚下（Antoninus, in Itinerario. Cellarius, in Geograph.）卡帕多细亚的一个叫作哈拉拉（Halala）的小镇，在这个小镇设立了一个殖民地，使之成为一个城市，并给它命名为弗斯蒂诺波利（Faustinopoli）。在这里，他的妻子安妮亚·弗斯蒂纳·奥古斯塔患上一种致命的疾病而不幸去世。狄奥尼（Dio, lib. 71.）认为她参与了卡西乌斯的叛乱，因此怀疑她是因害怕被发现是卡西乌斯的同谋而自杀的。这一怀疑是完全缺乏真实性的。蒂勒蒙特（Tillemont, Mémoires des Empereurs.）认为她去世于上一年，而佩塔维乌斯（Petavius, de Doctrin. Temp.）、梅扎巴尔巴（Mediobarbus, in Numismat. Imperat.）和其他一些人则认为是在这一年。很难断定哪种说法是对的。我们仅仅可以从菲洛斯特拉托斯（Philostr., in Sophist., lib. 27.）所著的赫罗狄斯·阿提库斯的传记中得知，马库斯·奥勒留斯在给赫罗狄斯的满是友好之词的回信（如前面所述，赫罗狄斯曾在公元173年给马库斯·奥勒留斯写了一封信）中表达了对弗斯蒂纳·奥古斯塔去世的悲痛之情，他说当时他正与士兵在冬季宿营地里，这可能说的是上一年12月，也有可能是这一年的前几个月。现在，还需要说明的一点是，这位皇后因淫荡而给自己留下了一个下流之名。这一恶习在过分崇拜异教诸神的人中十分常见。据卡皮托里努斯（Capitolinus, in Marcus Aurelius.）所述，广为人知的一件事是，弗斯蒂纳·奥古斯塔的儿子康茂德可能是她与别人通奸所生，因为在加埃塔（Gaeta）的时候，她就与船夫和角斗士这些卑贱之人做尽了苟且之事。据说，特图鲁斯（Tertullus）、尤蒂利乌斯（Utilius）、奥尔菲图斯（Orfitus）与莫德拉图斯（Moderatus）都曾是她的情人。由于马库斯·奥勒留斯将这些人提拔到高位，有些人甚至被任命为执政官，于是人们拿这些事开玩笑，还将其放在了歌曲中在剧院演唱。此外，还

有传言称，弗斯蒂纳疯狂地爱上了一个角斗士，为此她病了很长时间，她最终向丈夫马库斯·奥勒留斯坦白了罪过。与迦勒底人商量之后，马库斯·奥勒留斯得到的回复是："杀了那个角斗士，用他的血给妻子洗浴。"这么做了之后，弗斯蒂纳痊愈了，不久就怀了康茂德——一位满身卑劣恶习、沉溺于角斗士表演的皇帝。马库斯·奥勒留斯早已知晓不知廉耻的妻子的大部分越轨行为，然而，他从来没有为此而采取过什么强有力的措施。一天，有人对他说如果他不想处决她，那么至少休了她。马库斯·奥勒留斯回答说："如果这么做的话，那她的嫁妆也都得归还给她。"他这里指的是因为弗斯蒂纳而获得的皇位。马库斯·奥勒留斯从来没有停止过爱她，与她和谐相处。这个女人当然是不配拥有安东尼努斯·庇乌斯这样一位父亲和马库斯·奥勒留斯这样一位丈夫的。在弗斯蒂纳去世后，马库斯·奥勒留斯为她悲伤痛哭，还向元老院请求授予她神的封号，为她建造神庙，还安排了几个叫作弗斯蒂安娜（Faustiniana）的女孩打理神庙。尤利安努斯·阿波斯塔塔（Julianus, de Caesarib.）为此而嘲笑他。卢基乌斯·维鲁斯的姐姐法比亚（Fabia）年轻时曾与马库斯·奥勒留斯有过婚约，如今她想方设法嫁给马库斯·奥勒留斯。但是马库斯·奥勒留斯为了不让子女们有继母，从那时起与一个妓女生活，度过了余生——这是罗马法律所许可的。

　　根据勋章（Mediobarbus, in Numismat. Imper.）上记述的内容可知，这一年，马库斯·奥勒留斯第八次获得"皇帝"封号，这说明罗马人取得了新的胜利。从勋章上判断，这一胜利是在日耳曼取得的。伍尔卡提乌斯·加利坎努斯（Vulcat., in Avidius Cassius.）讲到马库斯·奥勒留斯在给元老院的信中，或是在讲话中，请求对卡西乌斯的同谋者从宽处理，因此我认为勋章上说的是这场胜利，元老院授予他封号以向他表示祝贺。不过这还有待考证，因为在那封信之前，康茂德·恺撒还没有获得保民官权力。在这封信中还谈到了任命他的女婿克劳狄乌斯·庞培安努斯（Claudius Pompeianus），但是他的名字并没有出现在古罗马历书中，我们由此可知他不是当时的首任执政官。马库斯·奥勒留斯在这一年去过索里亚、巴勒斯坦和埃及，在各处他都展现了他的仁慈，宽恕了所有曾经起兵拥护卡西乌斯的城市。但是，他不愿意去库尔胡斯（Cirro），因为那儿是卡西乌斯的家乡。卡皮托里努斯

(*Capitol., in Marcus Aurelius.*)认为更有可能是索里亚的城市库尔胡斯,而不是塞浦路斯(Cipri)。他同样不想去安提阿——那座厚颜无耻地支持卡西乌斯反叛的城市,他甚至剥夺了这座城市公民集会、发表公共讲话和举行演出(这对他们非常重要)的权利,以及其他类似自治城市的特权,以此表示自己的愤慨。但是他的怒气并没有持续很久。几个月后,他就将一切归还给了他们。在回埃及的途中,他还参观了那座城市,安慰那里的人民。我们从阿米阿努斯·马尔切利努斯(*Ammianus, lib. 23, cap. 5.*)那里得知,当他经过巴勒斯坦的时候,他被犹太人的诉求书和无休止的争吵搞得厌烦,感叹道:"不管是马可曼尼人、夸迪人还是萨尔玛提亚人,我都没有发现一个比你们还要聒噪不安的人!"尽管亚历山大里亚人曾极力恭维卡西乌斯,对其大加赞扬(*Capitol., in Marcus Aurel.*),但他们并没有向马库斯·奥勒留斯请求宽恕他们。马库斯·奥勒留斯将一个女儿留在了那里,而他继续视察埃及的其他城市,他总是穿着当地的特色衣服,或者穿着哲学家的衣服。在他这次朝圣期间,东方各国的国王和帕提亚国王的使者们来朝见他,并续签了和平条约。总之,马库斯·奥勒留斯因智慧和谦逊在整个亚细亚和埃及闻名,没有人不对他怀有崇高的爱戴与敬意。他来到士麦那(Smirne),认识了诡辩家(*Philost., in Sophistis., c. 34.*)阿里斯蒂德斯,他的演说被保留至今。在雅典,他为了证明自己没有罪过,想要参加克瑞斯女神节的祭拜活动,只身一人进入了祭坛。他给雅典这一著名城市赋予了新的特权,特别是给各学院的哲学大师分发了丰厚的补助金,包括斯多葛哲学、柏拉图哲学、亚里士多德哲学和伊壁鸠鲁哲学。后来他乘船返回意大利,途中遇到了一场极为猛烈的海上暴风雨。他在布林迪西登陆后,立即披上和平长袍,希望护送他的所有军队继续行军。后来,他到达罗马,因为他在日耳曼取得的胜利(*Lampridius, in Commodus.*),元老院用一场隆重的凯旋仪式迎接他。在11月27日这天,元老院为他的儿子康茂德请求年龄特许(康茂德是公元161年出生的,176年他才15岁,这么年轻按理是不能担任执政官的,但是元老院非常爱戴马库斯·奥勒留斯,因此为康茂德向皇帝争取年龄豁免,指定他为下一年的执政官),于是马库斯·奥勒留斯指定康茂德为下一年的执政官。如我之前所说的,10月28日,马库斯·奥勒留斯和康茂德被共同授予了"皇帝"封号。如果卡皮托里努斯(*Capitolin.,* in Marcus Aurelius.）所述属实，正是在这个时候马库斯·奥勒留斯授给儿子保民官权力。但如我前面所提到的，基于我们现有的勋章，诺丽斯和巴基都认为康茂德是在上一年被授予保民官权力的。在这里我将争议留给学者们，我只能说我并不是很理解巴基神甫作品中所遵循的标准（Pagius, Crit. Baron. ad hunc annum.）。在他的作品中，皇帝先任命儿子为执政官，再授予他"恺撒"和"奥古斯都"的封号。但可以确定的一件事是，康茂德在担任执政官之前就已经有"恺撒"的封号了。兰普里迪乌斯（Lampridius, in Commodus.）写康茂德与父亲在这一年的"亚马逊月第十天"（X Kalendas Amazionias）凯旋。根据萨尔马西乌斯（Salmasius）的说法，"亚马逊月"指的是1月。巴基神甫将此次凯旋定为1月10日，但这一观点是不正确的。卡皮托里努斯清楚地写道，任性的康茂德将12月命名为"亚马逊月"，因此他认为此次凯旋是在这一年的11月23日举行的。巴基神甫还认为，这一年康茂德被授予"奥古斯都"的封号。在这一点上，他也被那些勋章欺骗了。我只想说，只有所有勋章都是合法的，都经过了认真的研读和核实，它们才是有参考价值的。由于这里的年份都是错乱的，我无法准确说出康茂德的统治是从什么时候开始的。马库斯·奥勒留斯在这一凯旋之际给人民赠送了礼物。据狄奥尼（Dio, lib. 71.）所述，在公民大会上，由于马库斯·奥勒留斯的朝圣之行用了8年时间，于是人们高举着手大喊"8"，意思是希望每人可以得到8枚金币的奖赏。皇帝笑了笑，尽管在他之前没有任何皇帝捐赠过这么多钱，他还是付给了人民这个数额的金币。卡皮托里努斯（Capitolinus, in Marcus Aurelius.）证实，在发放了金钱之后，他还举办了一些精彩绝伦的演出，这令罗马人民更加欢欣鼓舞。

年　份　公元177年　小纪纪年第十五年

艾流德教皇第七年

马库斯·奥勒留斯皇帝第十七年

执政官　卢基乌斯·奥勒留斯·康茂德·恺撒（或者奥古斯都）（Lucius Aurelius Commodus Caesar o pure Augustus）与昆提利乌斯（Quintilius）

在古迪奥的一则碑文中写着这两位指定的执政官"执政官马库斯·奥勒留斯·安东尼努斯·康茂德·奥古斯都与昆提利乌斯（M. AVRELIUS ANTONINUS COMMODUS AVGVSTUS ET QVINTILIUS COS）"。但我还是要重复一句，在有争议的点上，古迪奥的碑文并不可靠。毫无疑问，康茂德名字的第一位是卢基乌斯，因为父亲，他也拥有"马库斯"这个名字。马库斯·奥勒留斯在世的时候，我们几乎总是发现他被称为卢基乌斯，甚至一些极为有名的学者认为（Noris, Epistol. Consular. Pagius, in Critic. Baron. Bimard., Epistol., pag. 122. Tom. 1. Thesaur. Novus. Inscript. Mur.），康茂德是在父亲去世之后才冠以"马库斯"这个名字的。然而在古迪奥的碑文中，这一年他就有这个名字了。第二位执政官被称作昆提利乌斯，然而在所有古罗马历书中他的姓氏都是昆提卢斯（Quintillus）。我们在公元159年讲过一位叫马库斯·普拉提乌斯·昆提卢斯（Marcus Plautius Quintillus）的执政官，昆提利乌斯有可能是他的儿子，因而有着相同的名字。

在这一年（有人认为是下一年），马库斯·奥勒留斯（Capitolinus, in Marcus Aurel.）将布鲁蒂乌斯·普莱森斯（Bruttius Praesens，曾任执政官）的女儿克里斯皮娜（Crispina）许配给康茂德。婚礼是以普通人的方式庆祝的。尽管如此，马库斯·奥勒留斯还是想赠送给人民一份礼物，让人民也感到高兴。有一枚勋章（Mediobarb., in Numism. Imperat.）记述了这件事，上面标注着奥古斯都皇帝的第八次慷慨赠予，但是这枚勋章是否印制准确有待考察。马库斯·奥勒留斯在罗马停留期间纠正了各种民间陋习，削减了在角斗士表演中的开支。狄奥尼（Dio, lib. 71.）描述他越来越不喜欢鲜血四溅的场面。当时的罗马人民热衷于角斗士之间的竞技，他们的搏斗越是血腥，罗马人越是感到高兴。马库斯·奥勒留斯下令角斗士在战斗过程中使用一种没有尖刃的剑，这样他们就是凭技巧获得荣誉，而不是互相残杀。他还制定了一些规章以纠正贵妇及年轻贵族过分奢侈和太过自由的习性。他还在各个行省展现了他的慷慨（*Euseb., in Chron.*）：赦免了所有人欠国库的债务，还在罗马的主广场中央烧掉了他们的债务单据。

由于马库斯·奥勒留斯给罗马重新带来了和平，似乎所有人都觉得这份宁静是持久的，然而这个时候日耳曼的局势再次变得混乱，其实他们从未真正妥协。我们从狄奥尼（*Dio, in Excerpt. Vales.*）那里可知，在马库斯·奥勒留斯巡游东方各国时，夸迪人嘲笑他与各国签订的协议。他们废黜了他们的国王（很有可能是马库斯·奥勒留斯给他们认定的国王），另立阿里奥杰索（Ariogeso）为国王。马库斯·奥勒留斯见他们如此蔑视皇帝的权威，违背协定，不再像往常一样宽恕他们，而是大发雷霆，并发出悬赏通令，许诺赏给活捉阿里奥杰索的人1000斯库多金币，赏给将其人头带回的人500斯库多金币。后来，他成功地囚禁了阿里奥杰索，但并没有伤害他，只是将他流放到了亚历山大里亚。多瑙河流域应该也发生了一些更大的骚乱事件，马库斯·奥勒留斯派两位昆迪利乌斯前去平定骚乱。这两位都是非常英勇善战之人，但是由于他们没有取得任何成果，甚至战争也进展得并不顺利，在下一年，不知疲惫的皇帝认为有必要亲自处理这件事情，于是去了那里。我们在下一年就会看到事情是如何发展的。巴基神甫（*Pagius, in Crit. Baron.*）认为，在下一年和平局面才瓦解，战争才重新开始。但更有可能这是在这一年发生的，因为狄奥尼写道，两位昆提利乌斯先是指挥着一支军队在那一地区作战，但他们没能制伏那帮蛮族人——这似乎不可能在短时间内完成。根据狄奥尼的说法，这第二次战争不是针对日耳曼人，而是针对斯基泰人（Sciti）的。卡皮托里努斯对此断言称（*Capitol., in Marcus Aurel.*），马库斯·奥勒留斯再次与马可曼尼人、赫曼杜里人（Hermunduri）、萨尔玛提亚人和夸迪人交战。

年　　份　公元178年　小纪纪年第一年

艾流德教皇第八年

马库斯·奥勒留斯皇帝第十八年

执政官　奥尔菲图斯（Orfitus）与鲁弗斯（Rufus）

潘维尼乌斯（Panvin., in Fast. Consular.）根据猜测给这两位执政官加上了名字，我在这里只保留了他们的姓氏，这是古罗马历书和兰普里迪乌斯一致认可的。诺丽斯主教（Noris, Epistola Consulari.）不这么认为，他根据一则碑文上面写着这一年的执政官是奥尔菲图斯和尤利安努斯，由此推断第一位执政官是加维乌斯·奥尔菲图斯（Gavius Orfitus），第二位执政官是尤利安努斯·鲁弗斯（Iulianus Rufus）。但谁又能保证尤利安努斯不是接替鲁弗斯的执政官呢？因此，我没有将两位执政官的名字写上去。

兰普里迪乌斯（Lampridius, in Commodus.）引用公文证实，康茂德在执政官奥尔菲图斯和鲁弗斯执政期间，也就是这一年的"康茂德"（Commodio）月3日再次出发作战。萨尔马西乌斯认为"康茂德"月是8月份，但这一说法并不确定，也有可能是7月份。我们从狄奥尼（Dio, lib. 71.）那里可知，皇帝出于必要向日耳曼进军。因此，马库斯·奥勒留斯与其子应该是在这一年出征的。卡皮托里努斯（Capitolin., in Marcus Aurel.）写道，他在日耳曼再次进行了3年的战争。当时马库斯·奥勒留斯的身体已经大不如前，非常虚弱，然而，他始终想着公众的利益与他的职责，任何私人事情都不能阻止他。他来到元老院，提出出征的计划，向神甫请求来自国库的支持。他没有像其他皇帝那样，利用自己的权威直接从国库拿取资金，因为（正如他对神甫们所说的那样）"那些钱和财产都是元老院和罗马人民的，我无权占有，甚至我居住的宫殿也是属于你们的"。随后，他拿起从战神殿带来的一把沾满鲜血的长矛，朝北方扔了出去，以此作为宣战的标志。他还来到坎皮多里奥山，他曾在这里宣誓在他统治期间，他不会下令或者在他知情的情况下处死任何的元老院议员，如今他再次宣誓，他会宽恕所有反叛者，除非是在他知道之前就被杀的。根据这一年的勋章（Mediobarbus, in Numism. Imperat.），马库斯·奥勒留斯第九次被授予"皇帝"封号，他的儿子康茂德第三次被授予"皇帝"封号，这说明罗马人取得了一些胜利，可能是在两位皇帝到达战场之后。但是没有其他史料对其有过记载。执政官奥尔菲图斯在这一年通过了一项元老院决议（*Institut., lib. Ⅲ, cap. 4.*），规定一个家庭的孩子即便被其他家庭收养，但如果他们的母亲在去世时没有立下遗嘱，他们仍可以作为其继承人。这在过去是没有的，或者是被禁止的。收养在现如今很少见，但在古罗马时期很常见。

年　份　公元179年　小纪纪年第二年

　　　　艾流德教皇第九年

　　　　马库斯·奥勒留斯皇帝第十九年

执政官　卢基乌斯·奥勒留斯·康茂德·奥古斯都第二次，普布利乌斯·马尔提乌斯·维鲁斯（Publius Martius Verus）

格鲁特罗（*Gruterus, Thesaur. Inscript., p. 65, n. 9, et 77, n. 3.*）在他的作品中引用了两则属于这一年的碑文，在一则碑文中，第二位执政官被称作提图斯·阿尼乌斯·维鲁斯第二次；在另一则中被称作奥勒留斯·维鲁斯第二次。因此诺丽斯主教（*Noris, Epist. Consul.*）、巴基神甫（*Pagius, in Critic. Baron.*）、雷兰多（*Reland., in Fastis.*）和其他一些人就将他的名字写成提图斯·阿尼乌斯·奥勒留斯·维鲁斯（Titus Annius Aurelius Verus）。但是巴斯蒂亚的公爵——巴黎皇家艺术学院成员之一的比马德男爵（Bimard）（*Bimard, Epist., pag. 120. Tom. 1 Thesaur. Nov. Inscript.*）发现了一块存在于奥斯塔（Aosta）的大理石，上面写着"执政官康茂德皇帝第二次，普布利乌斯·马尔提乌斯·维鲁斯第二次（IMP. COMMODO Ⅱ. P. MARTIO VERO Ⅱ. COS）"。因此，我认为这个从一则绝对合法的碑文中得到的名字应该比从格鲁特罗的那两则存在疑问且不一致的碑文中得到的名字可靠得多。比马德男爵甚至认为那两则碑文是伪造的，因为安尼亚家族是通过安东尼努斯家族才与奥勒留斯家族联系在一起的，当时没有任何人有这样的名字。

而据卡皮托里努斯（*Capitolin., in Marcus Aurelius.*）和狄奥尼（*Dio, lib. 71.*）所述，普布利乌斯·马尔提乌斯·维鲁斯非常有名。我们在前面马库斯·奥勒留斯第一次出征平定卡西乌斯的叛乱时也提到过他。在两位最高统帅马库斯·奥勒留斯和康茂德的指挥下，在多瑙河畔罗马军队与蛮族的战争正在激烈地进行着。蛮族奋力抵抗（*Idem, ibidem.*），于是马库斯·奥勒留斯下令塔鲁特尼乌斯·帕特努斯（Tarrutenius Paternus）率领罗马所有精锐部队去袭击敌军。塔鲁特尼乌斯·帕特努斯是康茂德手下的禁军总督，兰普里迪乌斯（*Lampridius, in Commodus.*）和狄奥尼谈论过他。据狄奥尼所述，这场激烈的战争持续了一整天，最后以敌军大败收场。由于这场伟大的胜利，马库斯·奥勒留斯第十次获得"皇帝"封号，康茂德第四次获此封号（*Mediobarbus, in Numismat. Imper.*）。在这一年铸造的勋章上可以看到他们的这一封号。

据尤塞比乌斯（*Euseb., in Chron.*）证实，这一年，斯米尔纳市（Smirna）遭遇了一场可怕的地震，整个城市几乎被摧毁；但狄奥尼认为这一不幸的灾难发生在上一年；阿里斯蒂德斯（*Aristid., Or. 21.*）在他的一篇演讲中也讲到过这件事。当时希腊和亚细亚的各个城市都对斯米尔纳市进行了慷慨的救助，他们纷纷给那些幸存下来的人提供住所。基督徒在那片地区分布广泛，他们大多是在慈善机构长大的，所以他们是最先给灾民提供援助的人，他们给异教徒树立了榜样。阿里斯蒂德斯（*Aristid., Or. 20.*）给两位奥古斯都写了一封打动人心的信，恳求他们像之前对待意大利其他遭遇类似灾难的城市一样帮助这座不幸的城市。善良的马库斯·奥勒留斯看到这样一座著名的城市惨遭灾难无法抑制住泪水，立即给斯米尔纳市留存的居民写了一封饱含深情的慰问信，并给这座城市捐赠了一大笔钱以重建房屋，还免除了该市人民10年的赋税。同时，他又写信给元老院，请求给予他们其他援助，帮助重振这座被摧残的城市。

年　份　公元180年　小纪纪年第三年

艾流德教皇第十年

康茂德皇帝第一年

执政官　盖乌斯·布鲁蒂乌斯·普莱森斯（Gaius Bruttius Praesens）第二次，塞克斯图斯·昆提利乌斯·康迪亚努斯（Sextus Quintilius Condianus）

诺丽斯主教（Noris, Epist. Consul.）基于格鲁特罗（Gruterus, Thes. Inscript., p. 1095, n. 1.）的一则碑文，将第一位执政官认定为（尽管他知道那则碑文是有瑕疵的）第二次上任的卢基乌斯·弗尔维乌斯·布鲁蒂乌斯·普莱森斯（Lucius Fulvius Bruttius Praesens）。巴基神甫（Pagius, in Crit. Baron.）、雷兰多（Reland., in Fastis.）和其他一些人也是这么认为的。但是任何仔细研究过那块石碑的人都不难发现那上面的碑文是虚假的，因此这一名字也就来源于根本不可靠的证据。我发现了一则碑文（Thesaurus Novus Inscription., p. 339, n. 5.），上面将盖乌斯·布鲁蒂乌斯·普莱森斯称为二任执政官。普莱森斯是康茂德皇帝的妻子克里斯皮娜（Crispina）的父亲，他曾经在公元153年担任过执政官，或许在接下来的几年里也担任过补任执政官，在这一年再次担任首任执政官。到目前为止，除非可以找到其他可靠史料，否则我们有充足的理由这么认为。

马库斯·奥勒留斯早已在与蛮族的战争中大获全胜。赫罗狄安（Herodianus, Histor., lib. 1.）（他著的《罗马皇帝史》正是从这一年开始的）写道，一些蛮族人归顺于他，其他人与他结盟，还有一些逃跑的蛮族人由于害怕他战无不胜的军队而再也没有出现过。但是上帝没有给他很长时间让他继续这一壮举，因为在这一年3月，他染上了先前就被传入军队的瘟疫（Dio, lib. 71.）后病倒了（Capitolinus, in Marcus Aurelius.）。在生病的第六天，他将朋友们叫到床前，围绕人类的弱小对他们讲了一段话，表示出对死亡临近的不屑与无畏。朋友们为他哭泣，他却对他们说："你们为什么要为我哭泣？难道不应该为一步步削弱军队的瘟疫哭泣吗？"赫罗狄安写他发表了一段感人的讲话，并将康茂德托付给所有人，但是卡皮托里努斯认为他并没有谈及此事，只是被人问到他打算将其子托付给谁时，他回答说："我要把他托付给你们和不朽的众神，只要他可以证明自己是值得的。"马库斯·奥勒留斯曾在生病之初将康茂德叫到跟前,希望他在战争结束之前不要离开,康茂德回答说他更关心自己的身体,因此想要尽快离开。比起病痛和死亡,让这位优秀的皇帝更加饱受痛苦的应该是看到有这样一个与自己品性大不相同的儿子。他已经注意到康茂德的邪恶本性,他的脑海里不断出现尼禄、多米提安努斯和其他放荡骄纵的年轻皇帝形象,他们都曾摧毁了他们的国家。但是现在也没有其他补救办法了,康茂德已经是奥古斯都皇帝了,无法再改变这一事实。尤利安努斯·阿波斯塔塔在他的讽刺文(Julianus, de Caesarib.)中写道:"马库斯·奥勒留斯不应该将皇位传给他生性邪恶的儿子,而应该传给他的女婿克劳狄乌斯·庞培安努斯(Claudius Pompeianus),他是一位英明智慧的人。"但是父爱超过了对国家的爱,马库斯·奥勒留斯一直希望随着年龄的增长,康茂德的见识也会有所增长。据伍尔卡提乌斯·加利坎努斯(Vulcat., in Commodus.)证实,罗马元老院也催促他尽快立下继承人。或许马库斯·奥勒留斯以为自己能活得更久一点,还有时间来纠正康茂德这株幼苗,但他已经结出了邪恶的果实。后来,病倒的皇帝为之后悔,他不知道如何平息这种悔恨,于是希望死神赶快到来,他甚至不想吃东西。在生病的第七天,他蒙上头,就好像要睡觉一样(Dio, lib. 71.)。3月17日晚上,他病逝了,终年59岁。根据德尔图良(Tertullianus, in Apologetico, cap. 25.)所述,他当时在塞尔米奥(Sirmio),或者根据奥勒留斯·维克多(Aurelius Victor, in Epitome.)所述,他是在奥地利的维也纳逝世的。狄奥尼写道,经过准确查证,马库斯·奥勒留斯并不是死于疾病,而是被康茂德拉拢的医生所害。或许是康茂德招致的普遍仇恨(我们后面就会看到)催生了这一传言。

罗马军队因这位皇帝的逝世而感到难过,尽管他在给士兵犒赏时十分节制,不像其他皇帝一般慷慨,他还在军队中严格实施军纪,让士兵们坚持训练,然而,他还是深受所有人的爱戴,这是源于他的无上仁慈和公平正义。罗马和其他各省同样为此而痛心(Herodianus, Histor., lib. 1.),所有人都哭喊着失去了这样一位最强有力的将领和无人比拟的皇帝。马库斯·奥勒留斯的骨灰被带到罗马,安置在哈德良陵墓里,元老院根据当时的异教仪式将其神化。自那时起,如果有人不在家中供奉他的肖像,就被视为亵渎神明。后代人也一直在纪念他,将他视为最佳元首,甚至讽刺家尤利安努斯·阿波斯塔塔(*Julianus, de Caesarib.*)在天堂中将他置于奥古斯都大帝、图拉真和其他著名统治者之上。当然马库斯·奥勒留斯也有一些缺点,但是谁没有缺点呢?他的仁慈,以及对所有严厉惩罚的厌恶不免引起一些混乱,使得一些坏人有机可乘,比如,他没有限制妻子的淫荡行为;选定卢基乌斯·维鲁斯为共治者(然而他根本就配不上皇帝之位);尤其是他想要或者是同意让康茂德这个卑鄙可耻的人做他的继承者,这也使他的名声大大折损。尽管如此,由于他的诸多美德,所有古代作家都选择忽略他这些缺点。因此,除了我上面说到的许多优点,他庄重、正直与充满德行的生活方式给罗马人树立了榜样,在很大程度上地纠正了他们放荡的习性。他还让他认为最正直、最能为公众造福的人担任官职,由于找不到各方面都很完美的人,他说道(*Dio, in Excerptis Vales.*):"让上帝按照我们希望的样子造人是不可能的,因此就得利用他们已有的样子,在人群之中只找那些缺陷比较少的人。"他天生身体虚弱,或者他原本身体充满活力,因为他青年时就很健壮,参加过军事训练,还在狩猎中猎杀过野猪,但是后来据说是因为专注于研究而身体日渐虚弱,并给他带来许多健康问题。尽管如此,他忍受着和最身强力壮的人一样的疲劳,去了很多地方,还在战场上待了很长时间。他将乐善好施视为最重要的事,人们甚至在罗马为这位想象中的慈善之神建立了一座神庙。有些人想要从他那里得到慷慨的赠予,他也想更加慷慨大方一点,他从不为自己积敛财富,十分节俭,只将钱花在对公众有利的事情上;他从不增加人民的赋税,还在必要时削减赋税,并援助那些需要帮助的有功之人。这位皇帝在修正自己和他人方面留下了数不胜数的精彩语录,并将其整理成了12卷书,名为《沉思录》(*Delle cose sue*)。这部作品被保留至今,由梅里科·卡萨波诺(Merico Casaubono)与托马斯·加塔切罗(Tommaso Gatachero)进行评注。这是一部记录他哲学思考的回忆录,涉及斯多葛哲学的精华部分,用希腊语写成,语言风格简单质朴,评注人给予了高度评价。因为这部作品,但更多的是因为他的生平事迹,他值得"哲学家"的称号。事实上,他尤其以哲学家马库斯·奥勒留斯·安东尼努斯的名字而广为人知。由蒙多涅托(Mondognetto)的西班牙主教安东尼乌斯·达·格瓦拉(Antonius da Guevara)

撰写的马库斯·奥勒留斯的生平不太真实可信，然而对于想要阅读的人来说也是有一定价值的。在马库斯·奥勒留斯统治期间，许多学识渊博的人得到了很好的发展（Tillemont, Mémoires des Empereurs.），其中我想提一下卢基安努斯·萨莫萨坦塞（Lucianus Samosatense），他的作品是诙谐活泼而博学多才的风格，但是如果他没有进行一系列与异教有关的活动，那么他会更加值得尊敬。同样学识渊博的作家卢基乌斯·阿普列乌斯（Lucius Apuleius）据说是成名于这一时期，当然还有十分有名的医生盖伦（Galenus），他在马库斯·奥勒留斯的宫廷里待了很长时间。同样成名于这一时期的还有保萨尼亚斯（Pausanias）、阿里斯蒂德斯（Aristides）、波利艾努斯（Polyaenus）、阿特米多鲁斯（Artemidorus）、奥鲁斯·格利乌斯（Aulus Gellius），或许还有塞克斯图斯·恩比里库斯（Sextus Empiricus），他们的作品流传至今，还有许多十分有名的人，但他们的作品已经丢失。就这样，在马库斯·奥勒留斯逝世后，罗马帝国的统治权到了卢基乌斯·奥勒留斯·安东尼努斯·康茂德手上。很早之前康茂德就被封为奥古斯都皇帝，我将在下一年讲述他。我将这一年作为康茂德开始统治的第一年，之前我一直没有这样标注，因为我也不是很确定他是从什么时候开始统治的。如我之前提到的，在这之前他继承了他父亲的名字，因而更多地被称为马库斯·奥勒留斯·康茂德，然而他没有继承他父亲的任何美德，可以使他配得上作为他父亲的儿子。

年　份　公元181年　小纪纪年第四年
　　　　艾流德教皇第十一年
　　　　康茂德皇帝第二年
执政官　马库斯·奥勒留斯·安东尼努斯·康茂德·奥古斯都（Marcus Aurelius Antoninus Commodus Augustus）第三次，卢基乌斯·安提斯提乌斯·布鲁斯（Lucius Antistius Burrus）

这一年的执政官安提斯提乌斯·布鲁斯是康茂德皇帝的一位姐夫。马库斯·奥勒留斯与妻子弗斯蒂纳除了生有康茂德，还生有另外两个或三个儿子，但都在年幼时夭折了，他们还有几个女儿，包括露西拉（她先是嫁给了卢基乌斯·维鲁斯，后来嫁给克劳狄乌斯·庞培安努斯）、法蒂拉（Fadilla）、维比亚·奥雷利亚（Vibia Aurelia）和多米齐亚·弗斯蒂纳（Domizia Faustina），或许还有另外一个女儿。她们其中的一个嫁给了上面提到的布鲁斯，另一个嫁给了佩特罗尼乌斯·马梅尔提努斯，这两位都是马库斯·奥勒留斯基于他们过人的智慧而挑选的女婿。康茂德·奥古斯都于上一年接管了罗马帝国的统治权，他出生于（*Vulcat., in Commodo.*）公元161年8月31日，与残忍暴虐的卡里古拉皇帝的出生日期一样，康茂德几乎与卡里古拉一模一样。他贤明的父亲想方设法为他提供一切可能的资源，让他获得良好的教育，形成高尚的品德，并在艺术与文学中得到发展。他的希腊语言文学老师是欧奈西克拉图斯（Onesicrato），拉丁语老师是安提斯提乌斯·卡佩拉（Antistius Capella），演讲与雄辩老师是阿特尤斯·桑托，或阿特奥·桑蒂奥（Atteius Santoo Santio）。然而，康茂德并没有从这些老师身上学到任何东西，他性情残暴，没有继承他父亲的任何优点，反倒是继承了他那无耻的母亲的缺点，如我前面提到的，据说，康茂德是他母亲与她迷恋的一个角斗士所生。事实上，他很早的时候就表现出残忍、淫荡的倾向，沉迷于扮小丑和角斗士，还拥有其他与卑鄙流氓相适应的品性。在年仅12岁的时候，他到森托切莱［Centocelle，现今的奇维塔维基亚（Città Vecchia）］度假，发现洗澡水不是很热，于是下令将浴室管理员扔到一个火炉里，他的看管人皮托劳（Pitolao）假装服从了他的命令才使那个可怜的傻瓜没被烧死。他无法忍受父亲在他身边安排的那些正直的人，只有奸邪之人能影响他，后来父亲将这些奸邪之人从他身边撤走，他还为此而气得病倒了。过于容忍的父母往往都不坚定，从此康茂德开始将自己的房间作为小酒馆玩赌博游戏，让低贱下流的女人进来，还说粗鲁的话。就这样，带着满身的恶习——不过这个时候还是隐藏着的，没有被人发现——康茂德登上了皇帝的宝座。但是距这一时期更近的赫罗狄安（*Herodianus, Histor., lib. 1.*）并没有将康茂德的青年时期描绘得如此丑陋，或许可以认为他当时还没有那么多缺点，或者他掩饰了他的缺点，没有让人看见。

如我前面所说的，康茂德当时与军队正在匈牙利。父亲的葬礼过后，在亲人和朋友的建议下，他在军队面前发表了一番振奋人心的讲话，分发给士兵们一笔丰厚的犒赏。但是由于在他身边的那些心地最邪恶、最懂得阿谀奉承的人有很大权势，他们一直夸大罗马的美好与乐趣，诉说在多瑙河畔居住有多么糟糕，使得康茂德决定丢下军队，返回意大利。他以担心罗马有人会自封皇帝为借口，公开了他返程的计划。然而，他的姐夫庞培安努斯给他列出了许多理由，让他在军队里再待一段时间，以光荣地结束战争。根据赫罗狄安所述，他的将领们成功制伏了蛮族中的某个人。随后，康茂德让其他蛮族人与他议和，并从他认为很充盈的国库中拿出一大笔钱赠送给他们。如果欧特罗皮乌斯（*Eutrop., in Breviar.*）所述属实，康茂德在与日耳曼人的战争中进展顺利，但是并没有任何勋章上写有他在上一年再一次获得"皇帝"封号的字样，因此，要么是他没有取得什么胜利，要么是他取得的胜利没有那么卓著。不过可以确定的是，即使是在不利的形势下，他还是通过金钱收买的形式，与敌人达成了和平协定，因为他太想要摆脱这里艰苦的生活回到罗马的安逸中去了。在返回罗马的途中，他所经过的所有城市都对他致以热烈的欢迎，元老院及整个罗马高举着胜利桂冠隆重迎接他。由于他是马库斯·奥勒留斯这样一位好父亲的儿子，同时见他如此年轻英俊，有着明亮的眼睛，金色的头发披在他的头上，就好像倾泻下的金子一般，人们就想象着他会取得的惊人成就。就这样，在无尽的欢呼声中，伴随着大量向他抛出的鲜花和花冠，康茂德进入了罗马。他来到元老院，发表了一篇演讲，讲的只是一些无关紧要的事。狄奥尼（*Dio, lib. 72.*）从这个时候开始讲述他亲眼看到的东西，他写道康茂德大举夸耀自己在父亲掉入一个泥坑时前去救援的事迹。如萨尔马西乌斯所认为的，如果当时罗马是11月，那么康茂德抵达罗马就是在10月22日（*Lampridius, in Commodus.*），但这有待确证。康茂德还对罗马的士兵们讲了话，赞扬他们的忠诚。根据勋章上所记述的内容，似乎他给士兵们赠送了礼物，并给人民发放了赠礼。这一年他第三次担任执政官。同样是在这一年，据尤塞比乌斯（*Euseb., in Chronic. Edition. Pont.*）所述，他战胜了日耳曼人，但也完全展示出了他腐败的本质。因为在同一辆凯旋战车上，在他身后坐着一个无耻的自由奴隶，名叫安特鲁斯（Anterus），康茂德多次转过头公开地亲吻他。他还在剧场和在众目睽睽之下做了同样的事。在他父亲在世的时候，康茂德没有做出任何功绩就取得了"国父"的称号。根据一些勋章（*Mediobarb., in Numism. Imperator.*）所记录，在这一年，阿谀奉承者们不仅授给了他"费利克斯"（Felix）称号，如蒂勒蒙特（*Tillemont, Mémoires des Empereurs.*）所认为的那样，还授给了他"庇乌斯"称号。

年　　份　公元182年　小纪纪年第五年
　　　　　艾流德教皇第十二年
　　　　　康茂德皇帝第三年

执政官　庞波尼乌斯·马梅尔提努斯（Pomponius Mamertinus）与鲁弗斯（Rufus）

我不敢冒昧地给这两位执政官用其他名字命名，因为其他名字并不是那么真实可靠。但可以确定的是，第一位执政官是康茂德·奥古斯都的姐夫。潘维尼乌斯（*Panvin., in Fast. Consular.*）称第二位执政官是特雷贝利乌斯·鲁弗斯（Trebellius Rufus），许多其他人也这么认为。由于雷兰多（*Reland., Fast. Cons.*）引用了一则古迪奥的碑文，其标注的时间为3月1日，上面写着"执政官C.佩特罗尼乌斯·马梅尔提努斯与科尔涅利乌斯·鲁弗斯（C. PETRONIUS MAMERTINUS ET CORNELIUS RUFUS COS）"，因此雷兰多、比安奇尼（*Blanchin., ad Anast. Bibliot.*）和斯坦帕（*Stamp., Fast. Cons. Sigon.*）都将其定为这一年执政官的名字。但是首先需要看一下古迪奥引用的碑文是否可信。法布莱图斯（*Fabrettus, Inscript., pag. 511.*）发现了一块石碑，上面写着"执政官维提乌斯·鲁弗斯与庞波尼乌斯·马梅尔提努斯（VETTIUS RUFUS ET POMP. MATER. COS）"。如果是这样的话，那么另一位执政官应该是维提乌斯·鲁弗斯，而不是特雷贝利乌斯·鲁弗斯或者科尔涅利乌斯·鲁弗斯。兰普里迪乌斯（*Lampr., in Commodus.*）将这一年的执政官写为维里乌斯·鲁弗斯，很有可能是维提乌斯·鲁弗斯。潘维尼乌斯认为，在这一年7月1日，埃米利乌斯·尤图斯或尤提乌斯（Aemilius Juntus o Juntius）与阿提利乌斯·塞维鲁斯（Atilius Severus）接替了执政官之位。我们可以确定这两位都曾担任过执政官。他们二人在康茂德变得残忍暴虐之际均被流放，因此可以判定他们应该是在更晚些的时候担任的执政官。

在统治之初，和提贝里乌斯、卡里古拉、尼禄、多米提安努斯一样，康茂德也做出了一些贤明的治国之举。他尊重父亲的朋友们与任用的顾问（*Herodianus, Histor., lib. 1.*），在做出任何决策之前都会先咨询他们的意见。这些贤明之士的权威在一定程度上抑制了这位年轻皇帝放荡不羁的欲望与激情。狄奥尼（*Dio, in Excerptis Valesianis.*）讲到一件事情有可能发生在这一年，即马尼利乌斯（Manilius）曾是阿维狄乌斯·卡西乌斯（我们之前讲过他叛乱的事情）的拉丁语文书亲信，在卡西马斯手下有很大的权势，最终他被发现并被带到了罗马。马尼利乌斯承诺可以告诉康茂德许多秘密，但据说在康茂德那些英明的行政官的建议下，康茂德不仅没有听他讲话，还烧了他所有信件及文件，一封都没有读。这一举动给了元老院和人民以希望，大家认为他不愿做得不如他的父亲。因此康茂德便堂而皇之地出现在公众面前，到处展现他的高尚与风度，于是无知的人们感叹道："噢，太棒了！"他们很高兴有这样一位仁慈宽厚的皇帝。但是那些常与康茂德交往的人不这么认为，他们对康茂德日渐暴露出来的邪恶本性有更深的了解。在这一年的一些勋章（*Mediobarbus, in Numism. Imperator.*）上可以看到康茂德第五次被授予"皇帝"封号。狄奥尼（*Dio, lib. 72.*）讲到与达契亚蛮族的战争。兰普里迪乌斯（*Lampridius, in Commodus.*）写那些蛮族人是被特使，也就是皇帝的代理军官打败的，他们是阿尔比努斯（Albinus）与尼格鲁斯（Nigrus），我们将在塞维鲁斯（Severus）皇帝时期讲到这两个人。这一战争有可能发生在这一年，因为他们取得了战争的胜利而使康茂德毫不费力就再次获得了荣誉封号。

年　份　公元183年　小纪纪年第六年

艾流德教皇第十三年

康茂德皇帝第四年

执政官　马库斯·奥勒留斯·安东尼努斯·康茂德·奥古斯都第四次，盖乌斯·奥菲狄乌斯·维克托里努斯（Gaius Aufidius Victorinus）第二次

由于托雷（Torre）主教发表了一篇著名的碑文，在我的文集（*Thesaur. Novus*

Inscript., pag. 340, n. 2.) 中也可以读到，因此这两位执政官的名字没有争议。从这里也可以看出来古迪奥的碑文有多么不可信。在雷兰多（Reland., in Fastis.）引用的他的一篇碑文中写着"10月15日，执政官马库斯·奥勒留斯·康茂德第四次与马库斯·奥勒留斯·维克托里努斯（DIBVS OCTOBRIS M. AVRELIUS COMMODUS IV. ET M. AVRELIUS VICTORINUS COS）"。根据一则最为真实可靠的碑文，我们可以确定那位执政官叫作盖乌斯·奥菲狄乌斯（Gaius Aufidius），而在古迪奥的碑文中则叫马库斯·奥勒留斯。

盖乌斯·奥菲狄乌斯·维克托里努斯（Capitol., in Marcus Aurelius.）是当时最杰出的元老院议员和演说家之一，在马库斯·奥勒留斯皇帝时期就十分有名，他不仅担任了罗马总督的职位，还两次担任过执政官。据狄奥尼（Dio, in Excerpt. Valesianis.）所述，很多年前，盖乌斯·奥菲狄乌斯·维克托里努斯曾是日耳曼行省的行政长官，经核实，他的特使，或者说是代理长官私收礼物，于是他暗中警告他的特使不要再滥用职权。见这样不起作用，有一天，他出现在法院，面对着所有人，随通报官发誓从来没有收受过礼物，有生之年也永远不会收受礼物。到他的那个特使发同样誓言的时候，因为良心不安，以及害怕有人会揭发他而拒绝发誓。维克托里努斯立刻将其撤职。维克托里努斯还担任过阿非利加的行省总督，期间他发现另一位特使也私收别人的礼物，他没有进行其他仪式就令那特使登船，将其遣回罗马。我们在后面会讲到，康茂德在接下来的几年开始残害元老院最德高望重的议员。维克托里努斯多次听说他也在被诛杀列表里，他为此而感到不安，于是径直去找当时的禁军总佩莱尼斯（Perennis），说他已经得知康茂德想要杀他，而后说道："如果是这样，那你们还等什么？现在就是时候。"他被放过了一命，后来他寿终正寝，人们为他竖立了一座雕像纪念他。至于佩莱尼斯，由于通晓军事而被康茂德提拔为禁军总督，也就是护卫军总指挥，同样任禁军总督的还有塔鲁提努斯或者塔鲁特尼乌斯·帕特努斯（Tarrutinus sia Tarrutenius Paternus）（Lampridius, in Commodus.）。佩莱尼斯深受统治者的信任和喜爱，以至于后来几乎成为政府的主宰者。他对于财富的渴望可以说是无穷无尽的，就好像已经获得的财富不算什么，总是设法获取新的财富。不久之后他就得到了这样一个机会，对此我们后面会讲到。需要提醒读者的是，这一时期发生的事件都无法判定它们的准确年份，因为留存下来的史料尽管讲述了事件，但是没有指明时间，因此只能大致地将这一时期发生的事件归到接下来的年份。根据勋章（*Mediobarb., in Numism. Imper.*）的记录，这一年康茂德·奥古斯都第六次获得"皇帝"封号，但是没有写明是取得了什么胜利。蒂勒蒙特（*Tillemont, Mémoires des Empereurs.*）认为这指的是在不列颠的战争中取得的胜利，但我之后会讲到，这一胜利似乎更像是在下一年发生的。因此更有可能的说法是如梅扎巴尔巴所猜测的那样，这一年日耳曼的罗马将领们再次打败了那一地区的蛮族人。勋章上还讲到康茂德的一次旅行，但没有任何史料有相关记载。另外，勋章上还提到康茂德的慷慨馈赠，这或许表明了他给人民赠送了礼物。但是，人们在这些勋章上发现了一些错误之处——要么它们是伪造的，要么它们当时的印制不够仔细。

年　份　公元184年　小纪纪年第七年
　　　　艾流德教皇第十四年
　　　　康茂德皇帝第五年

执政官　卢基乌斯·科索尼乌斯·埃吉乌斯·马鲁卢斯（Lucius Cossonius Eggius Marullus）与格奈乌斯·帕皮里乌斯·埃利亚努斯（Gnaeus Papirius Aelianus）

根据一则现存于古罗马神殿博物馆的由托雷（Torre）主教发现的碑文，我给第一位执政官马鲁卢斯加上了"科索尼乌斯"这一名字，这则碑文在我的文集中有提到（*Thesaurus Novus Inscription., pag. 342.*）。在雷兰多（*Reland., in Fastis.*）引用的一则古迪奥的碑文中，第一位执政官名叫马库斯·马鲁卢斯（Marcus Marullus），可以确定他的首位名字是卢基乌斯。第二位执政官在古迪奥的碑文中显示是尤尼乌斯·埃利亚努斯（Iunius Aelianus），然而，其他碑文中写的都是格奈乌斯·帕皮里乌斯·埃利亚努斯（Gnaeus Papirius Aelianus）。所有这些都证明古年鉴与古代研究都不能指望从古迪奥那里获得可靠的证据，从他那里只能得到混乱的说明。

如我之前所述，在不列颠（*Dio, lib. 72.*）爆发了一场激烈的战争，这是康茂德在位时期持续时间最长的战争。蛮族人越过了安东尼努斯·庇乌斯在边境筑起的城墙,凭借他们在那一方守卫的军队将罗马的将军残忍地杀害。这一不幸的消息传到了罗马,胆小的康茂德被吓坏了,立即派乌尔皮乌斯·马塞卢斯(Ulpius Marcellus)到那里去。马塞卢斯是一位品德高尚、十分英勇的人。据狄奥尼所述,马塞卢斯是一个谦逊严肃之人,其严肃程度已接近苛刻,他多次在战斗中展示出了他的英勇,但他从来不会受到礼物和金钱的诱惑。他非常警惕,为了进一步加大警惕力度,还要求军官们也时刻保持警惕,为此他在提前写下12张字条,命令他的仆人在夜间的不同时间给这些军官送去,让他们相信他仍然醒着。他在饮食和穿着上与普通士兵没有区别,甚至为了吃得更少,他从罗马带来又干又硬的面包,这简直令人难以置信。英勇的马塞卢斯给蛮族人带来了沉重的打击,将其一举击溃,从勋章(Mediobarbus, in Numismat. Imper.)上可以得知,康茂德·奥古斯都在这一年不仅第七次获得"皇帝"封号,同时还获得了"布里塔尼科"封号(Lampridius, in Commodus.)。先前他就被授予了"庇乌斯"称号,这绝对是对他的恭维奉承,因为他从来没有做过什么值得获此称赞的事情。这一年,在他的荣誉称号里又加上了"费利克斯"(Felix)这一称号。后来几个世纪的奥古斯都皇帝都效仿他的例子,所有皇帝都被称作"庇乌斯·费利克斯"。

第一起针对康茂德的阴谋如果不是发生在上一年,那么至少也是在这一年。我们从赫罗狄安(Herodianus, Histor., lib. 1.)那里得知,康茂德恪尽职守了短短几年,很可能就是因为这件事情而性情大变,开始逐渐腐化堕落。这里,赫罗狄安比兰普里迪乌斯更值得信任,因为他是生活在那一时期的居住在罗马的历史学家。禁军总督佩莱尼斯这个邪恶的家伙,为了独占统治地位,将年轻的皇帝身边那些优秀的顾问通通撤走,让一些卑鄙之人取代他们的位置,因此他得以独自操纵所有事务。或许,忠善之人对康茂德的憎恨就是从这里开始的。无论怎样,为这场骚乱打下基石的第一人是马库斯·奥勒留斯之女,即康茂德的姐姐露西拉。因为她曾是卢基乌斯·维鲁斯皇帝的妻子,尽管后来她又被许配给了克劳狄乌斯·庞培安努斯,马库斯·奥勒留斯还是授予了她"奥古斯塔"的封号和荣誉。在剧院里,她常常坐在皇帝座椅上;外出时,有人会在她前面举着火把——这通常是给奥古斯都皇帝的排场。康茂德与克里斯皮娜结婚后，露西拉要被迫把这第一的位置让给克里斯皮娜，为此露西拉非常愤怒，她认为因她的年迈就剥夺了她这一荣誉是对她极大的不公，因此从那时起她就一直试图实施报复。她不敢冒险跟丈夫庞培安努斯谈论这件事，因为她知道他有多爱戴康茂德。于是，她和夸德拉图斯（Quadratus）之间建立起了亲密且罪恶深重的友谊。夸德拉图斯是一个地位极为尊贵、极为富有的年轻人，狄奥尼（Dio, l. 72.）称其为康茂德的议会总长。露西拉怨声连连，使得这个年轻人谋划了一场杀害康茂德的阴谋，几个元老院议员也参与其中。夸德拉图斯选中了一个十分有胆量的年轻人昆提亚努斯（Quintianus）执行这项计划。兰普里迪乌斯称其为克劳狄乌斯·庞培安努斯。他大概是弄错了，或者是抄写者写错了。佐纳拉斯（Zonaras, in Annalib.）也是这么写的，他甚至还说这个人就是露西拉的丈夫。这是个严重的错误。昆提亚努斯躲在圆形剧场入口处的一个狭窄阴暗的地方等待康茂德的到来，当他看见康茂德时，一边拔出藏着的匕首一边对康茂德说道："这是元老院送给你的。"说完扑向康茂德。如果阿米阿努斯（Ammianus, lib. 29.）所述属实，他刺了康茂德几下。赫罗狄安和兰普里迪乌斯则没有提到。但可以确定的是，康茂德获得了时间来自卫或逃跑。因此，鲁莽的昆提亚努斯被护卫军抓了起来，佩莱尼斯对其严刑拷打，最终他说出了所有同谋者。于是，露西拉被流放到了卡普里岛，后来在岛上被人杀害了。昆提亚努斯、夸德拉图斯、艾莱克图斯（Electus，同样也是康茂德的议会总长）（Dio, lib. 72.）等人则被判处了死刑。康茂德还处死了诺尔巴纳（Norbana）、诺尔巴努斯（Norbanus）及帕莱里乌斯（Parelius）和他的母亲。更糟糕的是，昆提亚努斯的匕首和袭击，还有他所说的话给康茂德以深刻的印象，以至于他的眼前总是浮现出那一幅画面，从那时起，他开始仇恨所有元老院议员，就好像所有人都曾设计陷害过他，曾指使昆提亚努斯刺杀他。佩莱尼斯很懂得利用这次阴谋使粗心的皇帝充满恐惧，增加皇帝对富人和有权势之人的憎恨，后来，他编造了一些谣言来控诉他们，这样他就能将他们的财产据为己有。

年　份　公元185年　小纪纪年第八年

艾流德教皇第十五年

康茂德皇帝第六年

执政官　马库斯·科尔涅利乌斯·尼格里努斯·库里亚提乌斯·马特尔努斯（Marcus Cornelius Nigrinus Curiatius Maternus）与马库斯·阿提里乌斯·布拉多（Marcus Attilius Bradua）

雷兰多（Reland., in Fastis.）只写了这两位执政官的姓氏，即马特尔努斯和布拉多。潘维尼乌斯（Panvin., in Fast.）及后来的巴基神甫（Pagius, Critic. Baron.）认为第一位执政官的名字是特里亚留斯·马特尔努斯（Triarius Maternus），只是因为在佩蒂纳克斯统治时期有一位叫这个名字的元老院议员。这一证据太站不住脚。我根据我的文集里（Thesaurus Novus Inscript., p. 343.）引用的一则碑文将他的名字写成这样。另一位执政官布拉多的名字来源于在士麦那（Smirne）发现的一则碑文。还有一则碑文上面写着"执政官马特尔努斯与阿提库斯（MATERNUS ET ATTICUS COS）"。有可能这个阿提库斯是接替布拉多的执政官。

根据《大马士革编年史》（Anast., Bibliot.），罗马教皇圣艾流德在这一年结束了生命。在殉教者名册中，他被冠以"殉教者"的头衔，但是并不确定他是不是为了守卫基督教而死。巴罗尼奥主教（Baronius, Annal. Eccles. ad annum 194.）观察到，在最初的几个世纪中，"殉教者"（Martire）的头衔是授予那些因忠于耶稣基督而遭受欺压和折磨的基督教徒的，尽管他们没有在酷刑中死去。对此还需要看一下早期的其他罗马教皇，所有人都被冠以这一如此光荣的头衔，而对于他们在殉教中去世的事情却没有任何详细的史料记载。出于这个原因，其中一些主教，从这一时期著名的里昂主教圣依勒内（Santo Irenaeus）开始，都仅仅被视为"基督教信仰者"（Confessore）。在圣彼得教堂接替圣艾流德教皇之职的是维笃（Victor）教皇，根据巴基神甫和比安奇尼主教的编年顺序，我们把下一年作为维笃教皇的第一年。这一年，康茂德的宫廷和罗马贵族之间发生了一些混乱的事件。康茂德臭名昭著的自由奴隶（Lampridius, in Commodus.）安特鲁斯（Anterus）在宫廷里享有很高的声誉和权势，又被康茂德提拔为议会总长，同时他还是康茂德在进行不端行为时的代理人。公众对这个邪恶的家伙的憎恨与日俱增，后来发展成对康茂德的憎恨。禁军总督塔鲁提努斯或者是塔鲁特尼乌斯·帕特努斯（Tarrutinus o sia Tarrutenius Paternus）对安特鲁斯忍受了一段时间，但终于失去了耐心，于是以狡猾的方式，借口要进行祭祀让安特鲁斯离开宫殿，在其回家的路上，派几名手下将他刺杀了。这使康茂德陷入了恐慌，他变得比受到昆提亚努斯袭击而面临生命危险时更加担忧。听闻帕特努斯曾是那场袭击的同谋者，在提吉狄乌斯（Tigidius），或许还有佩莱尼斯（他想利用这次机会斩掉同伴的腿）的建议下，康茂德任命帕特努斯为元老院议员，借口将他提拔到更显著的职位而让他离开了禁军。但没过多久，他就指控帕特努斯在策划一场阴谋：帕特努斯意欲将他的女儿许配给著名法律顾问尤利安努斯的侄子萨尔维乌斯·尤利安努斯（Salvius Iulianus），然后推举他为皇帝（*Dio, lib. 72.*）。如果帕特努斯和尤利安努斯真的有这个计划，那他们完全可以执行计划，帕特努斯指挥禁卫军，尤利安努斯指挥数千士兵。就这样，两个人都被处死了，与他们一起被处死的还有康茂德的文书亲信维特鲁维乌斯·塞昆杜斯（Vitruvius Secundus），只因为他与帕特努斯交情颇深。曾担任执政官的维提乌斯·鲁弗斯（Vettius Rufus）和埃格纳提乌斯·卡皮托（Egnatius Capito）也惨遭同样的不幸，而补任执政官（尽管安特鲁斯在这一年去世）埃米利乌斯·尤图斯（Aemilius Juntus）和阿提利乌斯·塞维鲁斯（Atilius Severus）都被流放。还有昆提利乌斯·马克西穆斯（Quintilius Maximus）和昆提利乌斯·康迪亚努斯（Quintilius Condianus），他们都曾担任过执政官，是当时元老院最为杰出的两个人物，马库斯·奥勒留斯因为他们过人的智慧而非常推崇他们，任命他们担任军事和民事最重要的职位，但他们也在这个时候被判处了死刑。狄奥尼讲道，马克西穆斯的儿子塞克斯图斯·昆提利乌斯（Sextus Quintilius）也被判刑。塞克斯图斯得知这个消息的时候正在索里亚，于是他假装从马上跌落身亡，他的家人便将一只公羊埋葬，他则不断变换着衣服，流浪于各国，再也没有人知道他的消息。而这则成了许多人的祸根，因为康茂德到处搜寻他，许多无辜之人被当作塞克斯图斯砍了脑袋带到罗马，还有许多人因曾经收留过塞克斯图斯而被剥夺了财产。康茂德去世后，有个人来到罗马自称是塞克斯图斯，并且回答出了所有的问题。佩蒂纳克斯知道塞克斯图斯精通希腊语，于是用希腊语问他问题，这下子那个人乱了阵脚，因为他听不懂问的问题。狄奥尼当时就在场。狄第乌斯·尤利安努斯（Didius Iulianus，后来成为皇帝）也差点被判刑，因为他被指控曾经参与萨尔维乌斯·尤利安努斯的阴谋，但康茂德宣布他无罪，并且将控诉者判了刑（*Spartianus, in Juliano.*）。帕特努斯被处死之后，佩莱尼斯（*Lampridius, in Commodus.*)成了唯一的禁军总督，这下子他成了宫廷里完全的主宰者。他劝说年轻胆小的康茂德不要信任任何人，劝说康茂德过隐居生活，享受安逸，让他负责统治中的棘手事务。康茂德这么做了，从那以后很少出现在公众面前。他把自己关在一个土耳其式的宫殿里，完全沉浸在他的花花世界里，身边有300名妓女陪伴着，这些妓女部分来自贵族，部分来自妓院，还有其他更加下流卑贱的人。在那座土耳其式的宫殿里，宴席和洗浴持续进行，没有节制。他还穿着角斗士的衣服与他的侍从进行搏斗，有时候他甚至用出鞘的利剑杀死其中几个人——他们都只配着钝化的剑。佩莱尼斯负责所有事务，随意杀死他想要处死的人，然后霸占他们的财产。不仅仅是在罗马，还有各个行省，他践踏了所有法律，无节制地积聚了庞大的财富。于是，这座庄严的城市因为统治者的愚蠢和放纵而陷入了悲惨的境地中。

年　份　公元186年　小纪纪年第九年
　　　　维笃教皇第一年
　　　　康茂德皇帝第七年
执政官　马库斯·奥勒留斯·康茂德·奥古斯都第五次，马尼乌斯·阿西利乌斯·加布里奥（Manius Acilius Glabrio）第二次

禁军总督佩莱尼斯如今已经拥有至高无上的权势，滥用职权的程度也达到了顶峰。他积聚的庞大财富似乎是要在他叛乱谋害康茂德的性命（*Herodianus, Histor., lib. 1.*)时用于赢得禁军们的爱戴与拥护。似乎他年轻的儿子们也在为此策划阴谋，他们被父亲派去掌管伊利里亚，他们在那里做的唯一的事就是集结人力。佩莱尼斯可能根本没有想过是公众的仇恨将他和他儿子们的行为理解为这个样子。佩莱尼

斯终于垮台了，赫罗狄安和狄奥尼（*Dio, lib. 72.*）对这件事在细节上的描述有所不同。据赫罗狄安所述，这一年隆重地举行了坎皮多里奥竞赛——坎皮多里奥竞赛每4年举办一次，无数人涌来观看——康茂德坐在皇帝座椅上欣赏节目。在戏剧演员开始表演之前，舞台上出现了一个穿成哲学家样子的人，他腰间有个口袋，手里拿着一根手杖。他用手示意安静，高声对康茂德说道："现在不是玩乐游戏的时候，因为佩莱尼斯正在准备取你的性命，为此他积聚了很多财富，他的儿子们集结了很多士兵，如果你不及时采取措施的话，佩莱尼斯就要行动了。"那个人希望立即看到人们对佩莱尼斯的不满，希望能从皇帝那里获得赏赐。但是康茂德只是非常震惊，却一句话也没有说。人们虽然相信他说的话，但也没有做出任何行动。很快，佩莱尼斯就叫人抓捕了这个假冒的哲学家，并下令将他活活烧死。然而，这一事件给了那些站在皇帝这边和因为佩莱尼斯令人无法忍受的傲慢而想要惩治他的人以机会，同时也让康茂德相信或许事情不仅如此。后来，人们给康茂德展示了一些印有佩莱尼斯儿子肖像的钱币——据说佩莱尼斯对此事并不知情，又或许是由他的竞争对手制造的。随着事情的发展，康茂德于一天夜里派了几个人杀死了佩莱尼斯，并赶在他的死讯传到伊利里亚之前，派人将他的大儿子叫来了意大利。皇帝用充满热切之词的信传召他，尽管不情愿，他还是来了，但他刚一到达意大利，就被人砍去了脑袋。狄奥尼（*Dio, lib. 72.*）和兰普里迪乌斯（*Lampridius, in Commodus.*）叙述的完全不一样。他们写道，由于佩莱尼斯撤去了在不列颠任职的元老院阶级的官员，派去了骑士阶级的一些官员，于是他们心生不满，打算发动一场叛乱。那些士兵以下犯上，非常顽固，他们不愿安定下来，于是从军队中挑选了1500名武装士兵，让他们前往罗马陈述他们的理由。当康茂德得知他们到来时，非常害怕，亲自迎接以了解他们此番来的目的。他们说他们来是为了将康茂德从佩莱尼斯的圈套里解救出来，佩莱尼斯正在背后计划着立他的儿子为皇帝。尽管康茂德手下禁卫军的兵力足以镇压这些为数不多的士兵，但他没有无视他们，在议会总长克莱安德（Cleander）的意见下，他相信了他们的话。克莱安德十分憎恨佩莱尼斯，因为佩莱尼斯总是违背他的意愿。在克莱安德的推动下，康茂德撤去了佩莱尼斯禁军总督的职务，让其他人担任此职务，同时他还允许不列颠的士兵将佩莱尼斯及他的妻子、妹妹和两个儿子碎尸万段。我们无法判断上述历史学家谁的说法更加真实可靠。奇怪的是，赫罗狄安和兰普里迪乌斯都谴责佩莱尼斯滥用职权和策划阴谋，然而狄奥尼却对他称赞有加，将其描述为节制有度、不贪慕荣誉和金钱、时刻保护皇帝生命安全的人，总之，他认为佩莱尼斯不应该被判那样的死刑，除了一样罪行——他承认佩莱尼斯是致使他的同事帕特努斯倒台的罪人，因为他想要独自掌控禁卫军。根据勋章（*Mediobarbus, in Numismat. Imperat.*）的记录，这一年，康茂德不仅第五次担任执政官，而且第八次获得"皇帝"封号。一些人认为这是因为克洛狄乌斯·阿尔比努斯（Clodius Albinus）在与莱茵河以北的弗里西亚（Frisia）人的战争中取得了胜利，卡皮托里努斯提到过此次胜利（*Capitolin., in Clodio Albinus.*）。梅扎巴尔巴根据这些勋章推断，康茂德在这一年出征潘诺尼亚，对付摩尔人，因战争取得了胜利而向军队致辞，并第六次给人民馈赠了礼物。但是史料对此没有任何记载，因此对这件事的真实性还要谨慎。我们仅从兰普里迪乌斯（*Lampridius, in Commodus.*）那里得知，康茂德曾表示过想要去阿非利加作战，以获得旅行的费用。他本来是有这笔钱的，但他将它们全部用于宴席和赌博游戏上了。

年　份　公元187年　小纪纪年第十年

　　　　维笃教皇第二年

　　　　康茂德皇帝第八年

执政官　克里斯皮努斯（Crispinus）与埃利亚努斯（Aelianus）

关于这两位执政官，唯有他们的姓氏是可以确定的，他们的名字至今无法确定。潘维尼乌斯（*Panvin., in Fast. Consular.*）认为他们叫图利乌斯·克里斯皮努斯（Tullius Crispinus）和帕皮里乌斯·埃利亚努斯（Papirius Aelianus），但这是非常没有说服力的猜测。

自从佩莱尼斯丧失权势被判死刑之后，另一个人开始在皇室宫廷内占有统治地位，并且比佩莱尼斯还要可恶，这个人就是克莱安德（Cleander）（*Dio, lib. 72.*）。据狄奥尼证实，克莱安德仆人出身，也就是我们今天所说的奴隶。作为被出售的奴隶，他被带到了罗马，做起了搬运工。他不仅设法让自己进入了宫廷，而且还懂得向鲁莽轻率的康茂德讨欢心，康茂德小的时候就经常与他在一起，就这样他一步一步地得到晋升，最终成为皇帝的议会总长，并且娶了康茂德的一个叫达莫斯特拉齐娅（Damostrazia）的娼妓为妻。在他成为议会总长之前，来自尼科美底亚（Nicomedia）的索特里奥（Saoterio）担任这一职务，并拥有极大权威。在同级人中，索特里奥获得了能够举办角斗士比赛的权力，并为最不配拥有神庙的人——康茂德修建了神庙。克莱安德打倒了索特里奥并将他杀死，而后就取代了他的位置。萨尔马西乌斯（Salmasius, in Notis ad Lampridium.）怀疑这个索特里奥就是之前我们讲到的安特鲁斯，他是康茂德的议会总长，后来被杀。但是兰普里迪乌斯证实索特里奥是在禁军总督的命令下被杀死的，而不是被克莱安德所杀。佩莱尼斯死后，宫廷的掌控权就集中在克莱安德手上了。康茂德撤销了佩莱尼斯（Lampridius, in Commodus）在没有他的命令下采取的各项举措，但没过30天，克莱安德就做出了比佩莱尼斯更加可恶的举动，因此我们可以看到宫廷内一直发生着变化，比如，在佩莱尼斯之后继任禁军总督之位的尼格鲁斯在任没超过6小时，马尔提乌斯·夸尔图斯（Martius Quartus）也仅仅在任5天，其他人在克莱安德的命令下要么被囚禁，要么被处死。最后一个被处死的是埃布齐亚努斯（Ebutianus）。之后，克莱安德自己担任禁军总督，他还选择了另外两个禁军总督，但只有他可以在皇帝面前手持出鞘的剑。这是有史以来第一次同时有3位禁军总督（Dio, lib. 72.）。禁军在克莱安德的领导下——不仅仅是他们，还有其他罗马士兵——做出了无数残忍恶毒的行为，他们烧杀抢掠，随意侮辱他们不喜欢的人，人们根本没有可以躲藏的地方。但康茂德对这些充耳不闻，他只专注于他那些荒淫无耻的爱好，沉溺于赛马、驾车、与角斗士搏斗、狩猎等，大多数时候是在他的隐居地，有时候也在公共场合。

由于埃尔维乌斯·佩蒂纳克斯（Helvius Pertinax）是一位具有极高声望又严格遵守军纪的人，于是康茂德在佩莱尼斯死后将他派去不列颠（Capitolin., in Pertinac.），以镇压那里叛乱的士兵，让他们回归本分。佩蒂纳克斯曾做出不少杰出的事迹，却因此被佩莱尼斯赶出罗马，他只好住在利古里亚大区亚平宁山上的马尔斯别墅里，这里是他出生的地方，他在这里待了3年。康茂德为了奖励他做出的贡献，也为了在有需要的时候有这样一个很有才华的人帮助自己，于是将他召了回来，授予他代理长官的头衔，将他派往不列颠平定骚乱。佩蒂纳克斯发现那里的军队对康茂德怀有很深的敌意，以至于如果有人起兵反抗，并且同意满足他们的要求，他们就宣称他为皇帝。他们对佩蒂纳克斯进行试探，发现他是个值得尊敬的人。佩蒂纳克斯制伏那些军队一段时间后，突然有一天，一支军队造反，他们动起手来，佩蒂纳克斯差点被他们杀了。当时大家以为他死掉了，因为他身上有多个伤口，混在尸体里。后来他成为皇帝后对这些士兵进行了残酷的报复。赫罗狄安（*Herodian., Histor., lib. 1.*）讲到一件事，应该发生在这一年佩莱尼斯死后不久。他说有一个叫作马特尔努斯（Maternus）的士兵——这是个非常有胆量的人，叛离军队之后，和其他逃兵联合起来，组建了一支队伍，原先只有5人，后来，越来越多想要做坏事的人加入了这支队伍，人数也达到了数千人。马特尔努斯率领着这支队伍开始扫荡高卢和西班牙，不仅劫掠了乡村，还劫掠了城市，并放火将其烧毁，他释放了所有囚犯，这些囚犯也马上加入了他们的队伍。康茂德得知这一情况后立即写信给各省，并将英勇的佩斯克尼乌斯·尼格鲁斯（Pescennius Nigrus）派往那里（*Spartianus, in Pescennius Nigrus.*），佩斯克尼乌斯·尼格鲁斯与当时里昂的行政长官塞普蒂米乌斯·塞维鲁斯（Septimius Severus）一起组建了一支军队，驱逐了那些恶棍。但马特尔努斯并没有就此罢手，他和他的同伙取道不同的路入侵意大利。马特尔努斯想要来个重拳出击，因为他无法与康茂德的军队在公开的战役中抗衡，于是打算在罗马设下陷阱，将其谋杀。当时，罗马人往往会在春天举办盛大的节日庆典来纪念被称作万神之母的库柏勒（Cibele），届时，不仅皇帝，还有普通人都会展示出他们最珍贵的家什物具，所有人也都可以在那一天进行装扮。马特尔努斯计划与他的同伙扮成士兵的样子混入康茂德的护卫军，然后趁机杀了他。但是他的某个同伙在行动之前背叛了他们，于是马特尔努斯和其他人被捕判刑。这件事似乎是发生在这一年春天，但巴基神甫（*Pagius, in Crit. Baron.*）将其延后到公元190年，然而他并没有充分的证据证明此事。康茂德从此次危险中吸取教训，自那以后，他更少地出现在公众面前，大部分时间都在城外的别墅里度过，从不考虑执法治国，也不愿做任何皇帝应该做的事或者是对于统治有必要的事。所有事都交由邪恶的克莱安德完成。

年　份　公元188年　小纪纪年第十一年

维笃教皇第三年

康茂德皇帝第九年

执政官　盖乌斯·阿利乌斯·弗斯西亚努斯（Gaius Allius Fuscianus）第二次，杜伊利乌斯·西拉努斯（Duilius Silanus）第二次

　　罗马变得越来越糟，不仅是因为康茂德的心不在焉和疯狂之举（Lampr., in Commodus.），更多的是因为克莱安德的残忍与贪婪，如今他几乎已经成为宫廷的主宰者。他私自贩卖各种恩惠和各种军事与民政职务。如果有人想要执管行省，就需要用钱买职位。利用金钱，那些自由奴隶的后代可以获得贵族身份，甚至还成了元老院议员。那些被流放的人，只要花钱，就可以返回祖国，还会被授予荣誉。人们不再尊重元老院和法官们做出的判决，因为金钱可以撤销判决。首席元老院议员之一的安提斯提乌斯·布鲁斯（Antistius Burrus）由于是康茂德的姐夫而拥有很高的权威，他与康茂德的关系非常密切，他想要提醒皇帝妹夫，对此，克莱安德非常愤怒。没过多长时间，克莱安德就针对布鲁斯提出了一项诉讼，指控他有意谋权篡位。这一点足以将布鲁斯和许多为他辩护的人判处死刑。这件无耻的事发生在克莱安德担任禁军总督职位之前（有可能他是在这一时期担任禁军总督的）。克莱安德十分贪婪，为了积聚财富，他做出了许多营私舞弊与杀戮之事，不仅仅是为了他自己的利益，也是为了他的主人——皇帝，但更多的是为了给他自己（Dio, in Excerptis Vales.）买妓女。他把钱挥霍在没有意义或者无耻淫荡的事情上，因此他看起来总是面容憔悴。然而，这还无法满足他的需求，他开始用编造的虚假的罪行，对罗马贵妇进行威胁控诉，贵妇们非常恐惧，不得不用一大笔钱为自己开脱罪名。此外，康茂德下令向每位元老院议员及他们的妻子与孩子收取2斯库多金币的赋税，于每年他的诞辰之日缴纳，此外还向城市的所有十人长收取5钱币的赋税。这些都只是九牛一毛，沧海一粟。我们从兰普里迪乌斯（Lampr., in Commod.）那里得知，在这两位执政官执政期间，人们为康茂德的健康进行了许愿祈福。虽然在勋章（Mediobarbus, in Numismat. Imp.）上写有"公众的幸福"字样，事实上当时人们只感受到了痛苦与忧虑。人们只能这样对暴君阿谀奉承，因为担心事情变得更糟而不

得不对其鼓掌称颂。尤塞比乌斯（*Eusebius, in Chron.*）还写道，这一年，一道闪电击在了坎皮多里奥山上，烧毁了图书馆与周围的房屋，还提到康茂德浴场（Terme di Commodus）是建于他统治的第四年。然而，不管是兰普里迪乌斯（*Lamprid., in Commodus.*）还是赫罗狄安（*Herodianus, Histor., lib. 1.*），都认为康茂德浴场是克莱安德建造的。这座浴场里还有一座体育学院，也就是说田径运动与击剑学校也是他的作品，但都是以康茂德的名义修建的。克莱安德想让人们知道他是这些工程的建造者，让人们欣赏他宏伟的设计从而赢得人民的爱戴，对此我们将在不久后讲到。

年　份　公元189年　小纪纪年第十二年

　　　　维笃教皇第四年

　　　　康茂德皇帝第十年

执政官　西拉努斯与西拉努斯

根据古罗马历书的记载，我们可以确定这一年的执政官是两位西拉努斯。潘维尼乌斯（*Panvin., in Fastis.*）猜测第一位执政官叫尤尼乌斯·西拉努斯（Iunius Silanus），但无法确定这是不是真的。据说，第二位执政官叫塞尔维利乌斯·西拉努斯（Servilius Silanus），这似乎有更多依据，因为兰普里迪乌斯（*Lampridius, in Commodus.*）讲到康茂德后来处死了一个叫这个名字的执政官。法布莱图斯（*Fabrettus, Inscript., pag. 635.*）引用的一则碑文上写有"执政官C.阿提利乌斯、Q.塞尔维利乌斯（C. ATILIUS, Q. SERVILIUS COS）"的字样，但无法确定这则碑文是不是属于这一年。

巴基神甫（*Pagius, Critic. Baron. ad hunc annum.*）认为在这一年发生了狄奥尼（*Dio, lib. 72.*）与兰普里迪乌斯（*Lampr., in Commodus.*）所讲述的事情，即仅仅在一年内就出现了25位执政官。潘维尼乌斯认为这件不可思议的事情发生在公元185年，但是他没有注意到克莱安德是在更晚的时候才享有盛名的，当时许多人想要获得执政官的荣誉，于是他们给克莱安德送去丰厚的礼物，因而他成了这件事的策划者。如果这件事真的发生在这一年，那么可以确定的是塞普蒂米乌斯·塞维鲁斯（Septimius Severus，后来成为皇帝）也在这一年担任了执政官。斯帕提安努斯（Spartianus, in Septimius Sev.）写道，他与康茂德指定的执政官阿普列乌斯·鲁菲努斯（Apuleius Rufinus）一同任首任执政官。但奇怪的是，后来斯帕提安努斯（Spart., in Geta.）写道，当塞普蒂米乌斯·塞维鲁斯的儿子盖塔（Geta）出生的时候，任执政官的是塞维鲁斯与维泰里乌斯（Vitellio），然而之前他说，与塞维鲁斯一同担任执政官的是鲁菲努斯。与此同时，克莱安德（Dio, lib. 72.）继续以出售荣誉高位进行敲诈欺骗，使得受他欺骗的那些愚蠢的人一步步走向贫穷。其中一个人叫尤利乌斯·梭伦（Iulius Solon），他是一个卑鄙之人，贪慕虚荣，为了登上元老院议员的高位，他几乎花光了所有财产。有人讽刺地说道："梭伦就像一个被判刑的人，被剥夺了所有财产，然后被放逐到了元老院。"但是让梭伦意想不到的是，克莱安德最后落得和他一样的结局。巴基神甫认为他在下一年彻底垮台，但蒂勒蒙特（Tillemont, Mémoires des Empereurs.）将其放在这一年。在这样不确定的情况下，我认为还是把这件事放在这里讲比较好。这一时期（Dio, lib. 72.），一场极为严重的瘟疫席卷了意大利，由于当时的防护措施做得不太好，瘟疫很快就在整个城市蔓延开来，甚至还越过了阿尔卑斯山，无数人和禽兽死于这场罕见的瘟疫。因此，越是广阔、人口密集的城市，疾病在贫困的平民百姓间越是猖獗。罗马就是这样。狄奥尼亲眼见证了这场灾难，他声称每天都会因瘟疫死去2000人。此外，当时一些染上病毒的针头被重复使用，致使很多人因此而死亡。康茂德在医生的建议下隐居到了劳伦托（Laurento），这是一个沿海的空气清新的地方，到处是月桂树，据说它们的气味是抵御瘟疫的强大盾牌。除了这场极为严重的瘟疫，还发生了饥荒，这是常见的灾难，特别是在人口众多的大城市。据说，国家粮食管理部的总长迪奥尼修斯·帕皮里乌斯（Dionisius Papirius）进一步加剧了粮食紧缺的现象，目的是让对克莱安德敲诈钱财的行为充满怒气的人民将过错归咎于他，人民开始对克莱安德所做的事情怨声载道。众所周知，克莱安德购入了一大批粮食，但是没有将其分配出去。在这样多灾多难的不幸时期，很容易流言四起，猜忌丛生。因此有人说克莱安德想要篡夺皇位，他积累的财富和粮食是用来赢得禁卫军和其他罗马军队的支持与拥护。这一点足以使人民发动叛乱。但狄奥尼和赫罗狄安对这件事情的说法完全不一样。兰普里迪乌斯（*Lampr., in Commodus.*）也不赞成这一说法，他认为人民对克莱安德的憎恨来源于他处死了阿利乌斯·安东尼努斯——一位具有极高声望的人，因为有谣言称阿利乌斯·安东尼努斯任亚细亚的行省总督时，判决了一个叫作阿塔卢斯（Attalus）的人，而这个阿塔卢斯很可能与克莱安德是一类人。赫罗狄安和狄奥尼还写道，康茂德在此次叛乱之际躲到了离罗马不远的昆提利乌斯别墅，在那里继续沉迷于无耻的纵情享乐。狄奥尼补充说，那段时间还在竞技场里举办过赛马活动，这使我怀疑当时罗马的瘟疫已经结束了，从那个时候才开始出现了饥荒的灾难。

不管怎么样，人们忍受着饥饿，于许多成群结队的孩子的哭喊声中，在一个个子很高、长相丑陋的女孩带领下（一些忠厚之人认为她是一位女神），愤怒地冲进了克莱安德与皇帝一起居住的别墅宫殿。他们大喊："奥古斯都万岁！"要求皇帝处置叛徒克莱安德，并列举出他无数野蛮恶行。而康茂德沉浸在纵情玩乐中，对此毫不知情。克莱安德下令让护卫军的骑兵部队驱散那群人，这些骑兵在驱赶毫无防备的人们时，杀死或刺伤了许多人，骑兵将他们驱赶到罗马城门之内。于是，所有人都愤怒了，开始反抗，他们跑到阳台上或者爬到屋顶上，向这些骑兵投掷石头和瓦片，城内的部分哨兵也加入了反抗——所有人都挥舞着武器，高声呐喊，开始与骑兵中最弱的部分展开激烈的战斗，部分骑兵从马上摔落，有的受伤，有的死亡。人们一直将骑兵队赶到皇帝郊区的宫殿，但没有人敢把这件事通报给康茂德。马尔齐娅（Marzia）曾经是夸德拉图斯身边的妓女，她并没有被杀害，正如在西弗里诺的作品里读到的一样，正是她将这件事告知了皇帝。赫罗狄安关于这件事写道："康茂德的姐姐法蒂拉（Fadilla）听到这个消息十分惊恐，于是蓬头散发地跑去找弟弟，警告他如果不牺牲他那无耻邪恶的行政长官以平息人民的怒气，那么他和所有亲人都会陷入危险的境地。"其他人也夸大局势的紧张程度，这增加了康茂德内心的恐惧，最终他叫来克莱安德，下令将其斩首，并将他的头颅挂在一根杆子上交给人民。看见克莱安德的头颅，那些憎恨他的人欢欣鼓舞，他们拖着他的尸体走遍整个城市。克莱安德的两个小儿子也为此失去了生命，然而事情并没有结束，直到克莱安德的许多家人和亲信也被杀害，骚乱才平息下来。兰普里迪乌斯补充说，在那种情况下，阿波罗斯图斯（Apolaustus）和宫廷里其他自由奴隶也成为人民愤怒的受害者。狄奥尼证实，康茂德后来处死了上面提到的国家粮食管理部总长帕皮里乌斯，将这些混乱全部归咎于他。代替克莱安德被任命为禁军总督的是尤利安努斯（Iulianus）与雷吉鲁斯（Regillus），而国家粮食管理部总长的职务则由埃尔维乌斯·佩蒂纳克斯（Helvius Pertinax）担任，他应该是不久前刚从不列颠回来，据说他也为击垮安提斯提乌斯·布鲁斯与阿利乌斯·安东尼努斯而对康茂德进行过煽动，指控他们有意谋权篡位。原本十分胆小的康茂德不敢再踏入罗马了，但他的亲信们给了他很多鼓励（Herodianus, Histor., l. 1.），当他回到罗马时，人民热烈欢呼着欢迎他，这令他得到很大安慰。尤塞比乌斯（Euseb., in Chron.）写道，这一年，康茂德叫人卸去了由尼禄建造的巨人像的头，然后放上了他自己的头像。后面我们会讲到他因为虚荣而做出的许多其他荒唐之举。

年　份　　公元190年　小纪纪年第十三年

　　　　　　维笃教皇第五年

　　　　　　康茂德皇帝第十一年

执政官　　马库斯·奥勒留斯·康茂德·奥古斯都第六次，马库斯·佩特罗尼乌斯·塞普蒂米安努斯（Marcus Petronius Septimianus）

上面讲到的群众叛乱已经彻底平息了，康茂德也返回了罗马的居住地（Herodianus, Histor., lib. 1.），但是他的内心并没有平静下来，这件事情令他更加充满猜忌与怀疑，对于任何有几分才能和声望的人都怀有憎恨之心，希望处死他们。更糟糕的是，他会用下毒的方式或是刀剑来杀害他们。对贵族任何不利的指控或谣言都足以令康茂德将其处死，特别是最受人民爱戴、最有权势的人。于是每个人都对他讳莫如深，他也知道公众对他的憎恨有多深了。据说（Lampridius, in Commodus.）这一年，他处死了他的姐夫佩特罗尼乌斯·马梅尔提努斯（Petronius Mamertinus），以及他的儿子安东尼努斯（Antoninus），还有他父亲的表妹安妮亚·弗斯蒂纳（Annia Faustina）——当时她身在希腊。不过，他残忍杀害的对象主要是曾经担任执政官的人，其中有杜伊利乌斯（Duilius）、塞尔维利乌斯·西拉努斯（Servilius Silanus）、阿利乌斯·弗斯库斯（Allius Fuscus）、凯利乌斯·费利克斯（Caelius Felix）、卢基乌斯·托尔夸图斯（Lucius Torquatus）、拉尔提乌斯·尤里皮亚努斯（Lartius Euripianus）、瓦莱利乌斯·巴西安努斯（Valerius Bassianus）、帕图莱伊乌斯·马格努斯（Patuleius Magnus）及其子女、苏尔皮基乌斯·克拉苏斯（Sulpicius Crassus，亚细亚的行省总督）、克劳狄乌斯·卢卡努斯（Claudius Lucanus）、尤利乌斯·普罗库卢斯（Iulius Proculus）及其子女，还有许多其他人。如兰普里迪乌斯所说，康茂德将他们所有人以这种或那种方式杀害，还活活烧死了叛乱者阿维狄乌斯·卡西乌斯（Avidius Cassius）所有子孙后代（*Vulcat., in Avidius Cassius.*）——不顾他仁慈的父亲马库斯·奥勒留对他们的宽恕，指控他们在密谋策划新的阴谋。有可能所有这些屠杀并不是都发生在这一年，有一些发生在下一年。被任命为禁军总督的尤利安努斯与雷吉鲁斯没有任职多长时间就都被杀害了，尽管尤利安努斯曾深受康茂德的喜爱，康茂德还曾在公开场合拥抱他、亲吻他，称其为他的父亲。后来，昆图斯·埃米利乌斯·莱图斯（Quintus Aemilius Letus）担任了禁军总督之职。尤利乌斯·亚历山大（Iulius Alexander）也死于这一时期（*Dio, lib. 72.*），他是索里亚埃米萨（Emesa，Soria）的贵族之一，胆量过人，可以骑在马上射杀奔跑的狮子。如果兰普里迪乌斯所述属实，他曾经发起过叛乱。狄奥尼只是写索里亚埃米萨听说罗马派来一位百夫长率领一支军队来杀他，于是他在夜间找到他们，将他们全部大卸八块。索里亚埃米萨也对一些与他敌对的同乡人做出同样残忍的事，随后他带着他深爱的一个男孩骑着马逃跑了。他们本来有机会活下来，但是那个男孩在奔跑途中支撑不住，他不想抛弃那个男孩，这样追赶他的骑兵追上了他们。他亲手杀死了那个男孩，然后自杀了。

  这些是这一年康茂德做出的野蛮行径。值得一说的是，在这位残忍统治者的统治下，基督教徒并没有因为他而遭受任何迫害。这一时期殉教而死的人不是由他造成的，而是被各省的行政长官迫害而死——他们是基督教的敌人。于是，在康茂德统治期间，基督教徒的数量越来越多。西弗里诺（*Xiphilinus, in Commodus.*）将康茂德的这种仁慈归功于马尔齐娅（Marzia），她是一个出身卑贱的女人，曾经是夸德拉图斯身边的妓女。夸德拉图斯死后，马尔齐娅深受康茂德的喜爱，康茂德先是将他的妻子克里斯皮娜（Crispina）流放到卡普里岛，然后设法将她杀害。克里斯皮娜获得了皇后的荣誉，但是没有"奥古斯塔"封号（*Dio, lib. 72.*）。马尔齐娅在康茂德心中占有很重要的位置，人们猜想，尽管她不是基督徒，但她非常热爱基督教，因此她设法为基督徒谋取好的待遇与其他福利。巴基神甫（*Pagius, Critic. Baron. ad hunc annum.*）认为我们上一年讲到的瘟疫与饥荒是在这一年盛行猖獗的，狄奥尼和一些勋章似乎也印证了他的说法。但是根据赫罗狄安所述，这些灾难更有可能发生在上一年。勋章（*Mediobarbus, in Numismat. Imp.*）上说到康茂德第七次慷慨赠予人民一些礼物以维护民心。狄奥尼对此写道，康茂德多次赠予人民每人5斯库多金币与15银币。

年　份　公元191年　小纪纪年第十四年
　　　　维笃教皇第六年
　　　　康茂德皇帝第十二年

执政官　卡西乌斯·阿普罗尼亚努斯（Cassius Apronianus）与布拉多（Bradua）

如果第一位执政官阿普罗尼亚努斯的名字真的是卡西乌斯，那么他就是十分著名的历史学家狄奥尼·卡西乌斯的父亲，不过这还是存在疑问的。

罗马因康茂德的暴政统治和上面提到的其他灾难而饱受不幸。在这一年，罗马又遭遇了一场猛烈的大火（*Herodianus, lib. 1, et Dio, lib. 72.*）。大火发生在由维斯帕西亚努斯建造的和平神殿，这是当时罗马最宏伟壮观的神殿，里面保存着从耶路撒冷神庙掠夺来的最珍贵的战利品。大火完全将神殿及其周围的商铺烧毁，学者们曾在此召开集会——似乎他们的手稿也保存在那里，医生盖伦（*Galenus, de libris suis.*）为他的大量手稿在此次灾难中被毁而十分痛心。不过，更加令人难过的是，那里被视为最安全的地方，储存着罗马公民的财富与最珍贵的东西。因为这场十分严重的大火，许多富人在一夜之间变成了穷人。大火还蔓延到罗马许多其他著名建筑，维斯塔神庙及其宫殿也被烧毁。这场大火持续了数天，人们根本无法控制火势，直到一场突如其来的大雨彻底将火熄灭。尤塞比乌斯（*Euseb., in Chronic.*）说罗马大部分建筑物都被大火烧毁。不过幸好，维斯塔贞女们在大火中竭力保住了帕拉斯女神的雕像，据说这座雕像是从特洛伊运来的。狄奥尼也证实，大火烧到了皇宫，烧毁了大部分罗马共和国时期的著作。这场严重的灾难增加了人民对康茂德的憎恨，人们认为这场大火是上帝因康茂德做出的不道德行为而愤怒施与的惩罚。由于康茂德原本打算摧毁和平神殿，所有人都认为这是罗马帝国即将爆发战争的预兆。

与此同时，康茂德开始由虚荣变得疯狂，因为在猎杀猎物方面没有人能比得上他——他在拉努维奥（Lanuvio）猎杀了许多大型禽兽，于是，他产生了称自己为"罗马赫拉克勒斯"的想法（*Lamprid., in Commodus. Dio, lib. 72. Herodianus Histor., lib. 1.*），不再以作为杰出皇帝马库斯·奥勒留斯之子为荣，而是以作为朱庇特之子感到荣耀。他穿着赫拉克勒斯的衣服，想要人们为他打造雕像。在一次旅行途中，他获得一张狮子皮与一把权杖，于是在剧院中，不管他来不来，这两样东西都会被放在皇帝的座椅上。在这一年和下一年的许多勋章（*Mediobarbus, in Numismat. Imperat.*）上都可以看到他被称作"罗马赫拉克勒斯"（Hercules Romano）及"赫拉克勒斯·康茂德"（Hercules Commodiano）。后来他下令将罗马改作"科莫迪亚那"（Commodiana），元老院的人应该给自己加上"科莫迪亚诺"（Commodiano）的姓氏。在他的命令下，所有月份的名称也进行了更改，变成了表述奥古斯都皇帝名字与头衔的名称。狄奥尼（*Dio, lib. 72.*）将12个月份依次写为亚马逊月（Amazonio）、战无不胜月（Invitto）、费利克斯月（Felix）、庇乌斯月（Pius）、卢基乌斯月（Lucius）、埃利乌斯月（Aelius）、奥勒留斯月（Aurelius）、康茂德月（Commodus）、奥古斯都月（Augustus）、赫拉克勒斯月（Hercules）、罗马月（Romano）与至高无上者月（Superante）。兰普里迪乌斯（*Lampridius, in Commodus.*）则将8月叫作"康茂德月"，9月叫作"赫拉克勒斯月"，10月叫作"战无不胜月"，11月叫作"至高无上者月"（Superante或Superatorio），12月叫作"亚马逊月"。卡萨波诺和萨尔马西乌斯与兰普里迪乌斯的看法不太一样，他们认为其他几个月应这么叫。康茂德还想要制定一项法令（*Dio, lib. 72.*），规定从那以后，他执政的所有时期都被称作"黄金世纪"，他在给元老院的所有信件中都提到过这件事。当然，元老院议员们面对这项命令都紧闭着双唇、蹙着眉头，但最终还是点头批准了。这位皇帝的其他残忍疯狂之举和各种不道德的行径都可以在兰普里迪乌斯的作品中读到，兰普里迪乌斯对此列举了很多的事例。但是需要说明的是，勋章上对康茂德的赞颂之词大部分应该都是虚假的，特别是他被称作"庇乌斯"，还有"宗教的建立者和推广者"（Autoree Ristoratore della Pietà）——这个称号意味着对异教宗教的虔诚崇拜。但我们从兰普里迪乌斯（*Lampridius, in Commodus.*）那里得知，他剃了光头出现在伊西斯（Isis）女神的节日盛宴上，举着阿努比斯神（Anubis）雕像，十分可笑的是，他用那个雕像狠狠地敲打旁边祭司的头，他想让伊西斯的神职人员用他们手中的松果互相打斗。神殿无法原谅他放纵无耻的行为，这在异教徒中也是可憎的过分之举。在密特拉神（Mitra）的祭祀仪式上，他杀死了一个人。这就是这位疯狂的奥古斯都皇帝对宗教的"虔诚"。

年　份　　公元192年　　小纪纪年第十五年

维笃教皇第七年

康茂德皇帝第十三年

执政官　　马库斯·奥勒留斯·康茂德·奥古斯都第七次，普布利乌斯·埃尔维乌斯·佩蒂纳克斯（Publius Helvius Pertinax）第二次

康茂德变得越来越疯狂，做出了越来越多残忍邪恶的行为，这使得人民特别是那些正直之人对他的憎恨与日俱增。他经常一时兴起杀人，其中一些人被处死只是因为他看见他们穿着外族的衣服（*Lampr., in Commodus.*），另一些人被处死则是因为他觉得他们比他更英俊。得知有个人读过由苏埃托尼乌斯撰写的卡里古拉生平传记，他就将那个人喂给了猛兽，因为他和卡里古拉是同一天出生的。兰普里迪乌斯讲到的其他残忍之举我就不在这里继续讲了。他的愚蠢之举也数不胜数，让所有人都大笑不已。但是，如果他发现有人嘲笑他，他会马上将那个人喂给凶残的野兽。尽管如此，他一直在所有人面前表现得荒唐可笑。他有时在公共场合打扮成女人，有时打扮成拿着权杖的赫拉克勒斯，有时又打扮成墨丘利神（Mercurius），手里拿

着商业之神权杖，但是他最疯狂的事情是自称为世界上最杰出的角斗士和狩猎者（*Herodianus, Histor., lib. 1. Dio, lib. 72.*）。的确，所有历史学家都承认，他在猎杀野兽向它们投掷长矛或者射箭时身手非常矫健。他射击非常精准，几乎每次都能打击目标。这是他唯一拥有的优点。在其他方面，他就像一只兔子一样胆小。他在拉努维奥的别墅宫殿中经常进行狩猎，据说，他在那里总共杀死了数千只禽兽。至于角斗士，有无数证据证明他参与过这项无耻的活动。他装备着剑和盾与那些角斗士进行搏斗，有时赤裸着身子，有时穿着衣服。他还参与过在持网和三叉戟的角斗士之间进行的竞赛。有时，他会亲手杀了与他竞技的人，竞技的人中任何人都不敢弄断康茂德的一根头发。通常情况下，那些狡猾卑鄙的角斗士在遭受了一段时间的打击，身上出现几处伤口之后，就会向皇帝认输，请求他饶自己一命，并宣称他是罗马有史以来最强壮的皇帝。康茂德为这些称赞和自己的英勇而骄傲自负。据马里乌斯·马克西穆斯（Marius Maximus，他的历史作品已经丢失，但是在兰普里迪乌斯时期仍然存在）证实，康茂德下令在公文中记录下这些荒唐的胜利，就好像罗马军队进行过战斗一样，这些"胜利"的数目成千上万。他太过沉醉于这一荣耀，甚至不再想成为赫拉克勒斯，而想要成为角斗士第一人，他还为自己取了一个已经逝世的保卢斯的名字，这位保卢斯在世的时候曾经在角斗士竞赛中无人能敌，十分令人钦佩。

后来康茂德觉得这一荣耀太微不足道了，因为它仅限于他的寝宫和角斗士圈层。他心血来潮，想要让所有罗马市民都对他表示钦佩，于是散播消息，称在12月份（*Herodianus, Histor., lib. 1. Dio, lib. 72.*）举办的农神节（Saturnalia）竞赛中，他将独自一人杀死所有野兽，并与竞技场上最勇猛的角斗士搏斗。听说这一重大消息后，无数人涌来罗马，不仅仅是罗马市民，还有意大利各地的人民。无数飞禽走兽也被从印度、阿非利加和其他地区送来——许多动物之前只在画中见过。人们都在等待着看英勇的奥古斯都皇帝在竞技场上与狮子、豹子、老虎、熊及其他凶残的动物搏斗。康茂德与这样的野兽搏斗很有经验，只见他如一个赛跑运动员，先围着竞技场转，然后凭着高超的技艺与力量，精准地投掷出长矛或射出弓箭，正中那些动物的脑门或心脏，一次都没有失手。就这样，100只狮子被他刺死在竞技场上，所有人都高喊"太棒了"和"万岁",为此,愚蠢的皇帝越来越得意扬扬。每当他感到累了的时候,他的妓女马尔齐娅就会给他斟上一杯新鲜美味的葡萄酒,人们和元老院议员们(其中还有历史学家狄奥尼)像在宴席中一样,纷纷举杯祝他身体健康。第二次狩猎的动物有野兔、鹿、黇鹿、公牛和其他长角的禽兽。康茂德冲向竞技场的广场,进行了一场大屠杀。余下的几天里,他杀死了一只老虎、一只海马、一头大象和其他野兽。直到这里,他的所作所为仍可以被原谅。但是当他说想要作为角斗士搏斗时,马尔齐娅扑倒在他的脚边,眼里含着泪水恳求他不要参加这种下流的竞赛,以免践踏了皇帝的尊严。康茂德对她说了些粗鲁的话,之后叫人将她从身边带走了。后来他叫来禁军总督昆图斯·埃米利乌斯·莱图斯(Quintus Aemilius Letus)和议会总长艾莱克图斯(Electus),命令他们准备所有需要的东西。莱图斯和艾莱克图斯也极力劝说他不要去,但都是徒劳。他们再坚持下去也没什么用处,只会激起康茂德对他们的厌恶,就好像他们是妒忌他即将取得的荣耀一样。赫罗狄安只写康茂德参加了搏斗,但当时在现场的狄奥尼可以令我们相信,他多次以角斗士的身份在那里进行搏斗。角斗士在搏斗中经常会致对方死亡,有时也会致几名观众死亡。元老院议员们被迫在那里高喊:"上帝万岁!获胜者万岁!亚马佐尼奥万岁!"而许多平民不敢观看这样的搏斗场面,一方面是因为害怕目睹一位奥古斯都皇帝这样精神错乱、被人侮辱;另一方面是因为有流言称,康茂德想要将他们乱箭射死,就像赫拉克勒斯射杀斯廷法洛斯湖的怪鸟(uccelli stinfalidi)一样。因为在这之前,康茂德曾经将所有没有脚的穷人聚集起来,让他们扮成巨人的样子,然后用棍棒将他们全部打死,目的是在这方面也与赫拉克勒斯相似。还有比他更加残忍疯狂的皇帝吗?狄奥尼坦白说,他和其他元老院议员也出于恐惧没有去,因此,康茂德射杀了一只麻雀,将它的头砍下来攥在手上,拿着剑来到元老院,他面容凶残,但是并没有说话,或许是想让元老院议员们明白他也可以这么处置他们。起初,许多元老院议员都忍不住想笑,但如果康茂德发现他们笑了,他们就没命了。狄奥尼通过咀嚼月桂树叶让自己忍住笑,并让其他人也设法控制自己,随后他们才意识到了面临的危险。后来,康茂德下令让元老院议员们身穿仅仅在皇帝发怒的时候穿着的衣服来到竞技场,并且在比赛的最后一天,有人将他的头盔带到了门口——死人都是从这里被抬出去的,这让所有人想到自己可能要迎来生命的尽头了。事实也的确是这样。

赫罗狄安(*Herodianus, Histor., lib. 3.*)和狄奥尼(*Dio, lib. 72.*)对于康茂德死亡的原因和具体情况说法不一。赫罗狄安写道,康茂德因为马尔齐娅、莱图斯和艾莱克图斯反对自己出现在竞技场上与角斗士进行搏斗而对他们充满怒气,他在一张纸上写下要将他们及其他一些人处以死刑的命令,之后把这张纸放在了床上。一个他十分宠爱的侏儒进了他的房间,拿了那张纸,走出去时恰好遇上了马尔齐娅。马尔齐娅觉得那是一个很重要的东西,于是从他手中抢了过来,最终看到了她不希望看到的东西。她将此事通知给了莱图斯和艾莱克图斯,他们三人达成一致,决定在恶毒的皇帝采取措施之前阻止他以保全自己。狄奥尼并没有讲到这个细节,此外,我们记得狄奥尼在多米提安努斯死去的时候也叙述过一个相似的事件。当然,这两段叙述有一个应该是假的,而现在这个似乎更加真实一些。狄奥尼和兰普里迪乌斯写道,莱图斯和艾莱克图斯很担心自己的生命安全,既是因为他们目睹过康茂德轻易处死护卫军队长和议会成员,也是因为他们对康茂德的残忍暴虐深恶痛绝,于是他们和马尔齐娅联合起来,首先尝试下毒的方法。康茂德在洗浴后习惯喝一杯葡萄酒,他们就往酒里下了毒。不久之后,康茂德就觉得脑袋昏昏沉沉的,而且很困倦,于是他就上了床。这是这一年的最后一天,夜幕降临时,他醒来了,可能是他体质强壮,或者是他在之前吃喝了太多东西帮助了他,他开始呕吐,使自己摆脱了被毒死的危险。于是,密谋者们冒着极大风险,收买了十分强壮的摔跤手纳尔西索(Narciso),并许诺给他丰厚的犒赏。纳尔西索进入康茂德的房间,勒住他的脖子,使其窒息而死。后来他们散播消息,称康茂德是死于意外的中风。就这样,康茂德在32岁时悲惨地结束了他的一生,没有留下任何子嗣。据说,他之前曾经下令烧毁罗马,如果莱图斯没有阻止他,罗马可能就毁于一旦了。另外,还有传言称他本来打算杀死应该在第二天新上任的执政官埃鲁西乌斯·克拉鲁斯(Erucius Clarus)和索修斯·法尔科(Sosius Falco),然后自己担任执政官,并让一名角斗士做他的同事。狄奥尼似乎相信这件事。现在这个令所有人都憎恨的人已经死去了,即使散播再多谣言也不会令人害怕了。卡皮托里努斯(*Capitolin., in*

*Clodio Albinus.*）讲述了一件事，很可能是发生在这一年。当时，克洛狄乌斯·阿尔比努斯（Clodius Albinus）指挥着不列颠的罗马军队，他收到一条假消息称康茂德已经死了。康茂德非常信任克洛狄乌斯·阿尔比努斯，先前还授予他"恺撒"的头衔，这意味着想要立他为继承人。阿尔比努斯不相信这件事，后来这条虚假的消息四处散播，他便对不列颠的军队发表讲话，说服所有人恢复罗马共和国，废除君主制，解决因为皇帝的存在而引起的各种混乱，其中也包括康茂德。当时仍在世的康茂德得知了他这番讲话和安排后，便立即派尤利乌斯·塞维鲁斯（Iulius Severus）管理不列颠的军队，将阿尔比努斯召了回来。但后来由于康茂德逝世，这项命令应该没有被执行。因为这件事，阿尔比努斯在元老院中获得了极高声誉。还值得一提的是，当罗马的信使来到各省通报康茂德去世的消息时，几乎所有人都被各省的行政长官囚禁了起来，因为行政长官们担心这也是一个为了考验他们忠诚的假消息，但其实所有人都希望这是真的。

年　份　公元193年　小纪纪年第一年

维笃教皇第八年

埃尔维乌斯·佩蒂纳克斯皇帝第一年

狄第乌斯·尤利安努斯皇帝第一年

塞普蒂米乌斯·塞维鲁斯皇帝第一年

执政官　昆图斯·索修斯·法尔科（Quintus Sosius Falco）与盖乌斯·尤利乌斯·埃鲁西乌斯·克拉鲁斯（Gaius Iulius Erucius Clarus）

正如我前面讲到的，康茂德死于这一年1月1日的前一个晚上。在这件事情传播开来之前，莱图斯和艾莱克图斯（*Dio, lib. 73.*）找到了当时任执政官的普布利乌斯·埃尔维乌斯·佩蒂纳克斯（*Herodianus, Histor., lib. 2.*）。他正在睡觉，听到禁军总督来找他，原以为是来处决他的，他预料到莱图斯会来，是因为有预言称他会死于这一年。他无所畏惧地迎接了两位官员，当得知他们此番前来不是要处决他，而是想要让他做皇帝时，他大吃一惊。起初他以为这是两人耍的花招，但他们发誓康茂德已经死了，如果他想要证实这件事，可以派一个他最信任的人去亲眼看看皇帝的尸体。佩蒂纳克斯被说服了，他与他们一起来到禁卫军的营地。当时已经是深夜，除了哨兵，其他人都休息了。莱图斯向禁卫军说了康茂德的死讯，给他们介绍了佩蒂纳克斯，并许诺给他们和以往一样的犒赏。于是所有人，至少是表面上，表示了支持与拥护。但他们也感到沮丧，因为莱图斯在对他们的讲话中不小心说出康茂德过去有许多滥用职权的地方，他希望可以在他们的帮助下有所改变。因此他们怀疑，莱图斯是想要剥夺死去的皇帝曾经慷慨赠予他们的东西。另外，这些禁卫军已经习惯了受年轻的暴君管制，因为暴君允许他们任意妄为，因此他们无法对佩蒂纳克斯另眼相看，因为他很年老（*Capitol., in Pertinax.*），而且品性跟上任皇帝大不相同。埃尔维乌斯·佩蒂纳克斯出生于阿尔巴庞培［Alba Pompea，现今的蒙菲拉托（Monferrato）］马尔斯镇的一个贫困家庭，年轻的时候做过语法老师，但因为这个职业赚钱很少，于是他转向了军事，一步步晋升，获得声誉，还曾在默西亚和达契亚担任重要职务。由于被人诽谤，他失去了马库斯·奥勒留斯对他的好感，但是多亏马库斯·奥勒留斯的女婿克劳狄乌斯·庞培安努斯，他发现指控是假的，于是佩蒂纳克斯被提拔为元老院议员，还被任命为执政官。后来他管理过各个行省，特别是在索里亚，他致力于筹集资金。在康茂德统治时期，傲慢的佩莱尼斯将其贬职，他退隐到家乡，在那里度过了一段安稳日子。佩莱尼斯死后，他被康茂德派去不列颠，然后又去了阿非利加进行管理。最终他回到罗马，在弗斯西亚努斯（Fuscianus）担任罗马总督。他非常仁慈、和蔼可亲，就连康茂德也很喜欢他，让他与自己一起再次共任执政官（*Herodianus, Histor., lib. 2.*）。佩蒂纳克斯生于公元126年，这一年已经66岁了，但他是一个令人尊敬的人，充满智慧，富有仁爱之心，并且具备丰富的作战经验。据赫罗狄安证实（*Ibidem.*），他的矜持还有贫穷使他得以在康茂德统治期间保全自己，因为除了其他优点，他还是元老院议员中最贫穷的一个，尽管曾担任过那么多显要的职位。据卡皮托里努斯（*Capitol., in Pertinax.*）所述，一直以来，他都致力于多筹钱、少花钱。然而士兵们早已习惯了康茂德纨绔的统治，因此他们是不会喜欢这样一个正直、廉洁，同时又不是那么慷慨大方的人的。

一夜之间,康茂德死去、佩蒂纳克斯被选为皇帝的消息传遍了整个城市。所有人都兴高采烈地冲出家门,欢呼雀跃,他们侮辱咒骂已死去的皇帝,称其为暴君、角斗士与患疝气的人——这在公众看来是显而易见的。元老院议员们也高兴得从床上跳起来奔向元老院。佩蒂纳克斯出现在元老院,但是并没有佩戴任何有关皇帝的标志物,也没有表现出很激动的样子,因为他知道自己与其他众多的首席元老院议员和罗马贵族世家相比身份卑微,当选皇帝在他看来是一件不光彩的事,也是危险的一步,似乎把这个位置让给别人更加合理。他坐在他以往的位置上,说他的确是被禁卫军拥立为皇帝,但他年老无能,也配不上这样的高位,想拒绝这一荣耀,并且希望他们可以选举其他人,有很多贵族比他更配得上皇帝之位。据赫罗狄安所述,他还举起奥卢斯·格拉布里奥(Aulus Glabrio)的手,想要劝服他接受皇帝之位。据说,格拉布里奥是罗马地位最为显贵之人。卡皮托里努斯补充说,佩蒂纳克斯还同样推举了马库斯·奥勒留斯的女婿,也就是康茂德的姐夫克劳狄乌斯·庞培安努斯(Claudius Pompeianus),但是庞培安努斯也拒绝了。据狄奥尼(*Dio, in Excerpt. Valesianis.*)所述,庞培安努斯是一个十分谨慎小心的人,他早就注意到了康茂德的残忍暴虐,于是以自己身体不适为由,特别是视力太弱,很早就退隐到了乡村,偶尔才会回到城市。他也不愿前来观看康茂德的搏斗赛,因为他不愿看到皇帝的尊严被践踏,因此他只让自己的儿子前去观赛。佩蒂纳克斯被选举为皇帝后,庞培安努斯又回到了公众的视线中,身上也没有了任何疾病,佩蒂纳克斯总是对庞培安努斯和格拉布里奥特别尊重,每次做决议前都要咨询他们的建议。佩蒂纳克斯去世后,庞培安努斯见局势一片混乱,于是再次称病,重新隐居起来,人们也很少再见到他。据此可知,佐纳拉斯(*Zonaras, in Annal.*)和西弗里诺在其作品中引用的狄奥尼的段落应该是假的,上面说马库斯·奥勒留斯的女婿克劳狄乌斯·庞培安努斯是向康茂德露出匕首并谋杀他的人。如今,元老院议员见佩蒂纳克斯态度谦逊、行为高尚,几乎所有人都心悦诚服地对其继任皇帝之位表示赞同,还多次劝说佩蒂纳克斯接受皇位(*Capitol., in Pertinac.*)。然而第二天早上,要上任的新任执政官法尔科却对佩蒂纳克斯表示出了极大的反对,并在后来与他更加对立。法尔科说佩蒂纳克斯根本不懂如何统治国家,视其为马尔齐娅和莱图斯获势的棋子,说他们都是康茂德手下无耻的官员。佩蒂纳克斯平静地回答道:"您是位年轻的执政官,并不知道什么时候必须要服从。迄今为止,他们只是不情愿地服从于康茂德。一旦可以的话,他们就会展现出他们的善意。"

元老院开始为新上任的统治者而热烈欢呼,对康茂德进行强烈的谴责,这在兰普里迪乌斯(Lampr., in Commod.)(取自马里乌斯·马克西穆斯的史记,不过现已丢失)的作品中可以详细读到。元老院议员们要求将康茂德的尸体按照众神之敌、元老院刽子手、叛国者、国家公敌的方式进行处置,即将其挂在钩子上拖过城市,然后扔到台伯河里,这是对罪孽最为深重的罪犯实施的处罚。但是在佩蒂纳克斯的应允下,康茂德的尸体已经被秘密地埋在了某个坟墓,过了一段时间后,佩蒂纳克斯将其转运到哈德良陵墓,因为禁卫军非常爱戴这位死去的皇帝,他不想激怒他们。元老院还提出将康茂德的所有雕像全部损毁,并将关于他的记录全部清除。人们迫不及待地执行了这项命令。与此同时,元老院授予了佩蒂纳克斯所有皇帝的荣誉及头衔。据卡皮托里努斯(Capitolin., in Pertinac.)所述,他的妻子弗拉维娅·塔齐娅娜(Flavia Taziana)被授予了"奥古斯塔"的封号。然而,当时在现场亲历了所有事的狄奥尼补充说,尽管元老院授予了她此项荣誉,还授予了他的儿子"恺撒"的封号,但佩蒂纳克斯拒绝了这两项荣誉。因为他觉得他的统治还不是很稳固,且他很清楚妻子蛮横无理的性格,也不觉得尚且年幼的儿子有能力担此荣誉。佩蒂纳克斯以杰出的治国之策和正直高尚的品格开始了他的统治。他需要付给禁卫军和其他罗马士兵许诺的犒赏,但国库中只有大约25000斯库多银币,于是(Dio, lib. 73.)他将康茂德的塑像、用宝石装饰的兵器、马匹、马车、奴隶、妓女和其他无用的家具全部出售,将获得的钱犒赏给士兵,并给人民每人赠送了100钱币。与此同时,埃米利乌斯·莱图斯在佩蒂纳克斯的命令下释放了所有滑稽演员——他们是康茂德用被杀的元老院议员的财产买来的。佩蒂纳克斯对所有人都彬彬有礼,特别是对待元老院议员非常和蔼可亲,所有人都可以自由表达自己的观点,他也会表述自己的观点,但总是对其他人的观点保持尊重。他也会邀请别人和他一起用餐,尽管是皇帝的餐桌,但非常简朴。为此,一些贵族与富人嘲笑他,而所有贤哲之士都对他赞誉有加。佩蒂纳克斯致力于整顿多余的开销，治理职权滥用的现象，偿还公共债务。他下令禁卫军和其他军队不准再进行抢掠，也不准再对任何人趾高气扬、侮辱谩骂。他取缔了所有密探和指控者，废除了不公正的判刑，归还了通过不道德手段没收的财产，将流放者传召回来，允许人们为过去没能进行埋葬的人进行埋葬。他取消了过去的暴君在各省征收的对于河岸、桥梁和道路的赋税。他在全意大利推广农业，把被遗弃和未经耕种的土地捐赠了出去，以使它们得到开采。总之，在这样谦逊贤明的皇帝统治下（Herodianus, Histor., lib. 2.），罗马再次繁荣起来，所有贤哲之士都赞扬这一段时期，但是这段看似非常宁静晴朗的时期没过多久就开始乌云密布了。

如我之前所说的，禁卫军（Capitol., in Pertinax.）对佩蒂纳克斯非常反感，因此对新政府也感到不满，因为他们被约束了，无法再像从前那样做各种坏事。他们甚至在这一年的前几天就试图将元老院议员特里亚留斯·马特尔努斯·拉斯基维乌斯（Triarius Maternus Lascivius）推上皇位，但是拉斯基维乌斯从他们手中逃脱，去找了佩蒂纳克斯，而后就隐居到罗马城外。禁卫军对将康茂德的塑像全部推倒的指令也很不满，他们为此感到气愤。此时，佩蒂纳克斯正等待着在罗马的建城之日更换原先服务于康茂德的宫廷人员——直到现在他还没有将他们辞去。所有这些人都对佩蒂纳克斯恨之入骨，特别是那些自由奴隶。佩蒂纳克斯花钱小心翼翼，甚至可以说是吝啬，他为了弥补空虚的国库，违背许下的诺言，开始征收康茂德时期曾征收的赋税。有传言称，为了获取金钱，他开始贩卖恩惠与公正，而阿尔巴·庞贝（Alba Pompea）的人民原以为在这位皇帝同乡的统治下可以生活得很幸福，但他们大失所望。所有这些导致了大部分人并不爱戴他，人们还在戏剧中借用其他人的名字说他的坏话，指责他只会说好听的话却不做事。卡皮托里努斯（Capitol., in Pertinax.）认为，士兵和平民往往只喜欢那些花钱大方、在赠予上更加慷慨的皇帝，因此100年后，他在叙写佩蒂纳克斯的一生时，对佩蒂纳克斯没有过多积极的评价。然而，对这些事情更为熟知的狄奥尼（Dio, lib. 73.）和赫罗狄安（Herod., Histor., lib. 2.）却对佩蒂纳克斯有着完全不同的描述，他们二人都对佩蒂纳克斯有非常多的积极评价，称他极其仁慈、智慧、谦逊和正直，他关心百姓，将公众的幸福视为自己的主要目标，在他的统治下，罗马重新回到了宁静祥和的状态。卡皮托里努斯后来也证实，人们听到佩蒂纳克斯死去的消息时非常焦躁不安，因为所有人都希望看到罗马帝国在他的统治下重回黄金时代。这标志着他深受人民的爱戴，因此卡皮托里努斯上面所说的那些话也就没什么依据了。

狄奥尼也坦白说，佩蒂纳克斯的错误在于太急于纠正所有恶习与不当之处，而其中一部分已经根深蒂固了，他还错在没有给士兵们像马库斯·奥勒留斯和康茂德所给予的那样多的犒赏，尽管他在元老院上宣称已经这么做了，但事实上，前两位皇帝均赠予了士兵20斯库多银币，而佩蒂纳克斯只赠予了他们12斯库多银币。然而，这位新任皇帝的垮台主要是因为禁军总督埃米利乌斯·莱图斯。也许是对佩蒂纳克斯（*Capitolinus, in Pertinax.*）的指责心怀芥蒂，也许是因为他没能得到他原本想要获得的权势，莱图斯后悔将佩蒂纳克斯推上皇位，于是与禁卫军密谋和佩蒂纳克斯作对。与此同时，他发现索修斯·法尔科（Sosius Falco）——一位因其高贵的地位和拥有的财富而声名显赫的执政官，正与禁卫军进行谈判以篡夺皇位，有人带着证据在元老院上控诉了他，不过有些人为法尔科申辩，称他是无辜的。当时佩蒂纳克斯正在海边筹备国家配给粮，得知这个消息后，他立即回到罗马，当听到元老院正准备给法尔科判刑（*Dio, lib. 73.*），他高声说道："在我的统治下，任何元老院议员，哪怕是有正当理由，也永远不会被判死刑。"埃米利乌斯·莱图斯（*Zonaras, in Annalib.*）尽管没有得到佩蒂纳克斯的命令，但为了让士兵们憎恨皇帝，他还是假传皇帝的命令杀死了与法尔科一起的几个士兵，并在其他人中间制造恐怖气氛，就好像所有人都会被处死一样。莱图斯煽动了200名最为强悍的禁卫军拿着出鞘的剑在正午时分冲进宫殿，气冲冲地奔上了台阶。卡皮托里努斯写道，当时宫殿里有护卫军守卫，还有部分宫廷大臣，他们内心都很仇恨佩蒂纳克斯，于是放任那些禁卫军闯进来，还给他们敞开了大门。佩蒂纳克斯的妻子将这件事告知他，他立即命令莱图斯前来阻止这些叛军，但莱图斯已经从另一条路离开了，他放任这些叛军为所欲为。狄奥尼对这件事没有任何记述。佩蒂纳克斯本可以保住自己的性命，因为当时他有一队骑兵和其他护卫军，以及一些宫廷人员，这些人足以将那些叛军撕成碎片，或者至少他可以将门锁上，然后藏起来。然而他想亲自露面，想要以他的威严震慑住那些叛军，然后用温厚的话语使他们镇静下来。实际上，他与那些叛军们说话时非常严肃而又充满慈爱，许多叛军已经放下了武器，低着头撤退了。这时有一个名叫陶修斯（Tausius）的来自列日（Liegi）的士兵，他比其他人都要大胆鲁莽，拿着剑扑向佩蒂纳克斯，说道："这是士兵们给你的！"然后向佩蒂纳克斯的胸口刺了一剑，但这个士兵马上被其他人杀死了。朝廷大臣艾莱克图斯当时就在他旁边，他杀死了2名叛军，并砍伤了许多人。他忠诚于佩蒂纳克斯，最终死在叛军的剑下。这场悲剧发生在3月28日——佩蒂纳克斯刚上位87天。士兵们将佩蒂纳克斯的头颅挂在一支长矛上带到了禁卫军的营地，禁卫军担心人民暴动，立即武装他们的哨所，也就是禁卫军城堡。

这一不幸的消息很快在罗马传开，人们因失去了这样一位贤明的皇帝而无法平静，佩蒂纳克斯在这么短的时间里为人民做了这么多事，如果他能活得再久一点，他会做出更多有利于人民福祉的事。人们都为死去的皇帝而悲伤哭泣，他们愤怒地走上广场、街道寻找杀手，高声叫喊着要为佩蒂纳克斯报仇。元老院议员们面对如此混乱的局面，有的躲到自己的家中，有的躲到乡间别墅里。如果赫罗狄安（*Herod., Histor., lib. 2.*）所述属实，那么这种混乱动荡的局面持续了两天，人民依然无法为皇帝的死而复仇，禁卫军也没有从他们的城堡挪动脚步。后来，禁卫军见元老院和人民都没有采取行动，就开始出售罗马帝国。不过，狄奥尼（*Dio, lib. 73.*）的说法更加真实可信。他写道，当时，佩蒂纳克斯派他的岳父弗拉维乌斯或者叫弗拉库斯·苏尔皮西阿努斯（Flavius o sia Flaccus Sulpicianus）前去镇压禁卫军，弗拉维乌斯早已被佩蒂纳克斯提拔为罗马总督，他也十分适合担任此项职务。得知皇帝女婿死去的消息后，他开始努力争取成为皇位的继承人。但是狄第乌斯·塞维鲁斯·尤利安努斯（Didius Severus Iulianus）着迷于至高无上的皇位，在禁卫军营地的城墙边，开始报出比别人更高的价格（*Spartianus, in Jul.*）。狄奥尼（*Dio, lib. 73.*）称尤利安努斯出生于米兰的一个贵族家庭，后来因为怀疑他是萨尔维乌斯·尤利安努斯（Salvius Iulianus）密谋反叛康茂德的同谋，康茂德将其遣回家乡。他是著名法律顾问尤利安努斯的后代，出生于公元133年，曾担任过各种民事和军事职务，管理过行省，还和佩蒂纳克斯一起担任过执政官。作家们（*Herodianus, lib. 2.*）对他品性的描述是一样的，一些人称其为守财奴，另一些人称其为一个暴饮暴食者。狄奥尼对他非常愤怒，甚至说他沉迷于魔法。不过所有人都说他非常富有，凭借这份自信，他首先从出售帝国的人那里买下了整个罗马帝国。如我之前所说的，在禁卫军营地里，还有苏尔皮西阿努斯也参与了这场交易。买卖经纪人前后奔走，看看谁出价更高。苏尔皮西阿努斯本来已经胜券在握，他许诺给每个人20000钱币，其他一些人说是400斯库多银币或者金币。在我看来，这个数字太过夸张。但是，最后尤利安努斯在出价上更胜一筹，他许诺25000钱币，还说他现在就拥有这些现金。另外，他还告诉禁卫军，与苏尔皮西阿努斯达成交易是存在风险的，因为他是佩蒂纳克斯的岳父，他有可能会为佩蒂纳克斯报仇。于是禁卫军偏向了尤利安努斯，高喊："尤利安努斯皇帝万岁！"在禁卫军的请求下，尤利安努斯许诺不会伤害苏尔皮西阿努斯，之后他立弗拉维乌斯·格尼亚利斯（Flavius Genialis）和图利乌斯·克里斯皮努斯为禁军总督。

傍晚时分，尤利安努斯朝元老院走去（*Dio, lib. 73.*），身边由比平时人数更多的一队禁卫军护送，他们全部拿着武器，就好像要去参加一场战斗一样。元老院议员们尽管内心非常憎恨这位靠金钱获得皇位的皇帝，其中狄奥尼深知尤利安努斯并不喜欢他，因为他曾经深受佩蒂纳克斯的器重，还曾在讨论各种诉讼案件中强烈抨击过尤利安努斯，但是所有人都决定顺应现状而匆忙地赶往元老院。尤利安努斯在那里称自己非常值得拥有这个皇位，说他是一个人前来接受他们对他皇位的批准的。然而事实上是他带着许多士兵，有很多士兵就守卫在元老院里，以帮助他顺利得到皇位。尤利安努斯还表示他知道议员们憎恨他。尽管如此，元老院还是认可了他的皇位，之后尤利安努斯来到皇帝的宫殿。在用晚餐前，他叫人埋葬了佩蒂纳克斯的尸体。为了不让禁卫军感到不满，他在元老院没有说关于佩蒂纳克斯的一句话，之后也没有谈论过。斯帕提安努斯说他用餐时非常伤心难过，而狄奥尼则说他非常高兴，他玩起了骰子，还叫舞者皮拉德（Pilade）和其他滑稽演员来他的房间表演。

第二天早晨，元老院议员和骑士来拜见他，他热情有礼地接待了每一个人。不过这一切都是伪装的，因为他知道人们对他的祝贺是带有嘲笑意味的（*Spartianus, Dio, Herodian.*）。之后，他来到元老院，在他准备祭祀的时候，人们开始高声呐喊他是个叛国者，是个谋权篡位者。尤利安努斯并没有生气，而是向人们展示了许诺赠予他们的金钱，用手势示意他愿意赠予他们成千上万的赏金。然而人们从来没有如此愤怒地喊道："我们不想要你的钱！不，我们不想要！"然后他们开始朝尤利安努斯扔石头。终于，尤利安努斯失去了耐心，命令护卫军杀死了靠他最近的几个人。但人们却更加无礼地侮辱谩骂尤利安努斯，但更多的是对士兵的指控。接下来，人们拿起武器来到竞技场，在那里待了整整一夜，不吃不喝，同时请求将索里亚的行政长官佩斯克尼乌斯·尼格鲁斯（Pescennius Nigrus）及他的军队召回罗马。第二天，人们放下武器，回到各自的家中，停止了这一骚乱。如果元老院和罗马人民无法忍受一位通过卑鄙手段登上皇位的皇帝，那么他们是对的。尤利安努斯这个非常负面的例子让许多无耻邪恶的暴君学会以这种卑鄙的方式夺得罗马的皇帝宝座，这也引发了无数的内战（我们之后会讲到）。随着蛮族的入侵和罗马军队的瓦解，罗马帝国将最终走向毁灭。尤利安努斯还不知羞耻地给自己冠以所有最为光荣的皇帝头衔，还将"奥古斯塔"的荣誉授予了他的妻子玛利亚·斯堪蒂拉（Mallia Scantilla）和他的女儿狄迪娅·克拉拉（Didia Clara）。克拉拉嫁给了科尔涅利乌斯·雷潘提努斯（Cornelius Repentinus），尤利安努斯又授予了雷潘提努斯罗马总督的职务。据赫罗狄安（*Herodian., Hist., lib. 2.*）证实，尤利安努斯细数了他所有资产，还有不太富裕的国库，发现手上没有足够的钱来支付许诺给禁卫军的犒赏，禁卫军开始对他产生不满。然而斯帕提安努斯（*Spartian., in Jul.*）写道，他原本许诺给每个人25000钱币，但实际上他给每个人赠予了30000钱币。没有人知道他是残忍暴虐的，因为他在表面上对待所有人都非常热情有礼、宽厚仁慈，特别是对待元老院议员，但元老院议员只觉得他是在装腔作势。他经常举办宴会，宴会上的酒菜极为精美丰富，但人们始终没有改变对他的看法。

当时罗马帝国有3支主要的军队，由3位杰出的将领指挥：伊利里亚和潘诺尼亚的军队听命于卢基乌斯·塞普蒂米乌斯·塞维鲁斯（Lucius Septimius Severus）；不列颠的军队听命于德西穆斯·克洛狄乌斯·阿尔比努斯（Decimus Clodius Albinus）；索里亚（其政府是当时最受人尊敬的）的军队则听命于盖乌斯·佩斯克尼乌斯·尼格鲁斯（Gaius Pescennius Nigrus）。由于佩斯克尼乌斯很快得到被召回罗马的通知，因此他的军队和安提阿市的人民拥立其为皇帝。但塞普蒂米乌斯·塞维鲁斯很可能收到了几位元老院议员的秘密信件，他们认为他比另外两位将领更为杰出，他不仅离罗马更近，还拥有更多军事力量，于是他很快在潘诺尼亚的卡农托市（Carnunto）自立为皇帝。为了不与两个对手同时竞争，塞普蒂米乌斯·塞维鲁斯赢得了阿尔比努斯的信任，以收其为养子的方式宣布他为"恺撒"。这实际上是他的一个圈套，因为阿尔比努斯收到塞维鲁斯像父亲对儿子般充满慈爱之语的信时，就不再考虑采取任何的反叛行动了。一些作家认为塞维鲁斯将阿尔比努斯收为养子的决定发生在更晚些的时候。狄奥尼（Dio, lib. 73.）证实，人们在这一年看到太阳周边有3颗星星，非常惹人注目，他自己也清楚地观察到了它们。这对尤利安努斯来说是个不好的预兆。从伊利里亚的所有城市一直到拜占庭（曾经拥护佩斯克尼乌斯·尼格鲁斯的一座城市）的所有城市，以及高卢和日耳曼行省，都对塞普蒂米乌斯·塞维鲁斯宣誓效忠。于是，塞普蒂米乌斯·塞维鲁斯不再浪费时间，率领军队径直朝罗马进发，在他登上皇位之前，他已经叫他的儿子从罗马撤走了。得知这么多叛乱的消息后，一些罗马人都感到紧张不安，但更多人却对此感到高兴，因为他们希望看到令人憎恶的尤利安努斯统治垮台，不过他们掩饰着这份兴奋，雷兰多认为（Reland., Fast. Consul.），这一年的3月1日，弗拉维乌斯·克劳狄乌斯·苏尔皮西阿努斯（Flavius Claudius Sulpicianus）和法比乌斯·西隆·塞普蒂米亚努斯（Fabius Cilo Septimianus）接替了执政官之位。但根据法布莱图斯（Fabret., Inscript., p. 688.）引用的一则碑文，似乎这件事应该发生在更晚些的时候，因为碑文上写着这一年3月19日的执政官还是法尔科和克拉鲁斯（FALCO ET CLARUS COS.）。另外，在格鲁特罗（Gruterus, Thesaur. Inscr., p. 475, n. 4.）的另一则写着9月5日的碑文中提到了相同的执政官。但这也是不确定的，因为很多人都没有提到补任执政官。至于西隆，多尼（Doni）发表的一则碑文令我们得知他的名字为卢基乌斯·法比乌斯·西隆·塞普蒂米亚努斯（Lucius Fabius Cilo Septimianus），我也有引用过这则碑文（Thesaurus Novus Inscription., pag. 345.）。但是这两位是不是补任执政官尚且未知。有人拙劣地引用了赫罗狄安的作品以证明此事，不过我们可以从狄奥尼（Dio, lib. 73.）那里得知，很有可能自从法尔科因为控诉被贬职后，西里乌斯·梅萨拉（Silius Messala）接替了他的位置，在这一年6月初担任执政官。雷兰多还讲到这一年的其他补任执政官，但都没有证据可以证明其真实性。

除了佩斯克尼乌斯·尼格鲁斯，尤利安努斯没想到塞普蒂米乌斯·塞维鲁斯也竖起对抗他的旗帜，于是他惊慌失措了。但他采取的预防措施非常可笑，他要求元老院宣称塞维鲁斯和尼格鲁斯为国家公敌，并禁止士兵们服从他们的命令。但塞维鲁斯非常了解元老院议员们内心的想法。元老院给塞维鲁斯和尼格鲁斯派去了特使，以劝诫他们归顺服从，但塞维鲁斯赢得了特使的好感，并诱使他们代表他与军队讲话。尤利安努斯派百夫长阿奎利乌斯（Aquilius）和其他一些人去暗杀两位自封的新皇帝，但他们发现这两位新皇帝比他们更加聪明机警。同时，尤利安努斯让禁卫军全副武装，叫他们在罗马城外挖了一个战壕，还在皇宫周围安置了一些坚固的大门和围栏。目睹了这一切的狄奥尼说，他看见习惯于享乐的禁卫军现在被迫重拾战争的行当简直忍不住想笑。尤利安努斯还从米塞诺（Miseno）的海军调来了一些士兵，但他们并不精于打仗。尤利安努斯还想要调来一些大象以震慑敌军的马匹，但找不到懂得引领象群的人。罗马现如今似乎已经成了一座被围攻的城市，到处都是军队、马匹和战争器具。尤利安努斯在这一时期还处死了禁军总督埃米利乌斯·莱图斯和马尔齐娅——这两人是策划谋杀康茂德的人，因为尤利安努斯知道塞维鲁斯是莱图斯的亲信，担心他们会联合起来对付自己。但是塞维鲁斯对尤利安努斯这些无用的准备并不担心，他径直朝意大利攻来。所有人都归顺于他，所以没有遭到任何反抗，他就进入了拉文纳，并收服了那一港口的舰队。被重新任命为禁军总督的图利乌斯·克里斯皮努斯被尤利安努斯派去夺回那支舰队，但怏怏地返了回来。尤利安努斯不知道该找谁，就命令祭司和元老院议员前去阻止塞维鲁斯，但有人反抗命令，他本来打算将士兵带到元老院中，强迫议员们服从命令，否则就将他们大卸八块。但经多方劝说，他最终放弃了这一邪恶的想法。随后，他给元老院下令将塞维鲁斯立为帝国的共治者，以为这样能获得塞维鲁斯的感激。元老院拟好诏书发给塞维鲁斯，塞维鲁斯则根据其亲信的建议拒绝了这一提议，因为凭他的军事实力和对罗马现状的了解，他可以获得更多。塞维鲁斯告诉禁卫军，如果他们不进行反抗，他就不会伤害他们。塞维鲁斯还写信给维图里乌斯·马克里努斯（Veturius Macrinus），说希望推举他为禁军总督。后来他是否遵守诺言，我们并不知道，但可以确定的是，他将弗拉维乌斯·尤维纳利斯（Flavius Iuvenalis）提拔到禁军总督的职位。

塞维鲁斯继续深入意大利，翁布里亚的军队本来应该防守亚平宁的关口，却倒向了塞维鲁斯。与此同时，禁卫军也抛弃了尤利安努斯。尤利安努斯处于孤立无援的境地，感到十分绝望（*Dio, lib. 73. Spartianus, in Jul. Herodian., lib. 2.*），便试图将皇位让给有智慧、有见识的克劳狄乌斯·庞培安努斯，但庞培安努斯以自己年迈为由拒绝了。为此尤利安努斯残杀了许多小男孩，希望以此通过魔力得知自己的命运。元老院得到执政官西里乌斯·梅萨拉的保证，可以不用再惧怕禁卫军了，于是他们立即对尤利安努斯——这个谋权篡位者宣判了死刑。同时，元老院宣布塞维鲁斯为皇帝，并组建了一支百人议员代表团去迎接他，并给佩蒂纳克斯授予了神的荣誉。很可能这些事件发生在5月底或者6月的前两天。元老院派了一些人对尤利安努斯进行斩首，尤利安努斯只是不停地说："我做错了什么？我杀了谁吗？"当他意识到用金钱买了这样一个可悲的结局时，一切都已经晚了。后来，塞维鲁斯允许将他的尸体埋葬在他祖先的陵墓里。

塞维鲁斯是一个非常谨慎小心、容易猜忌的人，特别是在发现尤利安努斯派来暗杀他的人之后，他就从潘诺尼亚率领600名精心挑选的士兵行军至此，士兵们在行军途中没有脱过盔甲，而且他的身后还跟着其他军队，就好像是在敌国一样。在纳尔尼（Narni），他与100位元老院议员代表会面，在接见代表们之前，他对他们进行了仔细的搜查，看他们是否藏匿着武器（*Spartianus, in Sev. Herodian., lib. 3.*）。塞维鲁斯带着皇帝的威严气势接待了他们，第二天，在赠予了他们一些礼物之后，就准许他们返回罗马了，不过如果有人想要留在他身边也可以留下来。快到罗马时，他命令禁卫军不许携带任何武器，穿着和平与庆祝的服装前来迎接他——他已经将杀害佩蒂纳克斯的凶手处以了死刑。当禁卫军抵达时，塞维鲁斯叫他的军队将其包围，突然间下令捉拿所有人，在对他们过去的恶行做了严厉的谴责之后，塞维鲁斯要求他们交出身上的匕首和剑，脱光自己全身上下包括汗衫在内的衣服，将马匹全部留下然后退到罗马城外100罗马里处，这样他还会网开一面，赦免他们一命，否则他们就将面临死刑。最后这些禁卫军羞愧地低着头离开了，他们深感懊悔，因为他们竟然毫无准备地就到了那里。狄奥尼（*Dio, lib. 72.*）讲道，禁卫军后退时，其中一匹马嘶叫着跟在主人后面，那士兵内心非常恐慌，转身将马杀死，然后自刎身亡。塞维鲁斯还派兵驻扎在禁卫军的城堡里，占有了他们所有的武器和器具。据斯帕提安努斯所述，后来塞维鲁斯全副武装进入了罗马。狄奥尼生活在那一时期，因此比斯帕提安努斯更清楚当时发生的一切。他写道，塞维鲁斯骑着马到城门下，然后从马背上下来，穿成罗马人的样子，步行走进罗马城内。整个城市都沉浸在庆祝的氛围中，市民们戴着月桂树枝和花环，街道布置着珍贵的装饰品，到处是绚烂的灯光和醉人的香气，所有元老院议员都来向塞维鲁斯献殷勤，人们的热烈欢呼声响彻天空，所有人都竞相涌来想一睹这位新任皇帝的风采。在这样的豪华场面下，塞维鲁斯来到坎皮多里奥山，在朱庇特神殿完成了祭祀典礼，在参观了其他神殿后，他就到皇帝的宫殿休息了。关于他在这一年做的其他事，我想留到下一年再讲述。

年　份　公元194年　小纪纪年第二年

维笃教皇第九年

塞普蒂米乌斯·塞维鲁斯皇帝第二年

执政官　卢基乌斯·塞普蒂米乌斯·塞维鲁斯·奥古斯都（Lucius Septimius Severus Augustus）第二次，德西穆斯·克洛狄乌斯·塞普蒂米乌斯·阿尔比努斯·恺撒（Decimus Clodius Septimius Albinus Caesar）第二次

塞维鲁斯·奥古斯都曾经与阿普列乌斯·鲁菲努斯（Apuleius Rufinus）一同担任执政官，但不知道具体是哪一年。我们同样不清楚阿尔比努斯是什么时候第一次担任执政官的。有勋章（*Mediobarbus, in Numism. Imper.*）告诉我们，这一年，他是第二次担任执政官。

塞维鲁斯想要用这些荣誉使阿尔比努斯麻木，因此他专门为阿尔比努斯打造了

钱币，这使所有人都以为他是塞维鲁最宠爱的人。这些勋章显示，阿尔比努斯被授予"塞普蒂米乌斯"的名字，这说明塞维鲁斯将他收为养子。在库佩罗（Cupero）和雷兰多（Reland., in Fastis Consul.）引用的一则碑文中，执政官阿尔比努斯被称作卢基乌斯·波斯蒂米亚努斯（Lucius Postumianus）。但那则碑文取自古迪奥的作品——他的碑文大多是伪造的，不值得信赖。尽管可以认为另一个阿尔比努斯接替了阿尔比努斯·恺撒（在勋章上被称作德西穆斯·克洛狄乌斯）的执政官之位，但这种说法是不可信的。现在请读者跟我一起认识一下这位新皇帝卢基乌斯·塞普蒂米乌斯·塞维鲁斯（Spartianus, in Sever.）。他于公元146年4月11日出生在阿非利加行省的大莱普提斯（Leptis Magna），他的家族是元老院世家，他的两个叔叔都曾是执政官，他的父亲名为马库斯·塞普蒂米乌斯·格拉（Marcus Septimius Gela）。塞普蒂米乌斯·塞维鲁斯幼年时在阿非利加学习拉丁语文学和希腊文学（Eutrop., in Breviar.），在演讲和道德哲学方面学了很多东西；18岁时，他来到罗马与帕皮尼亚努斯（Papinianus）（Spartianus, in Caracalla.）做同窗，二人一起在当时杰出的法学家斯凯沃拉（Scaevola）的教授下学习法律。与他熟识的狄奥尼（Dio, in Excerptis Vales.）说他具有很高的天赋，但在演讲和学识方面造诣不高。他还曾当过律师，但没有取得什么成绩。他将阿非利加的激情奔放带到了罗马（Spartianus, in Caracalla.），因此，他的青年时期是充满怒火还有各种罪行的。他曾经被指控通奸，多亏了萨尔维乌斯·尤利安努斯（Salvius Iulianus），他才得以逃脱处罚。在马库斯·奥勒留斯统治时期，他担任了各项民事职务，后来在政府任职。据说，他在阿非利加任行省总督代理长官时，有一天在路上走着，前面有人举着他的荣誉旗号，一个来自他家乡大莱普提斯的平民看见他担任了如此尊贵的职位而高兴地朝他跑来拥抱他，对他说："亲爱的同乡啊！"塞维鲁斯叫人对那同乡施以棍刑，以警示其他人要尊重罗马的行政官。另外，据说他还咨询过一位阿非利加的占卜师，那占卜师看了一眼塞维鲁斯的出生信息，对他说："给我你的出生日期，而不是其他人的。"塞维鲁斯发誓那就是他的出生日期，于是占卜师告诉了他预言到的事情。古代历史学家讲到很多这种预言，当时的异教徒非常痴迷于这些迷信。我觉得这些根本不值得提及。后来，塞维鲁斯被派往高卢担任军事职务。他还曾担任过执政官和潘诺尼亚、西西里与伊利里亚的行省总督，在伊利里亚的时候得知了罗马变革的消息，令他走上了篡夺皇位的道路。

罗马人很早就感受到了这位新皇帝的冷酷（*Spartianus, in Severus.*）。自从他来到罗马，他的护卫军与马匹就在庙宇、柱廊和任何他们喜欢的地方住宿落脚，而且他们以非常便宜的价格购买他们需要的东西，因为他们其实不想付一分钱。为此，整个城市的人们都对其议论纷纷，并感到恐惧。据说，第二天塞维鲁斯出发前往元老院时，那些士兵开始向元老院高声索要一笔数额巨大的犒赏，也就是当奥古斯都皇帝进入罗马时允诺付给士兵的那笔饷金，就好像让他们的皇帝进入罗马给他们带来很多麻烦一样。塞维鲁斯自己费了很大工夫才平息了这一事件，他付给那些士兵，或者承诺给他们一笔数额更少的钱，即每人250银币。此外，当时有一个由来已久的习俗，那就是皇帝的护卫军成员通常从意大利、西班牙、马其顿和诺里库斯选拔，因为这些地区的人都外表端正、举止得体。但是塞维鲁斯在组建护卫军队的时候只关心军队是否足够厉害，因此他挑选的都是长相可怕、讲话令人畏惧、品性粗鲁凶残的人；而且军队的数目也有所增加，这使得公共支出费用大大上涨。不过，这与我们后面要看到的比起来只是沧海一粟。塞维鲁斯知道罗马人有多么爱戴佩蒂纳克斯、多么赞扬他的统治方式，因此，作为一个精明的人，为了取悦人民，塞维鲁斯给自己加上了"佩蒂纳克斯"的名字（*Herodianus, lib. 2.*）。在元老院讲话的时候，他极为谦逊有礼、宽厚仁慈，对许多事情都做出了承诺，尤其承诺将以马库斯·奥勒留斯和佩蒂纳克斯为楷模。他不仅承诺并发誓不会处死任何元老院议员（*Dio, lib. 74.*），还下令制定一项法令：如果皇帝违背了承诺，那么无论是皇帝本人还是任何支持他违背承诺的人，甚至包括他们的子女在内，都将被视为国家公敌。但是不久塞维鲁斯就忘了这件事。起草这项法令的尤利乌斯·梭伦（Iulius Solon）是第一个违反规定的人，在他之后，又有许多人违反了法令。不管怎样，塞维鲁斯上任后首先采取的一些举措令地位低下的人们对他充满尊重与爱戴，但是那些知道他在那张羊皮下隐藏着的是怎样一副狐狸面孔的人彼此交头接耳："以后也会这样吗？"事实上，塞维鲁斯拥有很多治理好一个国家的天赋与优点，但是同时他也具有一些非常可怕的缺点，令他做出罪大恶极之事。在这里我要特别提及两点：第一点就是他与他的姓氏相符的严厉；第二点是他的残忍与猜忌之心，他不信任任何人，除非可以证明是对他有利的。

为了赢得人民的爱戴，塞维鲁斯给人们赠予了礼物，并给佩蒂纳克斯举办了葬礼，将其尊奉为神。狄奥尼（*Ibidem.*）对这一隆重的仪式有详细的描述：塞维鲁斯为佩蒂纳克斯做了墓前致辞，人们回忆了这样一位贤明皇帝做出的事迹而为其悲哀且痛哭不已。就算没有对统治者生平的赞颂，但人民在其去世后仍然表现出爱戴就充分证明了他们在世时的功绩。罗马人对佩蒂纳克斯赞颂不已，要求将其尊奉为神。与此同时，塞维鲁斯被授予所有皇帝所拥有的头衔和权威，很可能很快也授予了他的妻子茱莉亚"奥古斯塔"的封号。茱莉亚是索里亚人，公元175年嫁给塞维鲁斯，随后生下了巴西安努斯（Bassianus）——后来的卡拉卡拉皇帝（Caracalla），以及盖塔（Geta），我们会在后面讲到这两个人。塞维鲁斯将他的两个女儿一个嫁给了普罗布斯（Probus），另一个嫁给了埃提乌斯（Aetius），后来他又将这两位都提拔为执政官，但不清楚是在哪一年。他将罗马总督的职务委任给了多米提乌斯·德克斯特（Domitius Dexter），并整顿了国家的配给粮，迅速处理了许多诉讼案件——主要是关于一些行政长官被指控私自征税和办案不公的案件，严厉地惩罚了那些被证实有罪的人。塞维鲁斯只在罗马停留了短短一个月，在这段时间，他极为勤勉，忙于准备与佩斯克尼乌斯·尼格鲁斯作战的事宜——尼格鲁斯已经在索里亚自称为帝，并掌控了亚细亚和拜占庭所有省份。塞维鲁斯在抵达罗马之前就派弗尔维乌斯·普劳提安努斯（Fulvius Plautianus）囚禁了尼格鲁斯的儿子们（*Spartianus, in Severus. Herodianus, lib. 2.*），他到达罗马之后，又扣留了索里亚的其他行政官和官员，不过他下令要好好对待他们所有人。在罗马，他从来没有谈论过尼格鲁斯，只是孜孜不倦地设法从各省征募士兵，在意大利组建一支强大的舰队，并命令士兵离开伊利里亚朝地中海东部沿岸诸国进军。简直无法形容塞维鲁斯那种旺盛刚强的精神，他在构思计划时思想极为活跃、敏锐且胆识过人，在执行计划时也同样如此。他有深刻的洞察力，能够敏锐地预见未来，从而找到权宜之计和解决策略。只要能达到目的，他毫不关心所需要的花费，也毫不在意他人对他的看法。因此，让人们没有想到的是，他集结了一支军队——很可能是在上一年7月,并亲自率军从罗马出发,以免让佩斯克尼乌斯·尼格鲁斯在亚细亚进一步稳固。与此同时,他也对阿非利加的安全采取了一些措施。不过,后来他在行军途中生了一场病,他还要率领这样一支庞大的军队经由陆路进行漫长的征途,因为这么多人无法通过海路直接到达索里亚,再说从各地集结这么多士兵也需要耗费许多时间。所有这些都使他没有足够的时间在上一年就取得很大进展,只有一些勋章(不过其真实性令人怀疑)上写着他第二次被授予"皇帝"封号(*Mediobarb., in Numism. Imperat.*),但是并没有勋章记录他第一次获封"皇帝"封号的时间。

盖乌斯·佩斯克尼乌斯·尼格鲁斯在勋章上被称为朱斯托(Giusto)。据说,他出生于阿基诺(Aquino)一个骑士家族,年轻时因放荡奢淫而备受诟病,但在军队中担任职务后,他得到越来越多人的认可,所有人都称赞他勇敢过人,比其他人都要严于军纪,从不容忍他的士兵在他们经过或停留的国家进行敲诈勒索。在康茂德统治时期,他坐上了执政官的位子。此外,在摔跤手纳尔西索(Narciso,也就是后来勒死康茂德的人)的说情帮助下,他获得了索里亚的执管权。在索里亚,他通过为人民安排众多的演出节目(当时的人们沉迷于观看演出)而获得了人民的爱戴,最终在那里,尽管已步入暮年,但他仍旧自立为皇帝。尽管他知道罗马人民,可能还有部分元老院议员都希望他能采取行动,但他并不急于赶来罗马,因为他太着迷于安提阿的安逸享乐了(*Dio, in Excerptis Vales.*)。在安提阿,他以他尊贵的地位而虚荣自满,自认为是另一位亚历山大大帝。同时,他也无所作为,并说服自己或许不用花费任何力气,尤利安努斯皇帝就会让位于他,然后他会理所当然地坐上罗马的皇帝宝座。后来得知尤利安努斯被刺杀,塞维鲁斯抵达罗马,元老院议员和罗马人民均对其继任皇位表示赞同时,他大吃一惊。于是,他从睡梦中醒来,开始集结军队,向邻国的国王们请求支援,并在陶罗山(Tauro)的关口设重兵把守。随后他亲自来到拜占庭,在这座城市安排了军队,加固了防御工事。拜占庭这座城市的地理位置非常重要,罗马军队只有通过这里的海峡才能进入亚细亚(*Spart., in Severus et Pescennius.*)。他还去了佩林托(Perinto),在那里打败了塞维鲁斯的军队,并得知元老院已经宣布佩斯克尼乌斯·尼格鲁斯为国家公敌。如果斯帕提安努斯所述属实的话，在这场胜利之后，色雷斯（Tracia）、马其顿（Macedonia）和希腊也归顺于尼格鲁斯，于是，他主动找到塞维鲁斯，希望塞维鲁斯能指定他为帝国的共治者，然而塞维鲁斯没有给他回复，只是嘲笑了他一番。塞维鲁斯不相信佩斯克尼乌斯扩展了那么多势力，因此没过多久就向其发起了进攻。塞维鲁斯在这一年率领庞大的军队来到拜占庭，对其进行了围攻（*Herodianus, lib. 3.*），因为知道这一地区非常难攻，塞维鲁斯在此留下了足够的人手进行包围，之后带着剩下的军队利用他带领的舰队渡过了海峡。塞维鲁斯刚一到达密细亚（Misia）的城市基齐库斯（Cizico）（*Dio, in Excerptis Valesianis.*），就正面迎来了埃米利亚努斯（Aemilianus）。埃米利亚努斯曾在尼格鲁斯之前担任索里亚的行政长官，现在任亚细亚的行省总督，他加入尼格鲁斯的阵营后，成了尼格鲁斯的将领。埃米利亚努斯被誉为当时最杰出的人物之一，他自己也这么认为。他与佩斯克尼乌斯·尼格鲁斯之间有着亲戚关系，因此所有人都能看出他的傲慢自大与盛气凌人。但是很快他的气焰就被灭了。他的军队被塞维鲁斯的军队击败，没过多久他就被抓了起来，最后被塞维鲁斯手下的将军处以了死刑（*Spartianus, in Pescennio.*）。这场胜利令尼科米底亚（Nicomedia）和比提尼亚的其他城市都归顺于塞维鲁斯，但是尼西亚（Nicea）和其他一些城市还是坚决地站在尼格鲁斯这一边。后来尼格鲁斯带着一支精锐部队到达了那里，聚集起了那里的散兵，然后在尼西亚和奇奥市（Cio）之间进行了第二次战斗（*Dio, lib. 74.*）。此次战争十分血腥，但又存在一些可疑之处，最终塞维鲁斯的将军坎迪杜斯（Candidus）取得了胜利。获胜的塞维鲁斯向尼格鲁斯表示，如果他缴械投降，那么就将他光荣地流放，但是塞维鲁斯·奥勒里安努斯（Severus Aurelianus）的意见占了上风，他曾将他的女儿许配给尼格鲁斯的儿子，于是塞维鲁斯撤回了所有的提议（*Spartianus, in Pescennius.*）。尼格鲁斯退到陶罗山，加强了那些关口的防御工作。后来尼格鲁斯得到消息称劳迪西亚（Laodicea）和提尔（Tiro）因为对安提阿治理的憎恨和忌妒而对塞维鲁斯表示了拥护，便立即派了一些摩尔军队攻击这两座城市，经过一番残暴的洗劫之后，摩尔军队将这两座城市放火烧毁了。之后塞维鲁斯对这两座城市进行了重建。当塞维鲁斯的军队（*Herodianus,* lib. 3.）到达卡帕多细亚和西里西亚之间的陶罗山时，发现那里的关口被防守得非常严密，几乎不可能穿过去。士兵们在那里停留了几天，已经丧失了勇气，甚至绝望了，这时突然下起了一场非常猛烈的雨夹雪（这表示当时已近年底），这场雨夹雪形成了湍流，彻底冲垮了尼格鲁斯在关口修筑的所有围栏和防御工事，尼格鲁斯军队纷纷逃跑，塞维鲁斯的军队不费吹灰之力便跨过了山，袭击了西里西亚。根据习俗，此事件被认为是上天帮助塞维鲁斯的一个迹象。由于我猜测这场战争结束于下一年，因此在这里我就不补充其他内容了。在这一年打造的勋章（*Mediobarbus, in Numismat. Imperat.*）上可以看到塞维鲁斯第三次获封"皇帝"，就如我们前面所讲到的，这是因为他的将军们取得了胜利。

年　份　公元195年　小纪纪年第三年

维笃教皇第十年

塞普蒂米乌斯·塞维鲁斯皇帝第三年

执政官　斯卡波拉·特图鲁斯（Scapola Tertullus）与提奈乌斯·克莱门斯（Tineius Clemens）

执政官斯卡波拉据说是后来亚细亚的行省总督，也是基督教徒的残酷迫害者，德尔图良给他写了一封维护基督教的辩护词。

由于在这一年的勋章（*Ibid.*）上可以看到塞维鲁斯第四次和第五次获封"皇帝"，因此我们有充足的理由相信塞维鲁斯与佩斯克尼乌斯·尼格鲁斯之间的战争是于这一年结束的。尼格鲁斯本来是有时间组建一支庞大的军队的——因为一大批安提阿的年轻人纷纷投奔于他，但是这些年轻人在战事上没有多少经验。尼格鲁斯来到西里西亚的城门口，这里靠近海边，邻近伊索市［Isso，现今的莱佐市（Lajazzo）］，附近有一道非常狭窄的关口，在那里，几个世纪前亚历山大大帝击败了大流士（Dario）。一天，尼格鲁斯的军队与塞维鲁斯的军队之间展开了一场激烈的战斗（*Herodian., lib. 3.*），塞维鲁斯的军队由将领瓦勒瑞安努斯（Valerianus）和阿努利努斯（Anullinus）指挥。在狄奥尼（*Dio, lib. 74.*）的作品中可以读到对这场战斗的详细描述。这场战争双方僵持了很长时间,尼格鲁斯一方本来凭借地形的优势已经要取得胜利了,但这个时候,天空突然打起了雷和闪电,下起了暴雨。雨从正面打在尼格鲁斯军队士兵的脸上,塞维鲁斯的军队没有受到暴雨的影响,因为雨落在了他们的身后。这一事件也被解读为上天的意愿,这增加了塞维鲁斯军队的士气,使尼格尔军队感到气馁。最后,佩斯克尼乌斯·尼格鲁斯的军队遭遇了惨败,2万士兵战死沙场。尼格鲁斯逃到安提阿才得以保全性命,但没过多久,取得胜利的塞维鲁斯士兵就追到了那里,尼格鲁斯觉得躲在那里不再安全,打算逃到幼发拉底河一带,但是安提阿人立即就投降了,在塞维鲁斯军的全方位追捕下,尼格鲁斯被捉住并砍了头,然后带到塞维鲁斯跟前。但是根据斯帕提安努斯(*Spartianus, in Pescennius.*)所述,尼格鲁斯拼死抵抗,遍体鳞伤,然后被带到了塞维鲁斯那里,在塞维鲁斯跟前死去了。塞维鲁斯对佩斯克尼乌斯·尼格鲁斯(*Dio, in Excerpt. Valesianis.*)的拥护者实施了报复,这一举动令大家看清了他的残忍面目。据狄奥尼证实,塞维鲁斯处死了一些曾经追随尼格鲁斯的元老院议员;而相比狄奥尼没那么可靠的斯帕提安努斯(*Spartianus, in Severus.*)说塞维鲁斯只处死了一名元老院议员,对于其余大部分议员,他只剥夺了他们的财产,然后将他们流放到岛屿上。其中,卡西乌斯·克莱门斯(*Dio, lib. 74.*)因为他的勇气而出名,被带到塞维鲁斯跟前时,坦白地跟塞维鲁斯说道:"我投奔尼格鲁斯,不是针对你,我也根本不知道你的计划是什么,我针对的是尤利安努斯那个谋权篡位者。那些投奔你的人和我想要达成的目的相同,如果他们都没有罪过,那么我也不应该被认为是有罪的。你应该将那些离开你而追随尼格鲁斯的人视为背叛者,这样才是对你有利的。"塞维鲁斯很欣赏他的这份坦率,给他留了一半的财产。此外,塞维鲁斯处死了佩斯克尼乌斯·尼格鲁斯手下的许多军官。据赫罗狄安(*Herod., lib. 3.*)所述,那些军官是因为塞维鲁斯跟他们建议可以让他们的子女在自己手下任职,因而背叛了尼格鲁斯。尽管如此,塞维鲁斯在取得胜利之后,还是处死了他们及其子女。

塞维鲁斯将这种残忍扩展到曾经依附于尼格鲁斯的城市,他向这些城市的人们收取他们向尼格鲁斯缴纳的赋税的4倍税金。但他主要将他的怒气发泄在安提阿上,他剥夺了这座城市的所有权利,将其归属于劳迪西亚市(Laodicea)——劳迪西亚在整件事情中一直站在塞维鲁斯这一方。另外，他给安提阿起名塞蒂米亚（Settimia）和塞维利亚纳（Severiana）。然而没过多久，塞维鲁斯在长子卡拉卡拉（Caracalla）(*Spart., in Caracal.*)的恳求下，归还了安提阿原先的荣誉。当时有许多人并没有加入佩斯克尼乌斯·尼格鲁斯一派，也从来没有见过他，更没有为他做过任何事情，但他们也被卷入了这场迫害中，因为塞维鲁斯需要金钱，为此他不择手段。这使得他在东方各国备受憎恨，但他对此毫不在意。他将谋取来的大部分钱用于修复在战争中遭遇严重损失的城市。与此同时，阿尔比努斯·恺撒（*Capitol., in Clodio Albinus.*）也给塞维鲁斯送去了经济上的援助，以显示他对塞维鲁斯的忠心，但同时也是为了达到他的目的——以此赢得人民的爱戴。有许多人为了摆脱残忍的塞维鲁斯逃到了帕提亚（*Herod., lib. 3.*），尽管没过多长时间塞维鲁斯就公开发布告示表示宽恕了所有人，但还是有许多人选择留在帕提亚，教那里的人民制造武器，用罗马人的方式战斗，以便在日后对抗罗马帝国。

　　宽厚仁慈通常不会危害到统治者，但残忍冷酷经常会让统治者身败名裂。塞维鲁斯在这时采取的做法实在违背人心。至于佩斯克尼乌斯·尼格鲁斯的妻子和子女，在尼格鲁斯死后，塞维鲁斯将他们全部流放（*Spartianus, in Severus et in Nigrus.*），但是自从开始了与阿尔比努斯的战争，因为担心他们会发动暴乱，塞维鲁斯将他们送到了更远的国家。我们可以从勋章（*Mediobarbus, in Numismat. Imperat.*）上了解到，这一年塞维鲁斯第五次被授予"皇帝"封号，这应该是源于他战胜了尼格鲁斯。

年　份　公元196年　小纪纪年第四年

　　　　维笃教皇第十一年

　　　　塞普蒂米乌斯·塞维鲁斯皇帝第四年

执政官　盖乌斯·多米提乌斯·德克斯特（Gaius Domitius Dexter）第二次，卢基乌斯·瓦莱利乌斯·梅萨拉·特拉西亚·普里斯库斯（Lucius Valerius Messala Trasia Priscus）

雷兰多（Reland., in Fastis Consular.）引用了一些法令，认为这一年的执政官是弗斯库斯第二次与德克斯特（Fusco II et Dextro Cos.）。但这些法令是属于公元225年的。在我的作品中引用了一则碑文（Thesaurus Novus Inscription., p. 346, n. 2.），上面写着"执政官德克斯特第二次与弗斯库斯（DEXTRO II ET FVSCO COS）"。在我看来，这则碑文应该是属于这一年的，首任执政官普里斯库斯在7月1日前由弗斯库斯接替，而弗斯库斯很有可能在公元225年第二次任执政官。

这已经是拜占庭被塞维鲁斯的军队包围的第三年了。在佩斯克尼乌斯·尼格鲁斯垮台之后，该市的大批官员和士兵都逃走了，这进一步激发了那里的居民进行顽强的抵抗。狄奥尼（Dio, lib. 74.）详细描述了拜占庭市的防御工事，其城墙是用坚固的大理石筑成的，装备着高塔、碉堡和各种战争器具，是著名建筑师普里斯库斯·达·尼西亚（Priscus da Nicea）设计建造的最令人惊叹的建筑。被包围的拜占庭人民有大约500艘小船，他们一直凭借这些船抵抗塞维鲁斯派往那里的舰队。塞维鲁斯将佩斯克尼乌斯·尼格鲁斯的头颅送到了那里，想要以此令那里的人感到恐惧，再劝他们赶快投降。然而拜占庭的市民和士兵比以往更加顽强地抵抗，他们的这些举动看起来非常英勇，但更准确地说是疯狂。当他们确认不会有任何获得救援的希望时，他们没有为自己争取宽恕或者投降，宁愿走向极端也不愿妥协让步。在与塞维鲁斯军队抵抗时，他们吃光了所有能吃的食物。由于没有其他方法可以获救，大部分人想要乘他们的小船逃跑。等来了一阵强劲的风后，他们纷纷登船，而这时塞维鲁斯的舰队对他们发起了袭击，击碎了他们的桅杆。第二天，在拜占庭的码头上到处是尸体和被击毁的船只碎片，整个城市响彻着悲伤的哀号与哭泣。于是，剩余的人们不再进行抵抗，终于投降了。塞维鲁斯的军队进入城市，将所有存活的士兵和担任过公共官职的人统统杀死了。后来，在塞维鲁斯的命令下，他们拆毁了这座城市的所有城墙和防御工事，以及浴场、剧院和其他精美壮观的建筑（*Herodianus, lib. 3.*）。蛮族人也无法做出比这更加残忍的事情来。狄奥尼（*Dio, lib. 74.*）之前见到过这座城市的强大实力和享有的荣誉，如今看见这座城市沦落到如此悲惨的境地，他不知道该如何指责塞维鲁斯这般严酷的不公正行为，只因为那些人如此固执地与其冲突，塞维鲁斯就无法饶恕他们，他的愤慨令罗马帝国失去了这样一个强大的抵抗蛮族入侵的壁垒。塞维鲁斯没收了所有居民的财产，剥夺了他们的所有特权，还废除了拜占庭市的名称，将其并入佩林托市（Perinto），作为其管理下的一个小镇，这导致佩林托对拜占庭人傲慢地行使权威。才华出众的工程师普里斯库斯被救了下来，塞维鲁斯充分发挥他的才能，将其用于战事。

拜占庭投降后，塞维鲁斯来到美索不达米亚，想要战胜帕提亚人和那一地区的其他民族。他兴奋地高呼道："我们终于拿下了拜占庭！"奥斯若恩（Osroene）、阿迪亚波纳（Adiabene）、阿拉伯和帕提亚的人要么在过去的战争中帮助了佩斯克尼乌斯·尼格鲁斯，要么试图利用尼格鲁斯和塞维鲁斯之间的不和趁机劫掠罗马国家，占领一些城堡（*Ibidem.*）。塞维鲁斯想要让那些地方的人们尊重罗马帝国，于是向他们发起了战争。但是幼发拉底河另一边正处于炎热的季节，他们所在的农村地区缺少水源，人们仿佛要被军队行军扬起的大片灰尘窒息，几乎所有人都处在死亡的边缘。后来他们终于找到了一处水源，重新获得了生命。此外，塞维鲁斯还派拉特拉努斯（Lateranus）、坎迪杜斯（Candidus）和莱图斯（Letus）劫掠并放火点燃敌国，他们按照塞维鲁斯的命令照办了，还占领了几座城市。塞维鲁斯为取得这样的成绩而骄傲自满，但是他的虚荣心应该也受到了些挫败，因为同时他也一直在寻找一个叫克劳狄乌斯（Claudius）的人却一直没找到。克劳狄乌斯不断在犹太和索里亚进行突袭和抢劫，视自己为罗马军队的一个军官，他来到军营里见塞维鲁斯，向他下跪，亲吻他的手，然后就离开了。自那以后，塞维鲁斯再也没有找到过他。因为塞维鲁斯这些英勇的举动和取得的胜利，在勋章上可以看到他第六次、第七次和第八次被授予"皇帝"封号（*Mediobarb., in Numism. Imp.*）。除此之外，元老院还授予他"阿迪亚波纳征服者"（Adiabenico）、"帕提亚征服者"（Partico）和"阿拉伯征服者"（Arabico）的称号。"阿拉伯征服者"的称号说明他也向阿拉伯人发起过战争。元老院还宣布为他举办凯旋庆祝仪式，但是根据斯帕提安努斯（*Spartianus, in Severus.*）所述，塞维鲁斯拒绝了凯旋典礼，因为他不想从内战的胜利中获得这一荣耀；他也不想接受"帕提亚征服者"的称号，因为他不想进一步激怒强大的帕提亚民族。尽管如此，在这一年的一些勋章上还是能看到他被冠以了上述3个称号，在一些碑文中也可以看到同样的记录。接下来，塞维鲁斯去了尼西比（Nisibi），他给这座城市许多特权，并让一个罗马的骑士管理该市。狄奥尼（*Dio, lib. 74.*）注意到，塞维鲁斯大大增加了罗马帝国在那一地区的威望，并给尼西比这座城市修筑了坚固的防御工事，原因是尼西比一直受到梅迪人（Medi）与帕提亚人的骚扰而频发战争，劳民伤财，梅迪人和帕提亚人也没有获得好处，反而给他们带来了巨大的损失和花费。

就在塞维鲁斯忙于与东方各国作战时，在西方的不列颠，克洛狄乌斯·阿尔比努斯·恺撒发起了一场战争，使塞维鲁斯面临着一个更加危险的考验，我将在下一年详细叙述这件事。这场战火也威胁到了高卢，因此塞维鲁斯给士兵们分发了一笔丰厚的犒赏后，就不得不放弃索里亚，率领庞大的军队经由陆路重返欧洲。据赫罗狄安（*Herodianus, lib. 3.*）所述，塞维鲁斯率军不知疲倦地赶路，不休息，也不分节庆日和工作日。任何辛劳都不会令他疲惫，炎热和寒冷也不会给他造成困扰，他经常要翻过积雪覆盖的高山，即使在大雪纷飞的天气里，他也把头露在外面，以激励士兵应对行军的辛苦，就这样士兵们也高兴地赶着路，并不是因为害怕皇帝，也不是被迫这样做，而是被皇帝感染，竟相以皇帝为榜样。塞维鲁斯简直天生就是做军队将领的。当他抵达（*Spartianus, in Severus.*）多瑙河畔上默西亚（Mesia Superiore）行省的维米纳西奥（Viminacio）时，他宣布他的长子巴西安努斯（Bassianus）为"恺撒"，并给他更改了名字，称他为马库斯·奥勒留斯·安东尼努斯（Marcus Aurelius Antoninus），不过他更加广为人知的名字是他的绰号"卡拉卡拉"（Caracalla），这是历史学家在他逝世后赋予他的名字，因为他酷爱穿一种当时新发明的高卢服饰。

年　份　公元197年　小纪纪年第五年

才斐林教皇第一年

塞普蒂米乌斯·塞维鲁斯皇帝第五年

执政官　阿庇乌斯·克劳狄乌斯·拉特拉努斯（Appius Claudius Lateranus）与鲁菲努斯（Rufinus）

对于塞维鲁斯·奥古斯都和德西穆斯·克洛狄乌斯·阿尔比努斯·恺撒之间的和谐关系出现裂痕的原因，人们的说法不一。有人跟塞维鲁斯汇报（Herodianus, lib. 3.）阿尔比努斯在不列颠滥用职权，将自己当作皇帝一样而不是恺撒。狄奥尼补充说，阿尔比努斯曾写信给塞维鲁斯，要求塞维鲁斯宣称他为"奥古斯都"。此外，据说塞维鲁斯在与东部各国作战的时候，元老院一些主要议员秘密写信给阿尔比努斯，劝说他来罗马，并向他保证一定会热情接待他。值得一提的是，当时所有罗马贵族几乎都更倾向于阿尔比努斯，因为他出身于阿非利加一个地位十分尊贵的家族——阿尔比努斯是这么宣称的，尽管塞维鲁斯认为这不是真的。据说，阿尔比努斯性情温和，和蔼可亲，然而卡皮托里努斯（Capitolinus, in Albino.）对此的叙述却完全不同。可以确定的是，塞维鲁斯缺少高尚的品质，他的举措都是一些残忍之举。另外，阿尔比努斯心中有一些忧虑，因为他的朋友们一直警告他说不要信任塞维鲁斯，塞维鲁斯诡计多端，到处布下陷阱，是个不值得信赖的人，而且他还有两个儿子，因此无法让人相信他会有意偏袒阿尔比努斯而损害自己孩子的利益。后来阿尔比努斯对塞维鲁斯的猜忌得到了证实，因此塞维鲁斯转变了对他的看法。一开始塞维鲁斯打算利用欺骗的手段，写信给元老院和阿尔比诺，假装对阿尔比努斯充满善意。信写好后，他派了几个信使到不列颠，秘密地给他们下达刺杀阿尔比努斯或者将他毒死的命令。阿尔比努斯非常警觉，在接见信使之前，他叫人将信使仔细搜查了一遍，看看他们有没有携带武器。觉察到有诡计（Capitolinus, in Albinus.）后，他叫人对这几个信使严加拷打，用酷刑逼他们说出了真相，然后下令将他们吊死了。就这样，阿尔比努斯和塞维鲁斯之间的关系彻底破裂了。阿尔比努斯在朋友们的建议下，自称为皇帝，他集结了大批士兵，在这一年进军高卢，想方设法拉拢更多城市加入他的阵营——那些跟随他的城市后来大概都非常后悔。塞维鲁斯已经率领军队从索里亚赶来,因怀疑阿尔比努斯试图入侵意大利,于是他发出紧急命令,使军队向阿尔卑斯山进发。据狄奥尼(*Dio, lib. 75.*)所述,这场新的内战爆发之后,罗马城内对此议论纷纷。人们爱戴阿尔比努斯,同时也对战争耗费巨资、牺牲无数人的生命这种悲惨的后果感到难过,于是只能在剧院中借戏剧对此发表怨言。与此同时,元老院接到塞维鲁斯的命令——发布阿尔比努斯为敌的通告,元老院很快执行了命令。

据说,上一年阿尔比努斯的人就在高卢与那些仍然忠于塞维鲁斯的官员发生了一些冲突。卡皮托里努斯写道,塞维鲁斯的军官挨了打。这里狄奥尼(*Ibidem.*)叙述了一件奇事。一个叫努梅里亚努斯(Numerianus)的人原本在罗马教授小孩子语法,一天他突然产生一个古怪的想法——去到高卢,让人相信他是塞维鲁斯派去招募士兵的元老院议员。一开始他集结了几支部队,并率领这几支部队打败了阿尔比努斯的几支骑军,后来他又做出一些有利于塞维鲁斯的事情。塞维鲁斯得知了此事,以为他真的是一名元老院议员,于是写信给他对他表示称赞,并命令他扩张他的军队。努梅里亚努斯服从了塞维鲁斯的命令,他不仅做出许多针对阿尔比努斯的英勇之举,还给塞维鲁斯送去在高卢积攒的150万银币。战争结束后,他来到塞维鲁斯跟前,向他坦白了一切。他本来可以得到许多赏赐和尊贵的职位,但他只想要从塞维鲁斯那里得到一小部分抚恤金,足够让他在乡下平静地度过一生。

当塞维鲁斯率军穿过阿尔卑斯山进入高卢时,阿尔比努斯正在享受着高卢的安逸。于是,他立即率领全部军队来到里昂。双方发生了一些小规模的战斗(*Dio, lib. 75.*),在一场战斗中,阿尔比努斯的军队战胜了塞维鲁斯的将军卢布斯(Lupus),屠杀了他们许多士兵。塞维鲁斯不耐烦了,他想要进行一场决胜之战,他对他英勇善战的军队充满信心——他们已取得过无数胜利,人数达到5万人。据说,阿尔比努斯也拥有同样数目的士兵,这些士兵也同样英勇,具备丰富的作战经验。于是,在这一年2月19日,在距里昂(*Capitolinus, in Severus.*)几罗马里远的地方双方展开了一场激烈而血腥的战役。双方军队都异常英勇,顽强抵抗,拼死搏斗,就这样战斗持续了很长时间,后来阿尔比努斯的左翼军队屈服了,甚至他们的军营都被塞维鲁斯军队完全掀翻了,于是塞维鲁斯军队开始对阿尔比努斯的军营大肆掠夺。而阿尔比努斯的右翼军队则给塞维鲁斯的军队带来了可怕的一击。根据当时经常使用的策略，阿尔比努斯的军队挖掘了一些壕沟，上面用土覆盖上，士兵们躲在壕沟里往外射箭。塞维鲁斯的军队冲到壕沟里面，将其中的士兵和马匹全部屠杀。其他士兵十分恐惧，纷纷撤退，整个军队陷入一片混乱。塞维鲁斯率禁卫军前去支援，但正面迎上了阿尔比努斯的军队，阿尔比努斯摔下马被刺伤，差点被杀死。阿尔比努斯所有的军队都被击溃了，这时，他撕碎外衣，手里持着出鞘的短剑，站在那些逃兵面前——他的声音与身影足以让逃兵们转过身来，继续勇敢地与敌人战斗。直到现在，莱图斯和他的储备军都还没有采取行动，据说他是希望两个皇帝都战死，然后双方军队将把皇帝的权杖让与他；或者是他希望通过拖延来看清获胜者从而加入。这则传言来源于赫罗狄安（*Herodianus, lib. 3.*）。赫罗狄安还补充说，塞维鲁斯没有像对待其他将军一样奖励莱图斯，而是在下一年处死了他。现在，莱图斯见塞维鲁斯占了上风，于是，他也朝阿尔比努斯的军队发起了进攻，并最终击溃了阿尔比努斯。双方在这次战争中都死伤无数，可以借用历史学家经常用的一句话来表达：鲜血像小溪一样流淌，最终汇流成河，如果战败者为输掉战争而哭泣，那么获胜者也不会因为赢得胜利而欢呼大笑。巴基神甫（*Pagius, in Critic. Baron., ad annum 198.*）认为这场悲剧发生于下一年，但它更有可能是在这一年发生的。

　　塞维鲁斯取得胜利后，里昂市就成了他实施暴行的地方，他的军队进入城市，将它洗劫一空，然后烧毁。阿尔比努斯逃到罗纳河畔的一个小屋，当他决定撤退逃跑时，已经来不及了，因为所有关口都被攻占了，于是他选择自刎结束了他的悲剧（*Capitolinus, in Albinus.*）。还有人说他是被士兵或者一个奴隶所杀，奄奄一息时被带到塞维鲁斯跟前，塞维鲁斯将他的头砍下来送到了罗马，并写信给元老院。元老院议员们非常痛心，因为许多元老院议员曾对阿尔比努斯表示爱戴，希望他能取得胜利。后来，塞维鲁斯还将怒气发泄在阿尔比努斯的妻儿身上。起初，他宽恕了阿尔比努斯的妻子和两个儿子，但是没过多久，他就下令将他们处死，并把他们的尸体扔到罗纳河里。塞维鲁斯十分谨慎地叫人拿走阿尔比努斯文件柜里的所有信件，以了解与阿尔比努斯通信的人都有谁，之后将找到的所有相关之人都一一处死了。阿尔比努斯的所有家人，以及他在高卢和西班牙的贵族朋友（既包括男人，也包括女人）也都因此丧命。很快在意大利也有许多人被处以死刑，因为塞维鲁斯无法饶恕那些曾经偏袒阿尔比努斯的人。塞维鲁斯对所有人都怀有恨意，有一位不幸的贵族被牵扯进阿尔比努斯一派，他问塞维鲁斯（*Aurelius Victor., in Breviario.*）："如果你没有如此幸运，如果你现在像我一样，你会怎么做？"塞维鲁斯冷酷地回答道："我会耐心经受你现在要经受的惩罚。"（*Spartianus, in Severus.*）然后他将那个人杀死了。被塞维鲁斯处以死刑之人的所有财产都被没收纳入皇帝的私人金库，因为没收的钱财金额巨大，塞维鲁斯可以轻易地用此奖赏士兵以及他们的子女。虽然阿尔比努斯死了，但高卢并没有就此恢复平静，有一些阿尔比努斯的拥护者还在尽其所能地抵抗，但最终塞维鲁斯的军队以绝对优势占据了上风。塞维鲁斯在这一年将不列颠划分为两个行省，他不想再让该地仅在一人管辖之下。之后，塞维鲁斯从高卢出发返回罗马，他率领全部军队以进一步震慑罗马人，实际上所有人已经对他充满了恐惧，已经认识到他是一个怎样残忍的人，特别是通过他之前寄来的可怕的信。塞维鲁斯进入罗马城后，佩戴桂冠、身穿华服的罗马人民及元老院议员们不断对其高呼"万岁"，虽然从嘴里喊出来的，但并非发自内心。

　　接下来的几天是祥和宁静的，塞维鲁斯赠予了人民丰厚的礼物（*Herodianus, lib. 3.*），对士兵更加慷慨，赠予他们的犒赏比以往任何君主都要多，而且还增加了他们的粮食份额，允许他们佩戴金戒指，将妻子或者女人留在军营中——这在以前是军纪严令禁止的事情，因为这会让士兵们沉迷于安逸奢华，蔑视军纪的效力。塞维鲁斯深受士兵们的爱戴，他对其他事情毫不关心，只要求所有人都对他怀有畏惧之心。塞维鲁斯来到元老院，狄奥尼坦白说（*Dio, lib. 75. Herodianus, lib. 3.*），当塞维鲁斯开始称颂康茂德·奥古斯都并自称为他的兄弟时（*Spartianus, in Severus*），他和所有同事都感到不寒而栗。塞维鲁斯痛斥元老院使康茂德蒙受耻辱，说他们大部分人其实过着比康茂德更无耻下流的生活。之后他又开始赞颂卢基乌斯·科尔涅利乌斯·苏拉（Lucius Cornelius Sulla，罗马共和国独裁官）、盖乌斯·马略（Gaius Marius）和奥古斯都大帝统治的前几年，因为他们利用武力做出很多功绩，他认为武力才是镇压帝国、消灭各派、防止叛乱最可靠的方式，而不是像庞贝和尤利乌斯·恺撒那样采取仁慈宽厚的方式，那样只会导致他们垮台（*Aurelius Victor, in*

*Breviario.*)。残忍与过分的严酷往往会使朋友成为暗中的敌人，而仁慈宽厚会将敌人转化为朋友。许多贤明智慧的君主对此都做出过有说服力的举动。在元老院，塞维鲁斯发现了一些元老院议员写给阿尔比努斯的信，信中任何表示友好的语句都被他视为一项严重的罪行，不过，他宽恕了其中35位元老院议员，并自那以后总是对待他们如朋友一般，以显示自己的宽厚仁慈。但是，他未经起诉，就给另外29位议员判了刑，其中包括佩蒂纳克斯皇帝的岳父苏尔皮西阿努斯（Sulpicianus）。斯帕提安努斯（*Spartianus, in Severus.*）称受害者为42位罗马地位最为尊贵的人物，大部分曾担任过执政官、总督或其他显要的职务。赫罗狄安（*Herodianus, lib. 3.*）认为受害者比这还多，塞维鲁斯借口这些人曾是阿尔比努斯的拥护者而处死了各省身份最为尊贵、最为富有的人，实际上他只是觊觎他们的财产，因为他对积累财富永不满足。在被处死的人中，有一位是曾任执政官的埃鲁西乌斯·克拉鲁斯（Erucius Clarus）。塞维鲁斯许诺，只要他愿意指控曾经拥护过阿尔比努斯的人，就可以免除他的死罪，但是克拉鲁斯宁愿死一千次，也不愿做出如此丑恶的事情，最终他被处死了。尤利安努斯（Iulianus）没有像克拉鲁斯一样，他按照塞维鲁斯的吩咐做了，因而保全了性命，不过，这种卑鄙的服从使他付出了很大代价，因为塞维鲁斯对他进行了严刑拷打，以使他的证词更具法律效力。据蒂勒蒙特（*Tillemont, Mémoires des Empereurs.*）所述，当时生活在阿非利加的德尔图良（*ertull., ad Martyres.*）劝诫基督教的受难者以塞维鲁斯愤怒地残害了那么多罗马贵族为警示而忍受痛苦折磨，然而他们的忍耐并没有让他们幸免于难。在塞维鲁斯的统治下，又掀起了新一轮异教徒对信仰基督的教徒的迫害。也正因为此，据说在这一年，圣维笃教皇光荣殉教，才斐林（Zefirino）继任了教皇之职。

斯帕提安努斯（*Spartian., in Sev.*）将塞维鲁斯纪念康茂德皇帝，并称其为自己兄弟的行为视为一种疯狂的举动。一些碑文也对这件事有所记载。塞维鲁斯还想让元老院授予这样一位臭名昭著的皇帝以神的荣誉，这让人愈加发现异教徒的疯狂——他们会将一位满身恶习的君主视为神灵。到目前为止，那位勒死康茂德的摔跤手纳尔西索仍然平静地活着，但在塞维鲁斯成为康茂德的保护者和歌功颂德者后，在这一年他被扔进了狮笼里。由于塞维鲁斯宣称自己是康茂德的兄弟与马库斯·奥勒留斯之子（*Dio, lib. 71*），波列尼乌斯·塞本尼乌斯（Pollenius Sebennius）——一个喜欢讲讽刺之语的人，非常大胆地对塞维鲁斯说："我也同您一样高兴，因为我找到了父亲。"就好像因为他出身低贱，无人知晓他的父亲一样。然而，一向警觉的塞维鲁斯并没有觉察到这是一句嘲笑的话语。塞维鲁斯的一个姐姐带着她的儿子来找他（*Spartianus, in Severus.*），她已经可怜地下嫁到阿非利加的莱普提斯（Leptis）市，塞维鲁斯给了她一些赏赐，并将她的儿子封为元老院议员，但是他因为他的姐姐不会说拉丁语而感到羞耻，因此把她送回了家中。不久之后，他这位姐姐的儿子也去世了。据斯帕提安努斯所述，塞维鲁斯在这一年给他的长子巴西安努斯（Bassianus）增添了很多荣誉——他当时已经被授予马库斯·奥勒留斯·安东尼努斯的名字，我们称其为卡拉卡拉，塞维鲁斯指定他为自己的继承人，并让元老院授予了他皇帝的各项荣誉。赫罗狄安（*Herod., lib. 3.*）认为，塞维鲁斯还宣布巴西亚乌斯为帝国的共治者，不过，学者们对此有很多争议，大多数人认为这件事应该发生在下一年。同时，也不太可能像巴基神甫（*Pagius, in Critic. Baron., ad hunc annum.*）所说的那样，塞维鲁斯在这一年授予了卡拉卡拉保民官权力，这应该是下一年元老院授予他的。很长时间以来，奥古斯都皇帝命令的任何事情元老院都会照办，只要皇帝一张口，他们就会立刻服从命令。根据赫罗狄安所述，似乎塞维鲁斯在罗马停留了一段时间后，就于这一年再次率军朝东方各国进军，我将这件事留在下一年讲述。

年　份　公元198年　小纪纪年第六年
　　　　才斐林教皇第二年
　　　　塞普蒂米乌斯·塞维鲁斯皇帝第六年
　　　　卡拉卡拉皇帝第一年
执政官　萨图尼努斯（Saturninus）与加卢斯（Gallus）

一些人称这两位执政官的名字是提贝里乌斯（Tiberius）和盖乌斯（Gaius），但这是不确定的，因此这里我只写了他们的姓氏。当时，一般不会将执政官的名字和姓氏都写出来，一般会将他们的名字省略。

塞维鲁斯·奥古斯都在上一年或者这一年出发前往东方各国，以再次在那一地区发动战争。赫罗狄安（*Herodian., Histor., lib. 3.*）和斯帕提安努斯（*Spartianus, in Severus.*）认为这场战争根本没有什么必要，塞维鲁斯发动这次战争只是为了赢得一次胜利，因为当时的罗马军队只在内战中取得过胜利。但是对于这段历史的记载非常混乱，近代作家不仅对这场战争发生的时间充满了不确定和争议，而且在陈述这段历史的细节上也存在分歧。狄奥尼、赫罗狄安和斯帕提安努斯是我们了解这段时期历史的可以信赖的作家，但他们对这段历史的记述也存在很多不一样的地方。据斯帕提安努斯所述，塞维鲁斯率军从布林迪西乘船到达希腊，然后通过陆路继续行军，最终抵达索里亚。狄奥尼（*Dio, lib. 75.*）写道，在塞维鲁斯忙于对付阿尔比努斯时，帕提亚人轻而易举地攻占了美索不达米亚，还包围了尼西比市。莱图斯很可能在打败阿尔比努斯之后，被塞维鲁斯派去了那一地区，守卫尼西比市。不过，赫罗狄安和斯帕提安努斯对于这件事的说法与狄奥尼不同，他们写道，塞维鲁斯再次冒险不是有什么需要，只是渴望获得胜利。但这与我接下来要说的又不太相符了。赫罗狄安同样还写道，塞维鲁斯发动这次战争的借口是要报复阿特拉（Atra）的国王，因为他在之前的战争中宣称拥护佩斯克尼乌斯·尼格鲁斯。塞维鲁斯原先是想进攻亚美尼亚，但是那个国王带着礼物和扣押的人质前来，向他恳请议和。奥斯若恩（Osroene）的国王阿布加尔（Abgaro）也将他的儿子送去做人质，并给罗马军队调派去了一大批弓箭手。

后来，塞维鲁斯经过阿尔贝尼国（Albeni），来到阿拉伯费利克斯（Arabia Felix）（这有待确证），攻占了许多城市和城堡，洗劫了市区，来到阿特拉。这是一座十分难攻的城市，既是因为它坚固的城墙，也是因为它坐落于一座山上，有出色的弓箭手把守。阿特拉人拼死抵抗，烧毁了罗马人的作战器械，许多罗马人都死于阿特拉人的刀剑和弓箭下，但更多的是死于在他们军营中蔓延开来的疾病。因此，塞维鲁斯不得不撤除包围，他十分愤怒而困惑，因为以往总是他取得胜利，如今看起来似乎是他被打败了。之后，塞维鲁斯转而进军帕提亚。这些是赫罗狄安（*Herodianus, lib. 3.*）所记述的。对此，狄奥尼（*Dio, lib. 75.*）写道，帕提亚人没有等到塞维鲁斯来就返回了他们的国家。此时，塞维鲁斯已抵达尼西比，在那里一头巨大的野猪将一名从马背上摔下来的骑兵杀死了，于是，30名士兵被派去刺杀那只野猪，并将它呈到了塞维鲁斯面前。随后，塞维鲁斯立即向帕提亚人发动了战争。狄奥尼称帕提亚的国王是沃洛加索斯（Vologeses），而赫罗狄安则称其为阿塔巴诺（Artabano）。根据狄奥尼所述，接下来才发生了对阿特拉的失败围攻。但是狄奥尼记录了对阿特拉的两次围攻（我不太清楚这座城市是位于离尼西比不远的美索不达米亚，还是像狄奥尼所说的在阿拉伯），似乎只有第一次围攻是发生在这一年。另外，狄奥尼还写道，塞维鲁斯是进入美索不达米亚后才开始围攻的。狄奥尼记述的历史在西弗里诺（Sifilino）的作品中删减得太多，太过混乱。

塞维鲁斯从阿特拉撤兵之后，朝帕提亚进军。赫罗狄安（*Herodianus, lib. 3.*）认为，塞维鲁斯的军队登船之后，水流的冲击力意外地将他们送到了帕提亚，而帕提亚的国王丝毫没有预料到来自罗马人的敌意。然而，狄奥尼（*Dio, lib. 75.*）写道，帕提亚人不久前对美索不达米亚发动了战争，塞维鲁斯准备了大量轻舟以渡过幼发拉底河袭击帕提亚人。海军一切准备就绪之后，罗马军队开始进军，进入被帕提亚人遗弃的城市塞留西亚（Seleucia）和巴比伦（Babilonia），不久之后就攻占了帕提亚当时的皇宫塞斯蒂芬（Ctesifonte）。据斯帕提安努斯（*Spartianus, in Severus.*）所述，这件事发生在这年秋末的时候。帕提亚的国王沃洛加索斯（或者叫阿塔巴诺）带着几匹马逃走了，他的财产被全部占领。塞维鲁斯允许士兵进入城内进行劫掠，他们屠杀了无数人之后，将10万居民囚禁了起来。但是由于缺少粮食，塞维鲁斯没有在那座城市停留很长时间，而是率领军队满载着战利品返回了罗马。如果斯帕提安努斯（*Spartianus, ibidem.*）所述属实，在这胜利之际，士兵们热烈欢呼，宣布塞维鲁斯的长子马库斯·奥勒留斯·安东尼努斯·卡拉卡拉为帝国的共治者，也就是授予其"奥古斯都皇帝"封号，而他的次子盖塔被授予"恺撒"封号。大多数人都认为卡拉卡拉是在这一年才获得这一荣誉的，并且认为占领塞斯蒂芬发生于公元200年，佩塔维乌斯、梅扎巴尔巴和比安奇尼都是这样写的，但似乎并没有坚实的证据予以支撑。在我引用的一则碑文（*Thes. Novus Inscript., Clas. XV, p. 1035, num. 6.*）上面写着"10月13日，卡拉卡拉，执政官萨图尼努斯与加卢斯（Ⅷ. KAL. OCTOBR. SATVRNINUS ET GALLUS COS）"。也就是说，在这一年，卡拉卡拉被称为奥古斯都皇帝，拥有保民官权力和行省总督职权。一些勋章（*Mediobarbus, in Numismat. imperat.*）表明，这一年塞维鲁斯第十次被授予"皇帝"封号，这标志着（事实也确实如此）他在与帕提亚人的战争中取得了胜利。塞维鲁斯（*Herodianus, lib. 4.*）用富丽堂皇的辞藻向元老院和罗马人民报告了他取得的这些胜利，还命人将战事的经过绘制在罗马的各种版画上。元老院连忙给他授予了他征服各个国家的最为荣耀的头衔，并且阿谀奉承地专门为他设立了"帕提亚最高征服者"（Partico Massimo）的荣誉称号，一些碑文和勋章中开始出现这样的称号。元老院还为他举办了凯旋的仪式。如果斯帕提安努斯（*Spartianus, in Severus.*）所述属实，在塞维鲁斯不知情的情况下，军队宣布拥立卡拉卡拉为"奥古斯都"，塞维鲁斯自认为他们这样做是因为他有关节疾病，或者是足部痛风，无法再带兵打仗。塞维鲁斯登上王座，召来所有军官，意欲惩罚策划这件事的人。所有人都跪倒在地，请求皇帝的宽恕。最后，塞维鲁斯只是说了一句："你们要认识到，是头在指挥，而不是脚。"萨尔马西乌斯认为这只是斯帕提安努斯捏造的事情。蒂勒蒙特（*Tillemont, Mémoires des Empereurs.*）试图证明这件事的真实性，他说卡拉卡拉为了排斥他的弟弟盖塔而操纵了这件事，这令塞维鲁斯很不悦。或者，这件事发生在塞维鲁斯在不列颠的最后一次战争中。他的说法似乎是合理的，但是怎么可能卡拉卡拉在这一年就获得了"奥古斯都"封号呢？

年　份　公元199年　小纪纪年第七年

才斐林教皇第三年

塞普蒂米乌斯·塞维鲁斯皇帝第七年

卡拉卡拉皇帝第二年

执政官　普布利乌斯·科尔涅利乌斯·阿努里努斯（Publius Cornelius Anulinus）

第二次，马库斯·奥菲狄乌斯·弗龙蒂努斯（Marcus Aufidius Frontinus）

如我之前讲到的，塞维鲁斯两次围攻阿特拉城（*Dio, lib. 75.*）。据赫罗狄安（*Herodianus, lib. 3.*）证实，第一次围攻应该发生在上一年。在这次围攻中，罗马军队遭遇惨败,其中最不幸的事情是两位最为英勇的军官被处死了。一位是尤利乌斯·克里斯普斯(Iulius Crispus),他担任禁军长官,为繁忙的军事而感到疲劳。看见皇帝为了他的执念与虚荣,围绕着这座无法攻破的堡垒牺牲了那么多士兵,他怒不可遏,于是开始吟唱维吉尔《埃涅阿斯纪》第十一卷的诗句,其中有一句是德兰斯(Drance)为特努斯(Turnus)无故杀死了他的许多士兵而十分难过。塞维鲁斯得知此事后,将尤利乌斯·克里斯普斯立即处死,随后将他的职位给了一个叫作瓦莱利乌斯(Valerius)的普通士兵——就是指控克里斯普斯的人。另一位军官是莱图斯(Letus),也就是我们之前提到的那位在塞维鲁斯打败阿尔比努斯赢得胜利时的主要参与人员。士兵们非常爱戴莱图斯,有一天,士兵们不愿意上场战斗,并表示除非是由莱图斯指挥,塞维鲁斯非常忌妒这些士兵对他们的将军表现出的偏袒,于是将莱图斯处死了。狄奥尼对莱图斯的描述是一位在内部事务上非常谨慎、在军事上非常英勇的人物,并说他不光彩的死不是像赫罗狄安和斯帕提安努斯所说的那样——因为在里昂之战中图谋造反,而是因为冷酷无情的塞维鲁斯对他心怀忌妒。塞维鲁斯后来也对此事感到羞愧(*Spartianus, in Severus.*),他想让人相信莱图斯是因为违背他的意愿而被士兵们杀死的。

在准备了充足的粮食与器械后,塞维鲁斯(*Dio, lib. 75.*)在这一年再次围攻阿特拉,因为他觉得如果不攻下这座堡垒,就好像什么也没做成一样。但是上帝创造这座城市是用来羞辱塞维鲁斯的骄傲的。这一次,塞维鲁斯再次牺牲了一大批士兵,阿特拉军队用点燃的沥青烧毁了他所有的木质装备,只留下了尼西亚著名工程师普里斯库斯建造的器械。尽管如此,阿特拉城的外墙还是有一部分倒塌,罗马士兵见状受到鼓舞,要求发动攻击,但塞维鲁斯却不同意,并下达了撤退的命令。塞维鲁斯之所以会下令撤退,是源于他的贪婪和痴心妄想,因为有传言称在这座城市里蕴藏着巨大的宝藏,特别是在一座太阳神宫殿里,因此这里备受崇拜。塞维鲁斯以为,阿特拉人见自己形势不利一定会缴械投降,这样自己就可以将那里的所有财富据为己有。但是,阿特拉人并没有表示出投降的意思,相反,他们连夜修好了倒塌的城墙。第二天,塞维鲁斯见他的计划失败,一时怒不可遏,便下令军队发起进攻,但是没有一个士兵愿意服从他——他们仍然因为昨天塞维鲁斯的贪婪而使他们错失取得胜利的机会而气愤不已。索里亚人不得已前去支援，但阿特拉城防守坚固，他们为此牺牲了许多士兵。塞维鲁斯因士兵们叛乱而感到非常不安，以至于有一位将军承诺可以攻入阿特拉城，只要给他550名士兵时，他忍不住脱口而出："我们上哪儿找这么多人？"在20天的失败围攻中，塞维鲁斯从来没有对自己这样失望过，最终他不再去骚扰阿特拉城了。有可能这次围攻发生在接下来的某一年，但我选择在这里提及这件事。从尤塞比乌斯（*Euseb., in Chron.*）的作品中推断，大概是在这一时期，巴勒斯坦发生了战争。尤塞比乌斯写道，塞维鲁斯在统治的第五年，开始了在犹太和撒玛利亚（Samaria）的战争。关于罗马人在那里的战况，我们可以从斯帕提安努斯（*Spartianus, in Sev.*）那里得知。他写道，罗马的元老院给卡拉卡拉授予了在犹太之战中取得胜利的凯旋仪式，同时庆祝在索里亚之战中取得的战绩。塞维鲁斯在东方各国还做了哪些事情，我就不太清楚了，因为那些事情太过混乱，我们无法确定其发生的时间。但是一些勋章（*Mediobarbus, in Numismat. Imper.*）显示，这一年塞维鲁斯第十一次获封"皇帝"称号，这表明他在这一年取得了某些胜利。尤塞比乌斯的编年史中还写道，塞维鲁斯在这一年征服了阿拉伯人，随后将他们的国家设为罗马的一个行省。

年　份　　公元200年　小纪纪年第八年

才斐林教皇第四年

塞普蒂米乌斯·塞维鲁斯皇帝第八年

卡拉卡拉皇帝第三年

执政官　提贝里乌斯·克劳狄乌斯·塞维鲁斯（Tiberius Claudius Severus）与盖乌斯·奥菲狄乌斯·维克托里努斯（Gaius Aufidius Victorinus）

在罗马，有一则过去几年发掘的保存完好的碑文，我在文集（*Thesaurus Novus Inscript., pag. 347.*）中引用过这则碑文。这是落款为4月1日的碑文，上面写着"执政官塞维鲁斯与维克托里努斯（SEVERUS ET VICTORINUS COS）"。也就是说，在这一年，出征对抗帕提亚人的士兵返回罗马。得益于这次胜利，塞维鲁斯第八次被授予保民官权力，第十一次获封"皇帝"称号。同时，马库斯·奥勒留斯·安东尼努斯，即卡拉卡拉第三次获得保民官权力。由此可知，在公元198年之前，卡拉卡拉就获得了保民官权力。根据佩塔维乌斯以及后来的梅扎巴尔巴（*Mediobarbus, in Numismat. Imperator.*）和比安奇尼的说法，这一年塞维鲁斯发动了对帕提亚的战争，并攻占了塞留西亚、巴比伦和塞斯蒂芬皇宫。梅扎巴尔巴提及了一些勋章，上面写着"帕提亚最高征服者的胜利（VICTORIA PARTHICA MAXIMA）"，他认为这是属于这一年的。但是，其中的一些勋章也可能是属于前几年的，因为上面标明了第几次获保民官权力。另外，还需要注意，不仅是在当年的勋章中会记录这一年皇帝取得的胜利，在接下来几年的勋章中也有可能提及之前的胜利。塞维鲁斯在上一年第十一次被封为"皇帝"，但在这一年的勋章中却没有再出现这样的称呼，这就很难让人相信帕提亚之战及其胜利是发生在这一年，也就证实了帕提亚之战发生在这一年之前。那么，塞维鲁斯在这一年做了哪些事情呢？对此，我们只能找到一些含糊不清的记述。因此，请允许我把一些可能不属于这一年的事情放在这里讲。塞维鲁斯（*Tillemont, Mémoires des Empereurs.*）在东方各国游历时采取的一项举措是搜寻曾经与佩斯克尼乌斯·尼格鲁斯交好或者是对其表示过支持的人，目的仍然是占有他们的财产，他对财富永不满足。根据斯帕提安努斯（*Spartianus, in Sever.*）所述，同时根据更为可靠的历史学家狄奥尼（*Dio, in Excerpt. Valesianis.*）证实，塞维鲁斯在这之前从没有因为觊觎他人的财产而杀人。然而，在这一年，他下令处死了许多被指控曾经支持过尼格鲁斯的人。

  禁军总督普劳提安努斯（Plautianus）十分邪恶狠毒，对此我会在之后讲到，他有可能是这些不公案件背后的谋划者，也有可能进一步激化了塞维鲁斯的残忍。像上面提到的那样的搜寻不仅在罗马进行，还在欧洲各省进行（*Spart., in Sev. et in Geta.*）。据说，在对尼格鲁斯和阿尔比努斯的拥护者进行迫害的时候，塞维鲁斯对他的儿子们说这是"将他们从敌人那里解救出来"，年轻的卡拉卡拉表示赞同，补充说："还应该把他们的子嗣都处死。"这时，他的弟弟盖塔询问他们是否有亲戚，塞维鲁斯回答说："有许多。"盖塔说："那么我们还有许多憎恨我们的人。"然后他转向卡拉卡拉，对他说："如果兄长谁都不愿放过，那么意味着兄长也可以杀死自己的弟弟。"这句话是对后来发生之事的一个预言。塞维鲁斯非常喜欢小儿子盖塔这番具有智慧的讲话。禁军总督普劳提安努斯与尤维纳利斯（Iuvenalis）太过强势，他们只想着用别人的不幸充盈自己的金库。还有一些人因为向迦勒底的占卜师询问关于皇帝身体健康的预言而被处死。据尤塞比乌斯（Euseb., in Chronic.）所述，这一年，在安提阿和罗马建造了塞维鲁斯·奥古斯都浴场（Terme di Severus Augustus）和塞普蒂佐尼乌斯（Septizonius）。斯帕提安努斯（Spartianus, in Sever.）只谈到了罗马浴场和塞普蒂佐尼乌斯。关于塞普蒂佐尼乌斯，我们只知道这是一座十分宏伟的建筑，学者们对于它的选址和用途存在争议，一些人认为它是一座陵墓，另一些人则认为它是一座民用建筑。

年　　份　　公元201年　小纪纪年第九年

才斐林教皇第五年

塞普蒂米乌斯·塞维鲁斯皇帝第九年

卡拉卡拉皇帝第四年

执政官　　卢基乌斯·阿尼乌斯·法比安努斯（Lucius Annius Fabianus）与马库斯·诺尼乌斯·阿利乌斯·穆齐阿努斯（Marcus Nonius Arrius Mucianus）

第二位执政官的名字出现在我的文集（Thesaurus Novus Inscript., p. 348, n. 5.）引用的一则碑文里。

我们同样不清楚这一年塞维鲁斯在东方各国做了哪些事情。根据勋章（Mediobarbus, in Numism. Imperat.）显示，大概从这一年开始，塞维鲁斯开始使用"庇乌斯"的称号，从这以后可以经常见到他的这一称号。但这样一个美好的称号放在这个残忍冷酷的皇帝身上对他产生了不利影响。佩蒂纳克斯就曾因为他"庇乌斯"的称号而被耻笑，后来逐渐抛弃了这一称号。我们从斯帕提安努斯（Spartianus, in Sever.）那里得知，塞维鲁斯在安提阿的时候，给他的儿子卡拉卡拉·奥古斯都授予了成年男子长袍。如果这是真的，那么如巴基神甫所认为的那样，卡拉卡拉（*Pagius, in Critic. Baron.*）出生于公元188年4月6日，而罗马人通常在年满14岁的时候穿上这种长袍，因此卡拉卡拉提前一年举行了这一仪式。塞维鲁斯还指定自己为下一年的执政官，并指定卡拉卡拉为其执政官共治者。斯帕提安努斯将塞维鲁斯出征希腊的时间定为下一年，许多著名作家也是这样认为的。但是正如所有人承认的那样，斯帕提安努斯在许多方面并不是一位十分严谨的作家，因此请允许我把这次出征放在这一年来写，因为我认为皇帝在下一年返回罗马的时间比一些人认为的更早。根据狄奥尼（*Dio, lib. 75.*）所述，在围攻阿特拉失败后，塞维鲁斯来到了巴勒斯坦。在这里，他宽恕了曾经拥护佩斯克尼乌斯·尼格鲁斯（*Spartianus, in Severus.*）的犹太人，并针对这一国家的管理制定了许多规章条例。但是他禁止任何人加入犹太教，否则就会被施以严厉的刑罚。他还将这一禁令延伸到基督教。尤塞比乌斯（*Eusebius, in Chron.*）在下一年讲到了对基督徒的第五次迫害。但是，关于这件事的其余内容［如乔索菲·斯卡利杰（Gioseffo Scaligero）所发表的内容］并不是很确定。在《亚历山大编年史》（*Chronic. Paschal., Tom. Ⅱ, Hist. Byz.*）中，上面提到的迫害基督徒的事件发生于这一年执政官执政时期，而不是下一年。在这次迫害中，许许多多基督信徒不幸殉教。也有可能这次迫害开始于这一年，下一年对基督教的迫害更加厉害。后来，塞维鲁斯来到埃及，在参观了庞贝陵墓之后，去了亚历山大里亚。据苏达（Suida）（*In Excerpt. Suidae, Tom. I, Hist. Byz.*）所述，塞维鲁斯进入这座城市的时候，看见了一则用希腊语写成的碑文，转换成拉丁语为"这座城市的统治者尼格鲁斯（DOMINI NIGRI EST HAEC CIVITAS）"。见塞维鲁斯非常气愤，亚历山大里亚人用诙谐的语气马上说道："这则碑文的内容的确属实，因为这座城市之前是由佩斯克尼乌斯·尼格鲁斯统治的。"塞维鲁斯这才高兴起来。这则碑文很有可能是假的，这种解释也很牵强附会。

塞维鲁斯对亚历山大里亚人非常好，过去只有皇帝才能在这里进行审判，如今塞维鲁斯准许他们（*Spartianus, in Severus.*）组建自己的元老院，审判民事案件。此外，塞维鲁斯还做出了其他有利于亚历山大里亚人的变革。塞维鲁斯在尼罗河畔登船，想要游览该行省所有著名的城市和地方，特别是孟菲斯（Menfi）、金字塔（Piramidi)、迷宫（Labirinto）和门农（Mennone）雕像。后来，塞维鲁斯经常高兴地回忆起他这次旅行，说他见到了很多壮观的古迹、各种各样的动物，以及对神灵的祭礼，特别是在尊奉塞拉比斯神（Serapis）的神庙中进行的崇拜仪式。那里并没有什么神圣的或者亵渎神灵的东西（*Dio, lib. 75.*），他也不想对这些有过多了解，但是他还是从神庙中带走了他能找到的所有内含秘密的书。他叫人封上了亚历山大的陵墓，使得从那以后任何人都无法看到亚历山大的尸体，也看不到墓碑上的碑文。假如塞维鲁斯这次旅行是在这一年完成的，那么他在这年冬初的时候离开了那里，到达安提阿，在那里度过了接下来的寒冷季节。巴基神甫（*Pagius, in Critic. Baron., ad hunc annum.*）认为，这一年，卡拉卡拉庆祝了他在犹太之战中取得的胜利。那么我们可以推断，两位奥古斯都皇帝都是在罗马外庆祝凯旋的。可以肯定的是，这一年两位皇帝都没有返回罗马。

年　份　公元202年　小纪纪年第十年

　　　　才斐林教皇第六年

　　　　塞普蒂米乌斯·塞维鲁斯皇帝第十年

　　　　卡拉卡拉皇帝第五年

执政官　卢基乌斯·塞普蒂米乌斯·塞维鲁斯·奥古斯都（Lucius Septimius Severus Augustus）第三次，马库斯·奥勒留斯·安东尼努斯·卡拉卡拉·奥古斯都（Marcus Aurelius Antoninus Caracalla Augustus）

这年初，两位奥古斯都皇帝仍然都在安提阿，因此他们也就在这里履行他们的执政官生涯。根据斯帕提安努斯（*Spartianus, in Severus.*）所述，后来塞维鲁斯去了埃及，但根据我的推测，他没有等到春天就启程返回了欧洲的罗马。可以确定的是，塞维鲁斯经由陆路穿过比提尼亚，到达安提阿，然后乘船渡过了色雷斯的博斯普鲁斯海峡（Bosforo Tracio）。接下来可能就发生了苏达（*Excerpt. Suidae, Tom. I, Histor. Byz.*）叙述的事情，即塞维鲁斯到达拜占庭后，那里的市民头戴着橄榄枝冠迎接他，高喊着"万岁"向他恳求饶恕与恩惠。塞维鲁斯再次将拜占庭并入佩林托市

（Perinto），但是这次他饶恕了那些市民，并下令在拜占庭建造一座带有狩猎门廊的圆形剧场，在朱庇特神庙内建造一座内含浴场的宏伟竞技场，还重建了禁军兵营。所有这些建筑都是在塞维鲁斯时期开始建造的，后来他的儿子卡拉卡拉将其完善。塞维鲁斯经过色雷斯，据说后来成为皇帝的马克西米努斯（Maximinus）正是在那个时候被塞维鲁斯所认识（Capitol., in Maximino.）。当时正在庆祝塞维鲁斯的儿子盖塔的生辰（5月27日），军队在皇帝的命令下举办了一些比赛，那时还是牧羊人的马克西米努斯在比赛中表现十分出色，塞维鲁斯由此认识了他。据赫罗狄安（Herodian., lib. 3.）所述，塞维鲁斯在经过默西亚和潘诺尼亚的时候，与那里的军队进行了会面，之后到达了意大利，最终抵达了罗马。根据斯帕提安努斯的说法（Spartianus, in Severus.），塞维鲁斯被以热烈欢迎的仪式迎进了罗马——热烈欢迎的仪式不如凯旋仪式那么神圣庄严。但是赫罗狄安写道，塞维鲁斯与他的儿子卡拉卡拉以凯旋之礼进入罗马，受到人民持续的热烈欢呼与掌声。他还举办了豪华的盛典、祭祀活动及十分盛大的演出，并赠送给人民一笔非常丰厚的奖赏。

在详细说明这些盛典的内容之前，需要注意的一点是，梅扎巴尔巴（Mediobarbus, in Numismat. Imper.）将塞维鲁斯从安提阿到埃及、返回意大利、凯旋之礼及卡拉卡拉的婚礼全部放在了这一年写。想想塞维鲁斯在埃及进行大规模搜寻所花费的时间，还有他带领一支军队进行的漫长的陆路行程，就可知道所有这些事情都在同一年发生是不可能的。因此，巴基（Pagius, Critic. Baronii ad annum seq.）和蒂勒蒙特（Tillemont, Mémoires des Empereurs.）将塞维鲁斯抵达罗马、接受凯旋之礼推到了下一年，这一年他只是进行了那些旅行，并在埃及待了一段时间。巴基神甫认为根据勋章上写着"奥古斯都归来（ADVENT. AVGVSTOR）"可以得到这一结论，这时是塞维鲁斯第十次持有保民官权力（结束于下一年的4月13日）的时期。我认为更有可能的说法是，塞维鲁斯上一年在埃及，这一年返回了罗马。那些勋章更有可能属于这一年。梅扎巴尔巴也是这么推测的，因为巴基神甫也承认塞维鲁斯的第十次保民官权力开始于这一年的4月13日。另外，巴基认同塞维鲁斯和卡拉卡拉是在这一年担任执政官的，因为这一年是塞维鲁斯在位第十年，卡拉卡拉在位第五年，但是巴基神甫同时认为，他们将庆祝盛典与10周年、5周年祈愿延期到了下一年。

如果他们真的想将庆典延期，那么他们也应该在下一年任执政官。因此更可信的说法是，他们在这一年任执政官的时候举办了隆重的庆典。此外，狄奥尼（Dio, lib. 75.）写道，塞维鲁斯在他统治进入第十年之际，赠予了人民丰厚的奖赏，这无疑是在罗马完成的。但是我们刚刚讲过，塞维鲁斯在这一年4月开始他统治的第十年，那么在这一年就应该有上述的那些庆典。蒂勒蒙特认为，塞维鲁斯是在下一年5月末抵达罗马的，但是如果勋章上标明的"奥古斯都归来"的字样表示已经抵达，这个时候又是塞维鲁斯第十次享有保民官权力，那么这个观点就不可能是真的，因为根据巴基神甫的说法，当时塞维鲁斯应该是第十一次享有保民官权力。我们从狄奥尼那里得知，这段时期公共剧场中常常上演妇女间的残忍搏斗，后来见罗马的贵族妇女全都变得举止粗鲁，塞维鲁斯就发了一条公告，宣布从此以后不允许妇女从事任何角斗士竞技活动。狄奥尼补充说，为了庆祝塞维鲁斯返回罗马以及他统治第十年，还有他取得的各项胜利，在罗马举办了各种各样的节目演出，包括竞技搏斗与狩猎。在一天之内，60只野猪互相打架，许多其他禽兽被猎杀，其中包括一头大象和一只鳄鱼（罗马人民之前从未见过鳄鱼）。竞技场中有一个形状像船的装置，里面装有熊、母狮、猎豹、鸵鸟、野驴和野牛。庆典持续了7天，每一天都有100只野兽被猎杀，这给罗马人民带来了极大的乐趣。塞维鲁斯给人民和士兵的赏赐是每人10个金币，恰好对应他统治的年数。他对此自鸣得意，因为之前没有哪位皇帝能做到如此慷慨。为盛典增添光彩的还有卡拉卡拉·奥古斯都与富尔维娅·普罗蒂拉（Fulvia Plautilla）成亲的喜事。普罗蒂拉是塞维鲁斯的宠臣普劳提安努斯（Plautianus）之女，我将在下一年讲到有关他的事。他给了女儿许多嫁妆，据狄奥尼证实，那些嫁妆足够嫁出50位皇后了。满载着装饰品的货车经过广场时，所有人都吃惊不已。宫殿举办了一场无比盛大的宴会，其中有人们可以想象的各种罗马或异域的美味佳肴（Dio, lib. 75.）。因为这场联姻，塞维鲁斯指定普劳提安努斯为下一年的执政官。这场婚礼是在这一年庆祝的，而不是下一年。这一年，天空出现了一次彗星现象，维苏威山发生了一场可怕的大火，由于这些都是不常见的自然现象，因此那些想要从占卜中获利的人便利用这一机会预测未来的变故和灾难。根据潘维尼乌斯（Panvin., Fast. Consular.）、格鲁特罗和其他作家（Vignolius, Dissert. II.）引用的碑文可知，在这一年，两位奥古斯都皇帝还修复了著名的万神殿。

年　份　公元203年　小纪纪年第十一年

才斐林教皇第七年

塞普蒂米乌斯·塞维鲁斯皇帝第十一年

卡拉卡拉皇帝第六年

执政官　卢基乌斯·弗尔维乌斯·普劳提安努斯（Lucius Fulvius Plautianus）第二次，普布利乌斯·塞普蒂米乌斯·盖塔（Publius Septimius Geta）

人们普遍认为，第二位执政官盖塔并不是塞维鲁斯皇帝的儿子，而是他的弟弟。还有一些人认为普劳提安努斯是塞维鲁斯皇帝的亲戚，他出生于阿非利加的莱普提斯（*Dio, lib. 75. Herodianus, lib. 3.*），也就是塞维鲁斯的故乡。尽管普劳提安努斯出身卑微，但他极力向塞维鲁斯献媚求宠，使得塞维鲁斯对他的看法与他人不同。世界上一些卑鄙的、没有任何功绩的人因为手握权力，因而可以超越最杰出、最伟大和最有能力的人坐上高位。至于普劳提安努斯，他还是卡拉卡拉·奥古斯都的岳父。塞维鲁斯非常喜欢普劳提安努斯，没有他塞维鲁斯都不知如何活下去，塞维鲁斯甚至希望能在普劳提安努斯之前去世。塞维鲁斯提拔普劳提安努斯为禁军总督，没有他的建议，塞维鲁斯什么也不会做，似乎普劳提安努斯才是皇帝，而塞维鲁斯是他手下的禁军总督。普劳提安努斯知道皇帝的所有秘密，但是没有任何人知道普劳提安努斯的秘密。塞维鲁斯在东方各国游历时，普劳提安努斯总是在他的身边，并被安排最好的住宿、最美味的食物，以至于塞维鲁斯在比提尼亚的尼西亚时，如果想吃鲻鱼了，就去普劳提安努斯那里索要一些。在卡帕多细亚的蒂内市（Tiane），普劳提安努斯生病了，塞维鲁斯去看望他，但是普劳提安努斯的护卫却不允许塞维鲁斯的随从进入。

关于普劳提安努斯的卑鄙行为，简直数不胜数。普劳提安努斯因塞维鲁斯赠送的大笔的被没收的财产而变得非常富有，但他贪婪的胃口仍没有满足，于是，他又开始缴获新的战利品。在他的煽动下，塞维鲁斯处死了许多富人，他所经之处的所有行省和城市都遭到他的洗劫，甚至连神庙也不放过。他还带走了红海岛上的太阳之马。据说，普劳提安努斯拥有的财产比皇帝和皇帝的儿子都要多。关于他的傲慢自大，也无须多言。当他外出时，他的随从会在前面拿着手杖驱赶路上的人，并命令所有人都低下头来，不准直视他，就像苏丹对一些东方国家的统治者所做的那样。因此，比起皇帝，人们更加畏惧普劳提安努斯，士兵和元老院也只对他宣誓效忠。人们为普劳提安努斯的身体健康进行祈祷，在各个行省，甚至在罗马，为他竖立的雕像比为塞维鲁斯竖立的雕像还要多。塞维鲁斯要么是对一切一无所知，要么是一直在忍气吞声，因为普劳提安努斯手中的霸权都是从他那里获得的。

我们之前讲过，塞维鲁斯将普劳提安努斯的女儿普罗蒂拉（Plautilla）许配给卡拉卡拉，为了进一步给他这位宠臣增添荣耀，塞维鲁斯将他推举为这一年的执政官，并做出了两个举动：一个举动是他先宣布普劳提安努斯为这一年的首任执政官，只是授予他执政官的荣誉，因此他不算是真正的执政官。尽管如此，他还是想要别人称他为二任执政官。另一个举动是，从那以后，禁军总督的职位只授给骑士阶级的人，执政官只能由曾任元老院议员的人担任。塞维鲁斯想要普劳提安努斯同时担任执政官和禁军总督之位。当时的禁军总督有两位（*Dio, in Excerpt. Vales.*），一位是普劳提安努斯，另一位是埃米利乌斯·萨图尼努斯（Aemilius Saturninus）。普劳提安努斯不喜欢有人跟他一起担任这个重要的职务，于是叫人杀死了萨图尼努斯。普劳提安努斯凭借手中的权势和对皇帝的操控，对茱莉亚·奥古斯塔（Giulia Augusta）毫不尊重，甚至还粗暴地对待她，整天和皇帝说她的坏话。他还对一些贵族妇女加以折磨，以从她们那里获知皇后做过的错事，最终，茱莉亚放弃了所有的娱乐消遣，开始潜心研究道德哲学，只与有学问的人交谈。

在狄奥尼的描述中，普劳提安努斯还是一个荒淫无度的人，他不想他的妻子与任何男性讲话，甚至也不能见皇帝和皇后。除此之外，他还是个在饮食上没有节制的人，他经常由于吃得太饱而无法再进食其他的美酒佳肴，于是大多数情况下他都通过服用药物将吃下的食物吐出来。由于他的这种没有节制的行为，以及对他的女婿——暴君卡拉卡拉的恐惧，他总是显得面色苍白，全身颤抖。人们对普劳提安努斯诽谤诟病的另一个原因是他违反罗马法律，阉割了100名无辜的罗马市民，其中一部分是小孩和未成婚的年轻人，目的是让他们充当他女儿普罗蒂拉身边的太监。这就是当时兼任禁军总督和执政官的普劳提安努斯。潘维尼乌斯（Panvin., in Fast. Cons.）和雷兰多（Reland., Fast. Cons.）认为普劳提安努斯在这一年被刺杀，因为有一条法令上面只标明了执政官盖塔。但这是不可能的，因为我们知道盖塔死于普劳提安努斯之前。不过可以确定的是，在这一年，罗马建造了一座献给塞维鲁斯的凯旋门，这座凯旋门保留至今，但已经在漫长的岁月中被腐蚀。凯旋门上面的碑文（Panvinius, Gruterus, Bellorius et alii.）写着："塞维鲁斯第十一次、卡拉卡拉第六次拥有保民官权力。"


年　份　公元204年　小纪纪年第十二年

才斐林教皇第八年

塞普蒂米乌斯·塞维鲁斯皇帝第十二年

卡拉卡拉皇帝第七年

执政官　卢基乌斯·法比乌斯·塞普蒂米亚努斯·西隆（Lucius Fabius Septimius Cilo）第二次，弗拉维乌斯·利博（Flavius Libo）

执政官利博在塞维鲁斯和卡拉卡拉统治时期是一位著名人物。根据潘维尼乌斯（Panvin., in Fast. Cons.）和格鲁特罗引用的一则献给他的碑文，他曾担任罗马的总督和许多其他职务。关于塞维鲁斯的宠臣普劳提安努斯死亡的事情，由于不确定是发生在这一年还是下一年，因此我就把这件事放在这里讲吧。在普劳提安努斯倒台的前一年，塞维鲁斯终于开始对罗马给普劳提安努斯竖立的众多雕像感到不舒服，于是叫人推倒了一些用青铜铸造的雕像。塞维鲁斯的此项举动令人议论纷纷，于是，像以往一样，各行省（Dio, lib. 75.）的大街上传开了一条流言：普劳提安努斯不再受宠了，他已经死了。然后就有许多人推倒了普劳提安努斯的其他雕像，这些人因此被判处了死刑，因为塞维鲁斯只是想打压一下普劳提安努斯的傲气，而不是彻底整垮他。被处死的人中有一个人是当时撒丁省的行政长官拉希奥·科斯坦特（Racio Costante），他当时立刻就相信了这则传言。罗马的法官公开审判他，塞维鲁斯和诸多元老院议员也在场,其中包括狄奥尼。律师当场强烈谴责科斯坦特,激昂地说道:"即使天塌下来,塞维鲁斯皇帝也不会伤害普劳提安努斯的。"塞维鲁斯本人也用话语确认了律师所说的话。因此,普劳提安努斯的生命安全似乎有着坚实的根基保证。很可能塞维鲁斯的弟弟塞普蒂米乌斯·盖塔(Septimius Geta)死于这一年,因此塞维鲁斯开始憎恶普劳提安努斯。一天,皇帝兄长前来看望盖塔,盖塔开始不再畏惧那个残忍行政官的势力,向皇帝兄长说尽普劳提安努斯的坏话,还向皇帝兄长揭露了人民对普劳提安努斯的憎恶,以及皇帝兄长如此重视一个邪恶的坏蛋是多么耻辱的事。塞维鲁斯惊得直瞪眼睛。后来,塞维鲁斯为去世的弟弟在广场上立了一座雕像。自那以后,他开始削弱普劳提安努斯的势力,不再授予他那么多荣誉了。普劳提安努斯还不习惯受到这样的打击,他将一切原因归咎于他的女婿卡拉卡拉·奥古斯都。因为卡拉卡拉并不是心甘情愿地娶普劳提安努斯的女儿,只是为了服从父亲的命令(*Herodianus, lib. 3.*),所以他与普罗蒂拉相处得一直不融洽。此外,卡拉卡拉还发现普劳提安努斯的女儿是一个非常蛮横无理的女人,因此,他不仅从来没有跟她圆过房,还对她恨之入骨,就像对她父亲那样。卡拉卡拉不止一次说过等到他统治国家时,他一定要把这邪恶的根铲除。普罗蒂拉将这一切告诉了父亲,高傲的普劳提安努斯非常愤怒,对女婿的态度变得非常苛刻,并用难听的话斥责他,还派了密探时刻在卡拉卡拉周围打探他的动向,然后借机在其父亲塞维鲁斯那边损害他的名声。

卡拉卡拉终于失去了耐心,开始想办法击垮普劳提安努斯(*Dio, lib. 75.*),这个办法就是设计诬陷普劳提安努斯要谋害塞维鲁斯和卡拉卡拉的性命。赫罗狄安(*Herodianus, lib. 3.*)和阿米亚诺(*Ammianus Marcellinus, lib. 29.*)认为这一阴谋是真的,赫罗狄安还叙述了各种细节。但是狄奥尼显然比他们更了解这件事情,他认为这是卡拉卡拉和给他献计的人编造的计谋。卡拉卡拉手下的司法官员埃沃杜斯(Evodus)收买了禁军中的百夫长萨图尼努斯(Saturninus)和另外两位同等职务的军官,他们来到宫殿要求面见塞维鲁斯皇帝,以向皇帝揭露普劳提安努斯的阴谋。他们见到皇帝后,说有10位百夫长接到这样的命令——谋害塞维鲁斯和卡拉卡拉,为了证明此事,他们拿出了普劳提安努斯给各位军官书写的令书。塞维鲁斯相信了他们的指控，因为当时的罗马人都十分迷信，到处都能找到对未来的预言，恰好塞维鲁斯在前一夜梦到在世的阿尔比努斯想要伤害他的性命。于是塞维鲁斯立即派人将普劳提安努斯召来宫廷，也可能是普劳提安努斯自己未经传召而来。狄奥尼写道，在快要到达皇宫的时候，给普劳提安努斯拉轿车的骡子突然跌倒在地。在他进入宫殿的时候，第一次门外的护卫军不允许他的任何随从进入，这令他感到恐惧，心中充满了怀疑。尽管如此，因为没办法再折回，普劳提安努斯还是来到了塞维鲁斯面前，塞维鲁斯十分平静地质问他怎么敢动谋杀皇帝的念头，然后等待着听他的理由和辩解。普劳提安努斯对这样的指控感到吃惊并予以否认，这个时候卡拉卡拉趁机拔出他身旁的剑，朝他狠狠刺了一下。卡拉卡拉本来想亲手杀了他，但塞维鲁斯命令一名宫廷人员结束了他的性命。然后，一些朝臣从普劳提安努斯嘴边拔下几根胡须赶去献给茱莉亚·奥古斯塔——当时她正好遇见儿媳普罗蒂拉。听到这个消息，茱莉亚·奥古斯塔非常高兴，而不幸的儿媳则悲痛欲绝。普劳提安努斯的尸体被扔到街上，但是后来塞维鲁斯允许他的亲人将其埋葬。第二天，在元老院上，塞维鲁斯宣布了普劳提安努斯的死讯，但是没有指出他的任何罪行，而是谈到人类的悲惨本性使自己被幸福冲昏了头脑，同时指责自己太过宠爱那些不值得委以重任的人。随后，他叫普劳提安努斯的指控者进来，向元老院陈述他们知道的一切。许多人因为曾经奉承过普劳提安努斯而有失去性命的危险，其中包括科克拉努斯（Cocranus），对于普劳提安努斯，他表现得比其他人更为亲密，但他只是通过对一个梦的荒唐解读预言到普劳提安努斯会继承皇位才这么做的，最后他被判流放。但是7年之后他返回了罗马，成为元老院议员，还登上了执政官的高位。萨图尼努斯和埃沃杜斯因指控普劳提安努斯而受到奖赏，但后来卡拉卡拉还是下令将他们处死了。塞维鲁斯也不准许元老院赞颂埃沃杜斯，他说："不能让朝廷官员觉得自己位高权重。"他宁愿让这些人处于低位，保持低调。普劳提安努斯的子女普罗蒂拉·奥古斯塔（Plautilla Augusta）和普劳图斯（Plautus），或者叫普劳齐乌斯（Plautius）被流放到了利帕里（Lipari）岛，在那里，他们尝尽了痛苦的滋味，同时还缺少生活必需品，经常面临死亡威胁。但赫罗狄安却写他们受到了很好的对待。卡拉卡拉掌权后，命人将他们杀死，也算是将他们从痛苦中解脱了出来。这就是普劳提安努斯的结局——以自己的贪婪、残忍与傲慢换来的结局。根据肯索里努斯（Censorino, *Censorinus, de Die Natali, cap. 17.*）和佐西姆斯（Zosimo, *Zosimus, Histor., lib. 2.*）所述，这一年，在罗马举办了隆重的世纪竞赛。一些勋章（*Mediobarbus, in Numism. Imperat.*）上也提到过此事。佐西姆斯的历史著作中有对这一活动的详细记述。

年　份　公元205年　小纪纪年第十三年

才斐林教皇第九年

塞普蒂米乌斯·塞维鲁斯皇帝第十三年

卡拉卡拉皇帝第八年

执政官　马库斯·奥勒留斯·安东尼努斯·卡拉卡拉·奥古斯都第二次，普布利乌斯·塞普蒂米乌斯·盖塔·恺撒（Publius Septimius Geta Caesar）

塞维鲁斯摆脱了邪恶的普劳提安努斯，在接下来的日子里，他将生活安排得井然有序，罗马人也享受着一片安宁和谐，这一时期的罗马帝国也没有遭到任何战争的侵扰（*Dio, lib. 76. Herodianus, lib. 3.*）。塞维鲁斯经常去坎帕尼亚度假，不管是在坎帕尼亚还是在罗马，他都习惯于很早起床，倾听诉讼案件，然后一边散步，一边聆听并谈论那些与公众利益相关的事。之后，他来到元老院和议会，听取诉讼双方的证词，判决案件，他还留给律师一定的时间用来申诉争执各方的理由，并允许元老院议员自由表达自己的观点。到了中午，他骑上马，进行军队的日常训练，之后去浴场洗浴。他往往独自一人或者跟他的儿子们一起慢慢地享用午餐，而不会像以前的皇帝们经常做的那样邀请元老院议员前来一起用餐。议员们只会在一年某些盛大的节日期间受邀参加皇帝的宴席，而且平时皇帝的午宴并不会如此隆重。午餐之后，他会睡那么一段时间，醒来之后，他会再散会儿步。同时，他以研究拉丁文学与希腊文学为乐。天黑的时候，他洗浴后与他的仆人一起用晚餐。他不仅把罗马治理得很好，各行省也是如此，他懂得挑选最有能力的人来管理人民（*Aurelius Victor, in Epitome. Spartianus, in Severus.*），更愿意让那些曾经担任过地方代理长官的、在人民中间获得了声誉的人去管理各行省，因为他们更熟悉那些地方。另外，他禁止任何人贩卖职务。他任用出色的法律顾问以实现公正执法。其中一位法律顾问是帕皮尼亚努斯（Papinianus），因对法律的深刻了解至今都非常著名，后来他成为禁军总督。帕皮尼亚努斯让保卢斯（Paulus）和乌尔皮安努斯（Ulpianus）做他的助手——他们也是在法学上十分有名的人物。因此，塞维鲁斯制定了许多有用的法律，这些法律条文可以在《查士丁尼法典》中读到。其中有一条法律是允许犹太人晋升官职，获得荣誉（*Lib. 3, ff. de Decur.*）。在阿尔恰托（Alciato）之后，巴罗尼奥主教认为这条法律也包括基督教徒。这一说法尽管很可疑，但并非不可能。不过可以确定的是，这一法律绝不像有些人认为的那样来自马库斯·奥勒留斯或卢基乌斯·维鲁斯，而是由皇帝塞维鲁斯和卡拉卡拉制定的。塞维鲁斯尤其憎恶小偷和杀手，因此对他们的惩罚力度非常大。当时的罗马荒淫之风盛行，而塞维鲁斯不仅被描述为一个克制节欲的人，而且还十分厌恶那些通奸者。因此，他针对这一恶习制定了一些法律。狄奥尼（*Dio, lib. 76.*）写道，当时的罪犯名册里有3000人被指控通奸，但审判没有继续进行下去，因此皇帝为此制定的各项法律相当于没有什么用处。茱莉亚·奥古斯塔因为不列颠妇女的放荡而嘲笑她们，她说道："如果要僭越忠贞的界限，那么也应该找高尚尊贵的人，但你们这些人只会暗地里找一些流氓、混混来满足你们的欲望。我倒是要看看她是一位什么样的人，认为可以用如此单薄的理由为自己的放肆言行辩护。"也许茱莉亚皇后本人也做过这等有损名誉的事。如果斯帕提安努斯（*Spartianus, in Severo.*）所述属实，她也以无耻淫荡而闻名。这是当时人们很容易陷入的恶习，因为他们对真正的上帝（即基督教的上帝，他赞美有美德的人，惩罚那些有恶习的人）缺乏认识或敬畏，或者与异性的交往过于放纵。不过狄奥尼和赫罗狄安并没有讲到茱莉亚皇后有这样的恶习，因此可以认为，斯帕提安努斯对这位皇后的描述更有可能来源于民间的传言，而不是真实的历史。

年　份　公元206年　小纪纪年第十四年

才斐林教皇第十年

塞普蒂米乌斯·塞维鲁斯皇帝第十四年

卡拉卡拉皇帝第九年

执政官　卢基乌斯·弗尔维乌斯·鲁斯提库斯·埃米利亚努斯（Lucius Fulvius Rusticus Aemilianus）与马库斯·努米乌斯·普里穆斯·塞内乔·阿尔比努斯（Marcus Nummius Primus Senecio Albinus）

这两位执政官的名字来源于我在文集（*Thesaurus Novus Inscription., p. 352.*）中引用的几则碑文。第二位执政官的名字可以让我们知道，他与曾自立为皇帝，但只在位很短时间的克洛狄乌斯·阿尔比努斯应该没有什么亲缘关系。

自从塞维鲁斯·奥古斯都的宠臣普劳提安努斯死去以后，皇帝的儿子卡拉卡拉和盖塔摆脱了对那个佞官的恐惧，开始肆意妄为。狄奥尼（*Dio, lib. 76.*）和赫罗狄安（*Herodianus, lib. 3.*）都明确写道，这两个人都沉迷于色欲，侮辱了贵族家庭的荣誉，毫不在意这是最臭名昭著的恶劣行为。如果这两个人手里没钱了，他们会通过许多不道德的方式获取金钱。他们的主要事务与娱乐活动是观看角斗士搏斗和赛马比赛，有时他们也会驾着马车与最厉害的人进行比赛，直到有一天卡拉卡拉从马车上跌落下来摔断了一条腿，他们才停止了这些娱乐项目。但是因为这场比赛，他们之间开始心生嫌隙与忌妒，他们总是意见不合。当他们还小的时候，看见石鸡或公鸡搏斗，或者小孩打架，或者是看一些公共竞赛时，他们俩的喜好就不一样，总是一个人喜欢的东西，另一个人肯定不喜欢。另外，一些阿谀奉承者和心怀不轨的人介入他们之间，没有缓和他们二人的关系，而是火上浇油，让他俩的关系变得更加恶化。随着年龄的增长，他们更加肆意放纵地寻欢作乐，做尽无耻之事，他们之间的敌意也越来越深。塞维鲁斯发现兄弟二人不和后，或用温柔的话语，或用生硬的言辞，想方设法纠正他们畸形的想法和观念，向他们说明和谐相处的益处，向他们展示他要留给他们的幸福国家，并说明他们只有团结一致，才能维持国家的和谐状态。塞维鲁斯还处死了在他们之间制造不和的人，但这一切都是徒劳的。盖塔生性温和谦逊一些，对父亲表示服从；卡拉卡拉在他的岳父死了之后变得比以往更加自大傲慢，他表面上听从父亲的话，但内心按捺不住躁动，继续像从前那样行事。很可能在这一时期，如狄奥尼（*Dio, lib. 76.*）所述，塞维鲁斯做出了许多残忍之举。但没有人知道他这么做的原因。他处死了许多人，其中包括德高望重的元老院议员昆提卢斯·普劳提安努斯（Quintillus Plautianus），普劳提安努斯的死被认为是非常不公正的。其他元老院议员确实是被证明有罪而被处死的，但昆提卢斯·普劳提安努斯年事已高，长期隐居在乡间，只想着即将逝世升天，根本没有想过要做任何叛乱之事，却仅仅因为怀疑和诽谤就被判处了死刑。在得知这一不幸消息后，昆提卢斯·普劳提安努斯叫人运来很多年前为自己葬礼准备的祭品，发现这些用具已经被蛀虫蛀蚀了，他感叹道："看来我活得太久了。"他叫人点起火，然后燃起香火以向那些异教神灵献祭，祈祷能够在塞维鲁斯身上发生类似于塞维利亚努斯（Severianus）对哈德良所预言的事情。阿普罗尼亚努斯（Apronianus）是当时亚细亚的行省总督，也被判处了死刑，因为他的奶妈梦到有一天他会统治帝国。据说，阿普罗尼亚努斯就此事询问了巫师——那个时代的人们太过相信梦境、预言及其他骗人的无用伎俩。在元老院宣读对阿普罗尼亚努斯的判决书的时候，讲到有一个证人可以证明此事——当阿普罗尼亚努斯向巫师进行咨询的时候，有一位秃顶的元老院议员也在现场。听到这话，元老院的所有人都不寒而栗。狄奥尼写道，他和许多头发茂盛的人都感到不安，忍不住拿手摸了一下自己的头发，看头发是否还在头上。人们主要怀疑的对象是贝比乌斯·马尔切利努斯（Baebius Marcellinus），他便请求将证人带进来，以让他指认是哪位秃顶的议员。那个证人进来后，用眼睛环顾了一下四周，没有说话。随后，他指向了议员波列尼乌斯·塞本尼乌斯（Pollenius Sebennius）——他是一个讲话尖锐的人，我在前面提到过他，狄奥尼将马尔切利努斯的不幸归咎于他——就这样，他受到证人的指证，被立即处以了死刑。在广场行刑的时候，塞本尼乌斯对他的4个孩子做了最后的告别，讲了一段悲怆感人的话，最后说他只是很遗憾让他们活在这个黑暗的时代里。在塞维鲁斯·奥古斯都得知他被判刑之前，他就被执行了斩首之刑。当时元老院的人感到非常悲痛，但也很担心塞维鲁斯会发怒。生活在这样的君主统治下真是巨大的不幸啊！何况那时还有那么多比塞维鲁斯更加残忍狠毒的君主。

年　份　公元207年　小纪纪年第十五年

才斐林教皇第十一年

塞普蒂米乌斯·塞维鲁斯皇帝第十五年

卡拉卡拉皇帝第十年

执政官　阿普尔（Aper）与马克西穆斯（Maximus）

到目前为止，我们并不知晓这两位执政官的完整名字。

似乎在这一年，发生了狄奥尼（Dio, lib. 76.）叙述的一件事。一个叫作布拉（Bulla）的人自封为费利克斯（Felix），成为现今那不勒斯王国所在地区盗贼与土匪的首领。他的手下有600人，有一部分是从皇帝那里逃走的奴隶，他们不断骚扰那个地区的人民。布拉在罗马和其他地方都布有密探，以给他通风报信，告知他谁准备出行，同行的人有谁，带了哪些东西。他逮捕的人很多都被放走了——他只满足于侵占他们的财产；而对于手工艺人，他会留下这些人为他工作一段时间，然后将他们流放。两年来，布拉一直做着这种令人憎恶的勾当。布拉非常警觉，尽管一直被许多人追捕，塞维鲁斯也下了紧急命令到处寻找他，但他总能在皇帝和众多士兵眼皮底下进行偷盗抢掠，没有任何人看见他，尽管他就在人们面前，也没有任何人能捉住他。他的两个手下被捕，即将被判刑喂给野兽吃，布拉就假装自己是该国的行政长官，找到监狱长，说他需要见那两名被捕的歹徒，然后就将他们释放了。后来，他亲自去见了守卫周边地区的百夫长，向他表示愿意帮助他抓捕那个可恶的布拉。于是，那个百夫长带着一些士兵跟随着他，但是到了一处周围是悬崖峭壁的山谷时，布拉将其逮捕，叫人将他的头剃成奴隶的模样，然后放他走，并让其转告他的上将好好地对待他们的奴隶，这样他们才不会被迫成为街上的歹徒。对于他这般傲慢无礼的行为，塞维鲁斯·奥古斯都怒不可遏，尽管他的军队在不列颠取得了胜利，压制了所有人民，但他无法忍受一个小偷当着自己的面做出这么多犯罪的行为，还嘲笑他。终于，塞维鲁斯派一个军官率领一队步兵和骑兵追捕布拉，并威胁这位军官，不管是死是活，一定要带回布拉，否则就会要了他的命。军官去了，通过一个与布拉有来往的女人，在一处悬崖捉住了布拉，将其活着带回了罗马。著名法律顾问、当时的禁军总督帕皮尼亚努斯（Papinianus）审问布拉为什么要做偷盗的行当，布拉回答说："那么你呢，你为什么要做禁军总督呢？"最终，他被判喂食野兽，他那些手下也都解散了。据狄奥尼（*Dio, lib. 76.*）所述，这一年，塞维鲁斯在不列颠取得了一些胜利。事实上，在一些勋章（*Mediobarbus, in Numism. Imperat.*）上可以发现，大概在这一时期，塞维鲁斯第十二次获封"皇帝"称号。巴基神甫（*Pagius, in Critic. Baron.*）热衷于谈论5周年、10周年等，他怀疑塞维鲁斯获得这一封号是由于他统治15周年。但这一观点不太可信，因为只有在取得胜利的时候，奥古斯都才会获得"皇帝"封号。狄奥尼的叙述令我们充分相信，塞维鲁斯的军官在再次爆发战争的不列颠取得了非同凡响的胜利，使皇帝再次获得加封。塞维鲁斯的儿子卡拉卡拉·奥古斯都第二次获得"皇帝"封号。

年　份　公元208年　小纪纪年第一年

才斐林教皇第十二年

塞普蒂米乌斯·塞维鲁斯皇帝第十六年

卡拉卡拉皇帝第十一年

塞普蒂米乌斯·盖塔皇帝第一年

执政官　马库斯·奥勒留斯·安东尼努斯·卡拉卡拉·奥古斯都（Marcus Aurelius Antoninus Caracalla Augustus）第三次，普布利乌斯·塞普蒂米乌斯·盖塔·恺撒（Publius Septimius Geta Caesar）第二次

盖塔在这一年任执政官的时候，除了"恺撒"的头衔，没有被授予其他头衔。根据勋章（*Mediobarbus, in Numism. Imp.*）记录的内容推测，这一年，塞维鲁斯授予了盖塔保民官权力。据说，盖塔还获得了"奥古斯都"皇帝的头衔和权威。因此我从这一年开始将盖塔写在皇帝位列中，以和巴基及其他持此观点的人保持一致，但是我认为这种说法是存在疑问的，因为这里勋章上的内容有一些不太清楚的地方。巴基神甫（*Pagius, in Crit. Baron.*）根据卡拉卡拉·奥古斯都在这一年庆祝在任10周年而推断出这件事，但这一推论基于的证据似乎至今仍无法被认定是可靠的。不过盖塔是在这一年获得如此至高无上的荣誉是有可能的，因为在下一年中他被称作

"奥古斯都"。如我之前提到的，不列颠再次爆发了战争，事实上那一地区在过去几年（*Herodianus, lib. 3.*）从来没有过持久的和平状态。塞维鲁斯·奥古斯都收到不列颠行政长官的来信，说不愿意归顺罗马帝国的不列颠人聚集了大批士兵，入侵劫掠罗马在不列颠的殖民地，他请求援兵支援，并认为皇帝有必要亲自去一趟。塞维鲁斯年事已高，还因为足痛风或者其他疾病而导致脚部疼痛。尽管如此，他还是像一个自信勇敢、精力充沛的年轻人，欣然地接受了这份邀请，决定动身前往战场。他太渴望获得胜利的荣耀了。他曾经战胜了东方的民族，现在他渴望能同样战胜西方的民族，以获得"布里塔尼科"封号。除此之外，他也想趁此机会让儿子们暂时远离罗马的奢侈生活，远离君王的安逸享乐，习惯军队生活的艰苦朴素。另外，他也不想让军队继续懒散松垮了，士兵和马一样，如果不进行训练，就会成为驽马。于是，在这一年，塞维鲁斯带着儿子卡拉卡拉和妻子，率领军队朝不列颠进军。行军途中，大多数时候他都是乘马轿而行，他不想中途休息，因为他习惯于抓紧时间赶路，这与他生性急躁相符，而这在他所有行动中都可以看出来。狄奥尼（*Dio, lib. 76.*）依据自己的写作风格，或者说是根据当时历史学家的普遍写法，写道："塞维鲁斯去了不列颠，尽管他不一定能再回来。"这里，狄奥尼写下了一些对此的预言，塞维鲁斯的出身就预示了后来会发生的一切。据信，在这一年结束之前，塞维鲁斯平安地越过了大海，抵达了不列颠，开始进行一系列声势浩大的准备，以让那些蛮族人为他们的傲慢后悔。

年　　份　　公元209年　小纪纪年第二年

才斐林教皇第十三年

塞普蒂米乌斯·塞维鲁斯皇帝第十七年

卡拉卡拉皇帝第十二年

塞普蒂米乌斯·盖塔皇帝第二年

执政官　庞培安努斯（Pompeianus）与阿维图斯（Avitus）

雷兰多（*Reland., in Consul.*）和斯坦帕主教（*Stampa, Fast. Consul.*）根据古迪奥引用的碑文，将两位执政官称为西维卡·庞培安努斯（Civica Pompeianus）与洛利亚努斯·阿维图斯（Lollianus Avitus）。但是我不太信任古迪奥的碑文，因此我觉得最好还是只放他们的姓氏，这是没有疑问的。卡皮托里努斯（*Capitolin., in Pertinax.*）在讲到佩蒂纳克斯的时候，提到了执政官洛利亚努斯·阿维图斯。如果这一年的执政官是佩蒂纳克斯提到的那个阿维图斯，那么我们应该看到他被称为二任执政官。

塞维鲁斯·奥古斯都抵达了（*Herodian., lib. 5.*）不列颠岛，他的现身以及他带来的英勇军队令那些蛮族人闻风丧胆，于是连忙派出使者到塞维鲁斯那里进行解释，请求议和。但是塞维鲁斯为了战胜他们以得到"布里塔尼科"的荣誉而大费周折，不远万里赶来，并不想议和，只想双方开战。因此，他将那些使者遣了回去，继续装备军事器械、桥梁和其他装置，以征服那些蛮族人的国家（*Dio, lib. 76.*）。当时的罗马人占有一半多的不列颠岛，也就是整个南方地区，比现今的英格兰（Inghilterra）和苏格兰（Scozia）还要大一些，领地至少延伸至爱登堡（Edemburgo）海峡。狄奥尼和赫罗狄安向我们描述了当时不受罗马管辖的人民，其中主要有米蒂人（Meati）与卡利多内人（Calidonii），他们是生性野蛮、凶残且好战的民族，腰部以上赤裸着，并绘有图案，作战时只带着一支短矛、一个盾牌和一把锋利的剑。他们居住在搭在陡峭的山峰和沼泽地间的帐篷里，他们没有城市或者市镇。塞维鲁斯留小儿子盖塔管理罗马国家，并为他组建了一个由几个英明之人组成的议会，而他则带着大儿子卡拉卡拉向不列颠进军，与蛮族作战。对于此次战争，我将在下一年讲述我们所知道的那一点点史料。

年　　份　公元210年　小纪纪年第三年

才斐林教皇第十四年

塞普蒂米乌斯·塞维鲁斯皇帝第十八年

卡拉卡拉皇帝第十三年

塞普蒂米乌斯·盖塔皇帝第三年

执政官　马尼乌斯·阿西利乌斯·福斯提努斯（Manius Acilius Faustinus）与特里亚留斯·鲁菲努斯（Triarius Rufinus）

关于塞维鲁斯·奥古斯都在不列颠的战争，我们从赫罗狄安（Herodian., lib. 3.）那里只得知罗马军队与那些蛮族人进行了一些小规模战斗，大多数时候是罗马人处于劣势，因为那些蛮族人从来没进行过正规战斗，他们只设置陷阱，然后迅速撤退到茂密的树林和沼泽地。狄奥尼（Dio, lib. 76.）也证实了相同的事情。他写道，塞维鲁斯在不列颠没有进行过任何战斗，甚至从来没有见到过敌人的军队。然而，巴基神甫（Pagius, in Crit. Baron.）却说塞维鲁斯在这次出征中取得了很多次胜利。蛮族人采取的计策是放出一些牛和羊，以引诱罗马士兵进行狩猎，然后突然袭击他们，如果有士兵与军队相距很远或者落在了军队后面，那么他们就会不幸地被蛮族人杀死或捕捉。据狄奥尼所述，在这次战争中，因为不健康的水质和军务的劳苦，以及战场上的厮杀，大约有5万罗马士兵死在了不列颠。尽管如此，不知疲倦的塞维鲁斯仍然想继续前进，他将挡住道路的丛林用刀砍倒，将沼泽地用泥土填平来开辟通道，在河上架起桥梁以渡河，由于身体虚弱，他总是坐在轿子里。就这样，他们最终到达了不列颠岛的北部，却发现那里的气候非常不一样，那里的田野都是未经耕种的（Dio, lib. 76.），那里也没有任何堡垒或城市，于是，塞维鲁斯只好快快不乐地返回了。因为他的英勇，那些蛮族人来找他议和，并最终割让了一部分领土给罗马人。随后，塞维鲁斯（Spartianus, in Severus.）在罗马统治的边界修筑了一道新的城墙，也可能是修缮了旧的城墙，英国的学者们对这道城墙的所在地和边界一直存在争议。狄奥尼和赫罗狄安没有谈到此事。由于征服了不列颠的蛮族，塞维鲁斯和他的两个儿子都获得了"布里塔尼科"封号，但是他们没有再次获得"皇帝"的封号，因为他们并没有在战斗中取得任何胜利。

塞维鲁斯·奥古斯都在享受这外部快乐的同时，内心却因各种烦扰与忧虑而备受煎熬。他观察到大儿子卡拉卡拉染上了越来越多的恶习，即使在战争的劳冗中，卡拉卡拉还是沉迷于寻欢作乐，并且变得越来越傲慢与蛮横无理。令他更难过的是，现在已经可以预见到脾气古怪的大儿子将来一有机会就可能会杀了小儿子。自从觉察到卡拉卡拉对自己的父亲都心怀邪恶的想法，而且还显现出两个不好的迹象，塞维鲁斯对此就更加深信不疑了。一天，卡拉卡拉从父亲的营帐中走出来，高喊着卡斯托莱（Castore）侮辱了他。卡斯托莱是宫廷中最具权势的自由奴隶，也是塞维鲁斯皇帝的议会成员，塞维鲁斯将自己的所有秘密都告知于他。塞维鲁斯营帐外有一些伏击的士兵，他们也开始高声指责卡斯托莱，并叫来其他人，或许他们有什么不轨的意图。这时，塞维鲁斯被迫从床上起来，走出营帐，叫人将他们抓了起来，并处死了其中最为反叛的人。这件事与卡拉卡拉随父亲一起和已经准备投降的加里东（caledoni）蛮族人进行谈判时所发生的事情相比根本就不值一提。尽管塞维鲁斯脚部疼痛，但他还是骑马前去，快到蛮族人营地的时候，在父亲身边的卡拉卡拉停下马，将剑拔出鞘，据说是想要将剑刺进父亲的腰部。在他们后面的人看到这个场面尖叫了一声，卡拉卡拉受到惊吓，立即将剑收回了鞘中，塞维鲁斯听到尖叫声转过身来，恰好看见卡拉卡拉手中拿着剑，但他当时什么也没有说。与蛮族人的谈判结束后，塞维鲁斯回到了军营，将卡拉卡拉叫到了他的营帐中，当着禁军总督帕皮尼亚努斯和上面提到的帕斯托里斯的面，叫人拿来一把出鞘的剑，然后他开始斥责卡拉卡拉之前在蛮族人营地前试图做出的可怕之举。最后他补充说，如果卡拉卡拉真的有意要杀他，完全可以得手，因为他现在年老体弱，并且已经活得足够久了；如果卡拉卡拉不敢亲手杀了他的话，作为皇帝的他可以命令禁军总督帕皮尼亚努斯这么做。卡拉卡拉尽力掩饰他的谋杀意图，然后这件事就这样过去了，塞维鲁斯也没有对他进行任何惩罚。但狄奥尼写道，人们多次听到塞维鲁斯痛骂马库斯·奥勒留斯，因为马库斯·奥勒留斯没有将邪恶残忍的康茂德从世界上除去，他有时候也会不经意说出要对卡拉卡拉做马库斯·奥勒留斯不愿对康茂德所做的事情。但这些威胁的话只是在他大发雷霆的时候脱口而出的，他对他儿子的爱仍是胜过对整个罗马帝国的爱。不管怎样，塞维鲁斯同马库斯·奥勒留斯一样，没有按照应该有的方式爱他的儿子，因为他间接杀死了那个不太坏的儿子，让他忍受另一个非常坏的儿子的摆布，尽管有人说他预见到了卡拉卡拉将来一定会垮台。

年　份　　公元211年　小纪纪年第四年

才斐林教皇第十五年

卡拉卡拉皇帝第十四年

塞普蒂米乌斯·盖塔皇帝第四年

执政官　根提安努斯（Gentianus）与巴苏斯（Bassus）

我们从潘维尼乌斯（Panvin., in Fast. Consul.）的作品中找到一则碑文，格鲁特罗（Gruterus, Thes. Inscr., pag. 304, n. 6.）也在其作品中引用过，上面写着"昆图斯·埃皮迪奥·鲁弗斯·洛利亚努斯·根提安努斯（Quintus Epidio Rufus Lollianus Gentianus），占卜官、执政官、里昂行省总督、塞维鲁斯与安东尼努斯·卡拉卡拉皇帝的伯爵（也就是顾问与助手）"。因此，雷兰多（Reland., Fast. Cons.）就以所有这些名字称呼这一年的执政官根提安努斯。我不敢肯定他这种说法是对的。卡皮托里努斯（Capitolin., in Pertinace.）写在佩蒂纳克斯统治时期，有一个叫洛利亚努斯·根提安努斯的执政官，有可能就是格鲁特罗的碑文中提到的那个执政官，但他不可能是这一年的执政官。因此，我认为最可靠的方式是只写上他们的姓氏。

罗马与不列颠的蛮族达成的和平协议仅仅维持了很短时间，那些蛮族又变得跟从前一样傲慢。塞维鲁斯非常愤怒，他集结军队，残忍地命令他们屠杀蛮族所有的人，连妇女和小孩也不放过。塞维鲁斯身体不适已经有一段时间了，与其说是因为他的病痛，不如说是因为见卡拉卡拉这样不安分守己，并且可以预见他会做出更过分的事情而痛心不已。塞维鲁斯的身体健康每况愈下，最终只能卧病在床（*Dio, lib. 76. Herodian., lib. 3.*）。而此时，邪恶的卡拉卡拉比以往更专注于拉拢军心，以使他的弟弟盖塔不能继任皇位。他还试图通过贿赂医生来加快父亲的死期。据说，塞维鲁斯在临终前叫来两个儿子，劝诫他们和睦相处，善待士兵，只要让士兵们都发财，其他所有人都可以不放在心上（*Aurelius Victor, in Epitome. Eutropius, in Brevia-*

*rio.*)。塞维鲁斯于这一年2月4日在约克市（Jorch）逝世，终年65岁。整个军队为他举办了隆重的葬礼，他的骨灰被放置在一个斑岩或金制的骨灰盒中。据说，他在去世之前，叫人拿来这个骨灰盒，用手抚摩着它，说："将来会有一个人的骨灰放在你的里面，对于他来说，整个世界可能都不够。"这句骄傲的话语已经不适于处于生命边缘却仍然不了解自己的塞维鲁斯了。后来，这个骨灰盒被带到了罗马，被荣耀地放在了哈德良陵墓里，塞维鲁斯也被异教尊奉为神灵。就这样，塞普蒂米乌斯·塞维鲁斯皇帝的辉煌结束了。

塞维鲁斯出身卑微，却成为广阔的罗马帝国的统治者，他思想极为深刻敏锐，同时也因英勇和取得的无数胜利而备受赞誉。他对落井下石者无法姑息，对朋友则心怀感激、非常慷慨。他热爱文学，不吝啬金钱，通过各种方式获得财富，但不是为了满足他自己，而是将其用于公众。他对罗马所有著名的建筑物进行了修整（*Spartianus, in Sev.*），并以最初建造者的名字给它们命名。然而，狄奥尼（*Dio, in Excerptis Vales.*）却说他用自己的名字给它们命名。他还设计建造了其他宏伟的建筑。他对人民十分慷慨，对士兵更是如此。尽管花费很多，他还是给儿子们留下了一笔巨额的财富，在公共粮仓里储存了非常多粮食，足够支撑士兵和救济粮获得者7年的供给。同时，他还为公共仓库储存了许多油，可以满足5年的用油需求。我这里说的不仅仅是罗马，而是整个意大利。然而，他的野蛮行径和残忍行为抹杀了他所有功绩和优点。在他统治最黑暗的时期，人们甚至希望他像奥古斯都大帝一样，要么从来没有出生，要么永远不会死亡。在他统治时期，文学得到了繁荣发展，菲洛斯特拉托斯（Philostratus）家族的主要人物就生活在这一时期。据信，第欧根尼·拉尔修（Diogenes Laertius）——著名作品《哲人言行录》（*Vite de' filosofi*）的编纂者也活跃于这一时期，而其他一些作家的作品已经丢失。

塞维鲁斯·奥古斯都去世后，他的大儿子马库斯·奥勒留斯·安东尼努斯率领军队向再次发动战争（*Herodian., lib. 3.*）的不列颠蛮族发起了进攻，倒不是为了让他们投降，而是想震慑住他们，让他们前来请求议和，因为他只想赶快回到罗马的安逸生活中。于是，他和蛮族人签订了一个和平协约——不是由罗马皇帝制定的，而像是由那些蛮族人制定的，罗马不仅要归还割让给他们的领土，还要放弃由塞维鲁斯加固设防的地方。卡拉卡拉原本想通过不正当的手段让士兵只承认他为皇帝，不承认他的弟弟普布利乌斯·塞普蒂米乌斯·盖塔（如我们之前所见，他也被授予奥古斯都皇帝封号）为皇帝，但是卡拉卡拉并没有获得他想要的结果。士兵们同时对两位皇帝宣誓效忠，他们的母亲茱莉亚·奥古斯塔努力促成此事，他们共同的朋友也说两兄弟应该团结一致，因此，卡拉卡拉在表面上和他的弟弟和睦相处，共同治理国家，但他内心一直怀有独自坐拥皇位的邪恶想法，尽管他拥有大部分指挥权。但是，由于盖塔一直在军队中，士兵也很爱戴他，所以卡拉卡拉一直不敢将其除掉。我们从狄奥尼（*Dio, lib. 76.*）那里可知，卡拉卡拉卸去了帕皮尼亚努斯禁军总督的职务，有可能将其提拔为元老院议员；还处死了司法官员埃沃杜斯（Evodus）——他曾经在陷害普劳提安努斯的阴谋中给予了卡拉卡拉很大的帮助；处死了卡斯托莱，我们之前讲过，他是塞维鲁斯的议会成员。后来，他下令处死了之前被流放到利帕里（Lipari）岛的妻子普罗蒂拉和她的弟弟普劳图斯［Plautus，或者叫普劳齐乌斯（Plautius）］。赫罗狄安补充说，卡拉卡拉还处死了那些不愿听从他加速他父亲死期的医生，以及许多在他父亲那里备受尊敬与重视的人。就这样，卡拉卡拉以这些残忍之举开始了他的统治时期。和平协约签订后，卡拉卡拉与母亲、弟弟和军队渡过大海，一路上阿谀奉承者们对他表示效忠；返回罗马时，元老院举行了盛大而庄严的庆典迎接他（*Herodianus, lib. 4.*），他为纪念父亲而尽了最后的义务。狄奥尼描述了这场极为隆重的葬礼和将塞维鲁斯神化的异教仪式，我不对其做过多介绍了，如果读者想要了解这方面的内容，可以阅读奥诺弗里奥·潘维尼乌斯（Onofrio Panvinio）（*Panvin., in Fast. Consul.*）的作品。

年　份　公元212年　小纪纪年第五年

才斐林教皇第十六年

卡拉卡拉皇帝第十五年与第二年

塞普蒂米乌斯·盖塔皇帝第五年

执政官　盖乌斯·尤利乌斯·阿斯佩尔（Gaius Iulius Asper）第二次，盖乌斯·尤利乌斯·阿斯佩尔（Gaius Iulius Asper）

据狄奥尼（*Dio, in Excerpt. Valesianis.*）证实，这两位执政官是亲兄弟，他们是尤利安努斯·阿斯佩尔（Iulianus Asper）的儿子。尤利安努斯·阿斯佩尔因渊博的学识和高尚的人格而十分著名，卡拉卡拉也非常喜欢他，将他和他的儿子都提拔到至高的荣誉地位。但这位残忍的皇帝的好意并没有维持很长时间，没过多久，尤利安努斯就被逐出了罗马，被迫回到他的家乡。从法布莱图斯（*Fabrettus, Inscript., pag. 494.*）发表的一篇碑文中可以看到尤利安努斯的两个儿子都叫作盖乌斯·尤利乌斯·阿斯佩尔。这是一种非常少见的事情，谁也不知道是不是真的，他们二人的名字没有任何可以加以区分的地方。

在卡拉卡拉和盖塔两兄弟返回罗马的途中，所有人都看得出来他们二人之间的矛盾与不和，因为他们从来不住在一起，也从来不一同用餐，他们都害怕会被对方下毒。到罗马后，他们的冲突更加明显，甚至对彼此表现出憎恨与敌意。盖塔年龄更小，心地更单纯，为防止他的哥哥背叛他，对他做出残忍之事（*Herodianus, lib. 4.*），他时刻怀有戒备之心。因为彼此非常不信任，他们将皇宫分成两部分，这样两个人彼此分隔，他们宫殿之间的门紧闭，只有大厅的门开着，以在那里进行公共接待事宜。两个人并没有因此而感到任何不适，因为，据赫罗狄安所述，皇帝的宫殿十分广阔。他们兄弟二人之间的敌对和无声的战争不断发展，双方都想尽办法拉拢更多人到他们各自的阵营。盖塔在这方面更加聪明与幸运，由于他年轻，性格温和，待人和蔼，与他蛮横残忍的哥哥完全不同，因此他比卡拉卡拉更加受人爱戴。与此同时，他们二人都想要单独的护卫军，除了公共仪式，很少能看见他们一起露面。因此，有几个朋友与顾问提出建议，将整个帝国分成两部分，以避免进一步的混乱局面发生。两兄弟都表示赞同。盖塔想要将亚细亚、索里亚和埃及划为他的领土——他打算定居在安提阿或者亚历山大里亚，这两座城市在当时是可以与罗马匹敌的城市，将欧洲和阿非利加余下的部分全部留给哥哥；欧洲籍的元老院议员留在罗马，其他议员可以跟随盖塔。在父亲朋友的建议下，当着母亲茱莉亚·奥古斯塔的面，两位皇帝说明了他们的这一决定。所有人都浑身战栗，眼睛盯着地面听着他们的讲话，没有人敢发言。听完他们的话后，茱莉亚站起来，悲伤地对他们说："你们可以将国家进行划分，但你们怎么将你们的母亲进行划分呢？"然后，她啜泣着恳请他们与其让她生活在这可悲的局面下，还不如杀了她。随后，她走过去温柔地拥抱两个儿子，乞求他们可以和平共处。这足以令其他人也反对这件事情，每个人听到他们要划分帝国的想法都感到万分恐惧，这样的做法最终只会让罗马帝国的势力大大削弱。于是，划分国家的事情就这样不了了之了。

但是，他们兄弟二人之间的分歧、争斗和猜疑越来越多，每个人都在想办法压制对方（Dio, lib. 77.）。卡拉卡拉想在这一年的农神节上除掉盖塔，因为在这个节日期间，奴隶将获得许多许可，但是由于担心这一刺杀行动太过引人注目，于是他放弃了。卡拉卡拉想到的所有方法似乎都很危险，因为盖塔非常警惕，同时他深受士兵们的爱戴，所以他会被士兵以及许多角斗士很好地保护。最后，卡拉卡拉决定采取欺骗的手段来达成他的目的。卡拉卡拉让母亲茱莉亚相信他愿意与弟弟重归于好、和睦相处，但是想要与盖塔在她的房间中当面谈一谈。听到母亲叫自己，盖塔高兴地赶去了母亲那里。据赫罗狄安所述（Herodian., lib. 4.），盖塔刚一进入房间，卡拉卡拉就亲手将其割喉杀死了。生活在那一时期的狄奥尼（Dio, lib. 78.）写道，后来卡拉卡拉将这把用来杀死弟弟的剑献祭给了塞拉比斯神（Serapis）。狄奥尼还补充到，当时卡拉卡拉暗中安排的几个百夫长也冲出来，对着盖塔刺了几剑。不幸的盖塔什么也做不了，只能跑过去紧紧地拥抱住受到惊吓的茱莉亚，哭喊着："母亲，母亲，救救我！他们要杀我！"最终，盖塔死在了受欺骗的母亲怀里。茱莉亚全身都是可怜的儿子的鲜血，她张开手试图阻止那些人继续伤害儿子，因而她的手上也被划出一道伤口。这就是盖塔·奥古斯都的悲惨结局，他生于公元189年，很可能是在公元212年2月末或者3月初死去的，死时未满23周岁。虽然赫罗狄安和斯帕提安努斯（Spart., in Geta.）都将盖塔描述为拥有很多缺点的年轻人，但是他并不残忍，反而和蔼可亲，时刻牢记着父亲的谆谆教导。卑鄙无耻的卡拉卡拉做了如此滔天罪行之后，做惊恐状（*Herod., lib. 4. Dio, lib. 78.*）地在宫殿里跑来跑去，大喊着终于从世界上最大的危险中逃脱了出来。他觉得宫殿不再安全了，于是大步（当时还是晚上）朝禁卫军的营地走去。当时守卫宫殿的士兵并不知道发生了什么，只得跟在卡拉卡拉身后，他们威风凛凛地穿过城市，令对此不解的人民感到深深的恐慌。卡拉卡拉到达禁卫军城堡后，径直走向军旗和他们供奉神像的祭台，在祭台前，他跪倒在地，感谢上天救了他的命。所有士兵都赶到那里，急于知道到底发生了什么，而卡拉卡拉只是说着他面临的危险和陷阱这些模糊的话语，慢慢地，士兵们终于明白了，他们以后就只能听命于一个主人了。后来，为了取悦士兵，卡拉卡拉许诺给他们每人2500银币，以及比平常多一半的粮食。于是，在短短一天内，他就花光了他父亲18年来利用残忍的掠夺手段积聚的全部财富。他还允许士兵在各个神庙中抢掠珍贵之物。不久后，士兵发现是他杀了自己的弟弟，但他的挥霍之举平息了人们的怒气，后来，士兵们不仅只宣称卡拉卡拉为皇帝，还将已死去的盖塔立为国家公敌。

卡拉卡拉在禁军营地待了一晚上（*Spartianus, in Caracalla.*），第二天早上，他在所有武装军队的伴随下来到元老院。这些士兵携带着比平时更多的武器，卡拉卡拉自己也在衣服下穿了盔甲。他让几个士兵进入了元老院，坐于其中，说他的弟弟为对付他设计的各种圈套，最后一次他还差点被弟弟所杀，但他通过自卫先杀了对方。如果赫罗狄安（*Herodian., lib. 4.*）所述属实，卡拉卡拉还以严厉的语气与得意的神情指责侮辱盖塔的朋友们。狄奥尼（*Dio, lib. 77.*）和斯帕提安努斯都没有讲到这件事，但两个人都证实，卡拉卡拉在离开元老院的时候，转向元老院议员们说："听着，有一件会令整个世界高兴的事：我要赦免所有歹徒和流放到岛屿的罪犯。"就这样，卡拉卡拉让罗马到处是恶棍与流氓，为的是之后将无辜的人都流放到那些岛屿。卡拉卡拉从元老院回到宫殿，帕皮尼亚努斯和法比乌斯·西隆（Fabius Cilo）在他身边陪伴着他，为他提供帮助，他们俩就好像是卡拉卡拉的两个亲兄弟一样，但没过多久，卡拉卡拉对他们的态度就发生了完全的转变。卡拉卡拉下令为死去的盖塔举办一场隆重的葬礼（*Spartianus, in Geta.*），将他的遗体埋葬在阿皮亚（Appia）路上的塞普蒂米乌斯陵墓里。后来，他的遗体又被转送到哈德良陵墓里。有人写他当时还被神化了，但并没有充足的证据可以证明此事。卡拉卡拉所做的这一切都是为了尽可能减少他做出如此丑恶的行为而招致的普遍仇恨。我不会在这里讲述盖塔悲惨死亡带来的一些预言，斯帕提安努斯写下了有关这方面的预言，但都不太值得相信。我要说的是，卡拉卡拉在生活中受到了上帝的惩罚，因为他的眼前总是浮现出弟弟被杀死时的可怕面庞（Dio, in Excerpt. Valesianis.），睡觉时还总会梦到一些令人恐惧的东西，他仿佛看见他的弟弟和父亲拿着剑朝他刺来。狄奥尼写道，为了摆脱这种内心的折磨，卡拉卡拉甚至求助于魔法。他的面前时常出现很多人的影子，只有康茂德的影子对他说："去吧，绞刑架在等着你。"那些阴影渐渐地毁灭了他的幻想，使他变得越来越暴躁易怒。他无论去哪里，都会祭拜各地的神庙，送去一些贡礼，以平息内心的不安，但一切都是徒劳的。人们从来没有听他提起过盖塔的名字（Spartianus, in Geta.），他也从来不看盖塔的肖像或者雕像，以免流下伤心的泪水。但这要么是他假装悲痛，要么是他忽然间改变了想法与感情。我将在下一年讲述他抹杀有关弟弟一切记忆的残忍之举，尽管他所有这些野蛮的行为更有可能属于这一年。在这里，我只提一句，卡拉卡拉叫人砸碎了盖塔的所有雕像，还将所有带有盖塔名字的钱币全部熔化了。

年　份　公元213年　小纪纪年第六年

才斐林教皇第十七年

卡拉卡拉皇帝第十六年与第三年

执政官　马库斯·奥勒留斯·安东尼努斯·卡拉卡拉·奥古斯都第四次，德西穆斯·凯利乌斯·巴尔比努斯（Decimus Caelius Balbinus）第二次

出于我在其他地方（Thesaur. Novus Inscript., pag. 356.）提到的某些原因，我们有充分的理由怀疑第二位执政官是叫巴尔比努斯，或者是阿尔比努斯（Albinus）。从卡皮托里努斯（Capitol., in Giordano.）那里得知，似乎马库斯·安东尼乌斯·戈尔迪安努斯（Marcus Antoninus Gordianus，后来成为皇帝）在这一年接替了巴尔比努

斯的执政官之位。但是格鲁特罗（Gruterus, Thesaur. Inscript., p. 44, n. 2.）的一则碑文上写着巴尔比努斯直到这一年11月3日仍担任执政官。不过这件事情存在可疑之处。潘维尼乌斯（Panvin., in Fastis Cons.）和雷兰多（Reland., in Fastis Consular.）猜测，佩蒂纳克斯·奥古斯都之子埃尔维乌斯·佩蒂纳克斯（Helvius Pertinax）也许也在这一年被选为执政官。但在我看来，这个说法更加令人怀疑。

现在我要开始讲述惨无人道的卡拉卡拉在上一年（部分发生在这一年）做出的无数残忍之举，一想到要讲这些，我内心惊恐得连手中的笔都掉了，这个如魔鬼般的皇帝杀害了多少无辜的人啊！古代历史学家们（Dio, lib. 77. Herodianus, lib. 4. Spartianus, in Caracalla.）一致写道，卡拉卡拉将他的愤怒发泄到所有与盖塔有关的仆人、朋友和任何支持过盖塔的人身上。盖塔宫廷中的所有人员——奴隶、仆人和其他官员全部被剑刺死，连妇女和小孩也没放过，甚至连摔跤手、戏剧演员、角斗士和任何曾经为盖塔提供过娱乐的人，还包括守卫过他的士兵也都因此丧命。这场屠杀是在夜间进行的，第二天他们的尸体被运送到城外。狄奥尼说有2万人死于暴君卡拉卡拉的怒气之下。斯帕提安努斯说受害者无以计数。只要与盖塔有一点点关系，不管是真是假，都会被判处死刑。此外，卡拉卡拉还会残忍地杀害一些位高权重之人。帕皮尼亚努斯在当时被公认为法律学识渊博之人，曾担任禁军总督，在不久之前我们还看到他被卡拉卡拉以礼相待，而他的罪名仅仅是曾经力图使卡拉卡拉和弟弟盖塔和睦相处。不过有人写道（Zosimus., Histor., lib. 1.），帕皮尼亚努斯之所以不再受卡拉卡拉喜爱，是因为他被要求在元老院发表一篇演说来为卡拉卡拉辩解，帕皮尼亚努斯好心地回答道："宽恕一个杀死弟弟的人可不如做出此事那样容易，在夺人性命之后指控一个无辜者是第二项罪行。"但毫无疑问的是，帕皮尼亚努斯是被卡拉卡拉下令处死的，卡拉卡拉还命令杀手在杀帕皮尼亚努斯时使用斧头而不是剑——斧头是专门用来处死贵族的死刑工具。帕皮尼亚努斯的一个儿子当时任财政官，3天前他在一些盛大的表演中投了许多钱，卡拉卡拉也下令将他处死了。卢基乌斯·法比乌斯·西隆（Lucius Fabius Cilo）两次任执政官和罗马总督，因而享有极高的声望和地位。卡拉卡拉以前称其为自己的父亲，因为他曾经是卡拉卡拉少年时的家庭教师，还被认为是卡拉卡拉的得力助手，但是没有人可以信任这样一个变化无常的皇帝（Spartianus, in Caracalla. Dio, lib. 77.）。由于他也曾经劝说卡拉卡拉和盖塔兄弟二人团结在一起，卡拉卡拉便派一位军官带着一些士兵将其斩首。士兵们没有立刻找到西隆，于是他们便开始疯狂地抢掠西隆房间内的银器、钱财和其他珍贵的家具。后来他们在浴室抓到了西隆，西隆当时还穿着睡衣和拖鞋。他们打算在皇宫内杀死西隆，于是带他穿过城市，同时在大街上对他拳打脚踢。城市内的平民和士兵看到这样一位德高望重的人沦落到如此悲惨的境地，纷纷为西隆打抱不平，继而引起骚乱。卡拉卡拉得知此事后，担心事情变得更严重，于是迎面赶来，脱下他的军用外衣，披在几乎裸着的西隆身上，大喊："放开我的父亲，谁也别想碰我的老师。"后来，卡拉卡拉处死了那个军官和那些准备杀死西隆的士兵，认定他们是意欲陷害这位可敬之人的罪犯，但大家普遍认为他惩罚他们是因为他们没有将西隆杀死。狄奥尼、赫罗狄安和斯帕提安努斯还谈到其他被杀的贵族和元老院议员，但很有可能这些屠杀并不是都发生在卡拉卡拉统治的前两年。这里需要提到的一个受害者是昆图斯·赛莱努斯·萨摩尼古斯（Quintus Serenus Sammonicus），他是当时最有名的文学家之一，创作了非常多的作品，但几乎所有作品都丢失了（Spartianus, in Caracalla. Capitolinus, in Giordano.）。他还拥有一座藏有62000册书的图书馆，后来由他的儿子捐赠给了戈尔迪安努斯二世皇帝。或许是因为盖塔非常喜欢阅读他的书籍，所以卡拉卡拉对他心怀芥蒂。当不幸的萨摩尼古斯正在吃晚饭的时候，突然有一些杀手冲进他家，将他的头砍了下来。

年　份　公元214年　小纪纪年第七年

才斐林教皇第十八年

卡拉卡拉皇帝第十七年与第四年

执政官　梅萨拉（Messalla）与萨比努斯（Sabinus）

执政官梅萨拉是否如雷兰多（Reland., Fast. Cons.）认为的拥有西里乌斯（Silius）的名字是不确定的，同时他也不可能是狄奥尼提到的公元193年尤利安努斯统治时期的执政官西利亚·梅萨拉（Silia Messalla），因为如果是这样的话，应该写为

"梅萨拉第二次"。

如今，卡拉卡拉想要（不知是在这一年还是在上一年）通过举办一些娱乐演出以取悦罗马人民（*Herod., lib. 4. Dio, lib. 77.*），包括狩猎项目、角斗士搏斗和赛马节目。然而这仍然表现出他的残忍本性——热衷于看角斗士互相残杀。据说（*Spartianus, in Caracalla.*），卡拉卡拉小的时候是个非常善良仁慈的孩子，当他看见将人放在野兽面前的场面时，会难过大哭，把脸转向别的地方。一天，一个跟他一起玩的孩子因为被发现信仰犹太教（可能斯帕提安努斯所说的是基督教）而被狠狠地打了一顿，从此，他对那个孩子的父亲，还有鞭打那个孩子的人都冷眼相看。但是长大后，他完全改变了性情，变得喜欢看血液四溅的场面。在那些搏斗比拼中死去的众多角斗士中有一个叫巴通（Batone）的角斗士，卡拉卡拉曾强迫他在一天内与另外3个角斗士搏斗，但他被最后一个角斗士杀死了，疯狂的卡拉卡拉为他举办了一场隆重的葬礼。在一次赛马比赛中，有一些人嘲笑他宠爱的一个马车夫，于是他便命令士兵将那些人都杀死。那些人并没有意识到这会是一项罪行，因此许多无辜者被杀，但有一些人则用钱赎回了他们的性命。

罗马如今已经成为卡拉卡拉恶毒行径的上演地，但他还不满足于此，于是在这一年从罗马出发，以消除各省军队的懒散现象为借口（*Spartianus, in Caracalla.*）到各地巡游。他来到高卢，刚一到达那里，就处死了纳博讷的行省总督，扰乱了那里的居民生活，取消了那座城市的所有特权，因此招致了所有人对他的憎恨。他在那里生了一场病，身体痊愈后，又残忍地杀害了给他医治的医生们。然后，他到了日耳曼，但他在那一地区所做的"英勇壮举"我们不得而知。斯帕提安努斯写道，他在雷齐亚（Rezia）附近杀死了许多蛮族人，征服了日耳曼人。另外，可以确定的是（*Dio, in Excerptis Valesianis.*），他向卡蒂人（Catti）和阿勒曼尼人［或叫阿拉曼尼人（Alemanni或Alamanni），这一部落名字从这一时期才开始出现］发动了几场战争。据赫罗狄安（*Erodian., lib. 4.*）所述，卡拉卡拉给士兵们留下了一个非常好的印象，因为他穿着步兵的衣服，侦察地形，建造桥梁，携兵器步行行军，吃的是与士兵们一样的粗茶淡饭，还做出了其他一些英勇的行为。狄奥尼（*Dio, lib. 77, et in Excerp. Valesianis.*）也写道，比起将军的角色，卡拉卡拉更懂得如何扮演士兵的角色，掩饰他曾经的样子。在那次出征中，他这副样子令日耳曼人民在背后对他大笑不已。一直到厄尔巴岛（Elba）各国都派出各自的特使来和罗马议和，但同时也要求罗马支付给他们一定数额的金钱。卡拉卡拉在说了一些虚张声势的话之后，同意付给他们钱，还给了他们一笔抚恤金，以这种收买的方式与他们建立了友谊关系。卡拉卡拉还试图与他们亲近，身穿他们国家流行的服饰，留着与他们相像的金色头发，甚至还在军队和他的护卫军里招募许多他们国家的士兵。从那以后，比起罗马士兵，卡拉卡拉更加信赖这些士兵。有时，卡拉卡拉还与那些特使进行秘密谈判，只有翻译员在场，会后他会将翻译员全部处死，以免他们泄露谈判的内容。总之，卡拉卡拉以直接或间接的方式做了很多事情，最后获得了"日耳曼征服者"的封号——这一封号开始出现在那一时期的勋章上（*Mediobarbus, in Numismat. Imperator.*）。他还第三次获得"皇帝"封号，但在此次战争中他不过是一位装模作样的将军，并没有取得任何实质性的胜利。

年　份　公元215年　小纪纪年第八年

才斐林教皇第十九年

卡拉卡拉皇帝第十八年与第五年

执政官　莱图斯（Letus）第二次，塞里阿利斯（Cerealis）

有一则碑文可能是属于这位执政官莱图斯执政时期的，在我的文集（*Thesaurus Novus Inscription., pag. 353, num. 4.*）中引用过。如果这则碑文内容完整的话，或许我们可以确证他是卡蒂亚（Catia）家族的人。其他由古罗马历书研究者所给予的名字由于存在疑问，我就不把它们加在这里了。斯帕提安努斯（*Spartianus, in Caracalla.*）写到一个叫莱图斯的人，他是第一个建议卡拉卡拉杀死盖塔的人，也是第一个被迫喝下卡拉卡拉送去的毒药的人。因此，这个莱图斯应该不是这一年的执政官。

据斯帕提安努斯所述，卡拉卡拉从日耳曼来到达契亚（现今特兰西瓦尼亚Transilvania），在那里停留了一段时间，并与盖塔人（Geti）——后来更多地被叫作哥特人（Goti）进行了几场小规模战斗，似乎卡拉卡拉取得了胜利。于是，佩蒂纳克斯·奥古斯都之子埃尔维乌斯·佩蒂纳克斯（Helvius Pertinax）在下一年说了一句犀利的话。由于卡拉卡拉已经获得"日耳曼征服者""帕提亚征服者""阿拉伯征服者""阿勒曼尼征服者"的称号，埃尔维乌斯说："您应该再加上盖提库斯·马克西穆斯（Geticus Maximus）的称号。"这表面上是在说卡拉卡拉打败盖塔人应该获得的称号，实际上是在暗示他杀了他的弟弟盖塔的事情。或许卡拉卡拉与盖塔人交战的事情不是真的，但埃尔维乌斯这句话却是值得相信的。埃尔维乌斯·佩蒂纳克斯被卡拉卡拉处死，并不仅仅是因为他这句暗讽皇帝的话。斯帕提安努斯写道，卡拉卡拉将其处死是因为他是前任皇帝之子。但如果是这样的话，卡拉卡拉为什么要等这么久才处死他呢？或许是在同一时期，卡拉卡拉还处死了克劳狄乌斯·庞培安努斯（Claudius Pompeianus），他的母亲是马库斯·奥勒留斯·奥古斯都之女露西拉，父亲是曾担任过两次执政官，同时也是一位优秀军队将领的庞培安努斯（*Herodianus, lib. 4.*）。

后来，卡拉卡拉前往色雷斯的默西亚行省。因该地靠近马其顿，这位奥古斯都皇帝便突发奇想，想成为新的亚历山大大帝。虽然他不具备这位伟大征服者的头脑与勇气，但他至少可以在外表和行为上效仿他。于是卡拉卡拉穿成马其顿人的样子，然后写信给元老院说他的身体里注入了亚历山大大帝的灵魂，因此他想要被授予"东方亚历山大"（Alexander Orientale）称号。这些行为最后的结果怎样，我没有继续追查。此外，卡拉卡拉还组建了一支由马其顿最优秀的青年组成的步兵军团，并给其起名为马其顿方阵，步兵军团一共有16000名士兵，全部武装成过去亚历山大部队的样子。另外，卡拉卡拉还想在所有城市竖立亚历山大大帝的雕像，特别是在坎皮多里奥山和罗马的各个神庙里。卡拉卡拉看到在许多地方张贴的图像中仅描绘了一具人体，但是从不同角度观察能分别看到亚历山大大帝的脸和卡拉卡拉的脸，他对此非常高兴。

后来，卡拉卡拉想要乘船通过色雷斯的博斯普鲁斯海峡进入亚细亚（*Spartianus, in Caracalla.*），但船上的桅杆突然断裂，有沉船的危险，他只好乘小船逃生了。据狄奥尼（*Dio, lib. 77.*）所述，卡拉卡拉抵达尼科美底亚（Nicomedia），在那里度过了这一年的冬天。卡拉卡拉告诉陪同他的元老院议员（狄奥尼是其中一位），太阳刚出来时就要准备好来议事，因为他想要在头脑清醒的时候处理公共事务。但是他经常让这些议员们等到中午，有时直到晚上也不见他现身。与此同时，他沉迷于寻欢作乐，如驾车、狩猎和角斗士搏斗等，还经常喝得醉醺醺的。当着元老院议员的面，他给守卫的士兵递去食物与酒杯。终于，他在半醉半醒之间开始草草处理案件了，但刚听了几句陈述，就想赶紧做出判决。他的宫廷中有一个西班牙宦官，不仅长相畸形，而且性情古怪，人们认为他是一个巫师，还是一个毒药炼制者。这个宦官似乎凌驾于元老院之上，拥有更多的权势，他在各处都有密探，密探随时向他报告人们喜欢或厌恶的事情，然后不用在元老院上进行宣告，他就在行政官不知情的情况下告诉卡拉卡拉希望他惩罚哪些人。这引起了巨大的混乱，也造成了很多不公正的判决。

在整个旅行中，卡拉卡拉似乎都在折磨元老院议员，为了让他们处境艰难，他想要让他们出资（在我看来，是用国家的资金）沿路建造豪华的住所和房子，尽管大部分房子都没有什么用处，他甚至都没有看它们一眼。如果他想在某个地方过冬，他就会要求议员们为他建造剧场和竞技场，之后再把这些建筑物拆毁。和对待元老院议员不同，他对士兵彬彬有礼，不仅非常关照他们，还持续赠予他们丰厚的犒赏。这一年的勋章（*Mediobarb., in Numismat. Imper.*）上记录着他的第七次、第八次和第九次慷慨赠予，毫无疑问，这些都是给军队的。他还花费了很多钱在凶残或温驯的野兽和马匹上（*Dio, lib. 77.*），以供他狩猎，或者驾驶马车与其他人进行比赛。有一次，他亲手杀了100头野猪。后来，他强迫宫廷官员和其他富有之人为自己承担高昂的费用来举办节目演出，他还在没有钱的时候蛮横无理地向他们索要金钱。这就是卡拉卡拉统治时期的生活方式。说到他的挥霍无度，更不用提他增加了多少新的赋税，进行了多少次巧取豪夺，以至于在他统治的几年间，整个罗马帝国损失惨重，各省民不聊生。他经常说他除了钱什么都不需要，但他并未将钱赠予那些应得的人，而仅仅是用来犒赏士兵和阿谀奉承者。一天，他赠予了尤尼乌斯·保利努斯（Iunius Paulinus）1万个金币，只因为尤尼乌斯·保利努斯对他说："即使当您假装愤怒的时候，您也知道怎么表现最好，以至于人们真的以为您在愤怒。"他的母亲茱莉亚·奥古斯塔一直在旅行途中陪在他身边，她并没有指责儿子的行为，因此卡拉卡拉才会把那么多钱送与士兵，最后自己一分钱都没有了。他对母亲说："母亲，不要怀疑，只要这样持续下去，就不会缺少金钱。"后来，这位新亚历山大痴迷于亚历山大大帝的形象。有一天，他看到一个军官矫健地跳上马，便问那军官来自哪里，军官回答说："马其顿。""你叫什么名字？""安蒂冈斯。""你父亲叫什么名字？""菲利普。"卡拉卡拉非常高兴，说道："我拥有了我想要的所有东西。"于是，他将那个军官提拔到更高的职位，不久后，又推举他为元老院议员和大法官。当时有一个案件的罪犯叫亚历山大，但他不是马其顿人。由于控诉者时不时地说："亚历山大是杀人犯，亚历山大为上帝所憎。"卡拉卡拉便感觉那人是在说自己，跳起来大喊："如果你再这么侮辱亚历山大的名字，我就送你去另外一个世界。"他还带来很多大象，用来更好地模仿亚历山大大帝和巴克科斯（Bacchus）。就这样，这一时期的罗马帝国在卡拉卡拉的统治下落入悲惨的境地。如果尤塞比乌斯（*Eusebius, in Chron.*）所述属实，这一年，卡拉卡拉下令在罗马建造的安东尼努斯浴场（Terme antoniane）竣工。斯帕提安努斯（*Spartianus, in Severus.*）盛赞了这一建筑，不仅仅因其宏伟壮观，还因其建造精美。另外，还可以确定的一件事是，在过去，获得罗马公民身份被看作巨大的恩典，而卡拉卡拉却颁布了一项法令，使得罗马帝国各个城市的人民都可以获得罗马公民身份。许多古罗马历史学者都谈到过此事。

年　　份　　公元216年　　小纪纪年第九年
　　　　　　才斐林教皇第二十年
　　　　　　卡拉卡拉皇帝第十九年与第六年
执政官　　卡提乌斯·萨比努斯（Catius Sabinus）第二次，科尔涅利乌斯·阿努里努斯
　　　　　（Cornelius Anulinus）

这两位执政官的姓氏是可以确定的，就是萨比努斯和阿努里努斯。至于名字，潘维尼乌斯（*Panvin., in Fast. Consular.*）和格鲁特罗（*Gruterus, Thesaurus Inscript., p. 183, n. 4.*）引用的一则碑文上写着"执政官Q.阿奎利乌斯·萨比努斯第二次与

SEX.奥勒留斯·阿努里努斯（Q. AQVILLIUS SABINUS Ⅱ. SEX. SEX. AVRELIUS ANVLLINUS COS）"。但这则碑文应该是伪造的，就算它是合法有效的，也应该属于另外哪一年。因为在格鲁特罗（*Idem, pag. 261.*）的另一则碑文中写着"执政官卡图斯·萨比努斯第二次与CO.阿努里努斯（CATTUS SABINUS Ⅱ. ET CO. ANVLLINUS COS）"。而在法布莱图斯（*Fabrettus, Inscript., pag. 682.*）的一则碑文中可以看到"C.迪奥·萨比努斯第二次，科尔涅利乌斯·阿努里努斯（C. ATIO SABINUS Ⅱ. ET CORNELIUS ANVLINUS COS）"。我认为应该将这里的C. ATIO读成CATIUS（即卡提乌斯），因为如果第一位执政官有首位名字的话，那么第二位执政官也应该写有首位名字。

卡拉卡拉在尼科美底亚度过了冬天（*Dio, lib. 77.*），并于4月4日在那里庆祝了他的诞辰，之后，他又继续他的行程（*Herodianus, lib. 4.*）。他来到别迦摩市（Pergamo），这座城市以其埃斯库拉庇乌斯神殿（Tempio di Esculapio）而闻名，城市里的许多人都相信这个神会在梦中告诉人们医治疾病的方法。于是，卡拉卡拉虔心地向这个神祈祷，但其实这个所谓的神根本听不见。他身体虚弱，患有各种疾病，部分是看得见的，部分是不容易看出来的。这些都是他过分贪食、过度淫荡造成的结果，他也因此失去了生育能力（*Dio, in Excerptis Valesianis.*）。他梦到了他想要的，但是并没有对他的疾病有任何缓解。之后他参观了伊里奥市（Ilio），尽管那里的罗马人自封为特洛伊人的后代，但他还是多次去阿喀琉斯陵墓进行了祭祀。卡拉卡拉最宠爱的自由奴隶之一费斯托（Festo）因为自然死亡或者是中毒而去世，于是他按照荷马在其史诗中描述的帕特罗克洛斯葬礼，为费斯托举办了一样的葬礼。然后，他来到安提阿，在那里度过了一段寻欢作乐的日子之后，他向帕提亚的国王发动了战争。这是因为他的两个军官提里达提斯（Tiridates）和安条克（Antioco）叛离了军队，归顺了帕提亚的国王，尽管卡拉卡拉多次向帕提亚国王索要这两个军官，但国王不愿意将他俩归还给他。当时，帕提亚国王与他的一个兄弟产生分歧，发生了内战，卡拉卡拉以在他们之间制造了不和而感到自豪，为了不招致罗马军队的攻击，国王被迫归还了那两个军官。卡拉卡拉见自己如此受人尊重与敬畏，于是将战争平息下来。后来，他给埃德萨（Edessa），也就是奥斯若恩（Osroene）的国王阿布加尔（Abgaro）写了几封充满友好话语的信，希望能与他见面。阿布加尔原本以为卡拉卡拉是一位正直的罗马皇帝，来了之后却发现他是一个虚伪的骗子。（*Dio, in Excerpt. Valesianis.*）。阿布加尔被囚禁了起来，于是卡拉卡拉占领了奥斯若恩行省。事实上，阿布加尔本身也因残忍的本性而备受人民憎恨。所有历史学家都承认，虚伪与不忠并不是卡拉卡拉最后的不道德行为。在日耳曼战争中，他也实施过欺骗的手段，然后为自己凭借策略而打败汪达尔人（Vandali）和马可曼尼人（Marcomanni）而感到自豪。他还诱引夸迪的国王盖沃马罗（Gaiovomaro）落入陷阱，夺走了他的性命。此外，他假装想在军队中招募许多年轻的日耳曼人，后来却将引诱来的年轻日耳曼人全部杀死了。

这一年，亚美尼亚的国王和他的儿子们之间也发生了不和。卡拉卡拉便使用他惯常的骗人伎俩，叫他们来宫廷，让他们以为他想要与他们达成协议。实际上，这个协议就是将他们全部囚禁进来，然后像在奥斯若恩所做的一样占领亚美尼亚，但是这次卡拉卡拉打错了算盘。亚美尼亚的人民根本不信任卡拉卡拉这样一个声名狼藉、背信弃义的君主，拿起武器进行自卫。

卡拉卡拉将忒奥克里托斯（Theocritus）提拔为禁军总督。忒奥克里托斯出身卑微，曾是剧院的舞蹈演员，因备受卡拉卡拉的喜爱而成了他的舞蹈老师，他为了积敛财富也做出许多残忍之举（*Dio, lib. 77.*）。另外，他在私底下还是一位商人。西弗里诺（Sifilino）写道，他在宫廷中拥有非常大的权势，甚至超过了两位禁军总督。后来，这位令人尊敬的将军被他派去率兵镇压亚美尼亚，但最终他被亚美尼亚的人民彻底打败了。这一年，卡拉卡拉给元老院写信，说他很清楚他们对忒奥克里托斯的事不满意，但由于他统领着大部分的军队，因此他很讨厌任何说他坏话的人。后来，卡拉卡拉想要前往埃及，散播传言称他是出于对塞拉比斯神（Serapis）的信仰以及想要看一看繁荣的亚历山大里亚市——这座由他崇拜的亚历山大大帝建造的城市的愿望（*Herodianus, lib. 4.*）。这个消息传到了那座城市，虚荣的亚历山大里亚人欢呼雀跃，开始准备精美的装饰品、悦耳的音乐和怡人的香气以隆重迎接这位统治者。但是心怀不轨的卡拉卡拉去那里并不是为了取悦人民，而是为了摧毁他们。亚历山大里亚人天生喜欢诽谤别人，他们嘴里总是说着尖酸刻薄的话，特别是针对强势的人，皇帝也不例外。他们将卡拉卡拉杀死弟弟的事放在歌词中，说他与母亲有不正当的关系，还嘲笑他身材矮小，却自认为是另一位亚历山大大帝与阿喀琉斯。心胸宽广的贤明君主一定会对这些流言和侮辱毫不在意，但是残忍易怒的卡拉卡拉一直对此事耿耿于怀，于是想要对亚历山大里亚人实施报复。抵达亚历山大里亚后，他先是参观了塞拉比斯神庙，做了许多祭祀，然后来到亚历山大陵墓，留下一些珍贵的装饰品。亚历山大里亚人高喊："皇帝万岁！"却没想到卡拉卡拉的愤怒即将在他们身上爆发。赫罗狄安写道，卡拉卡拉借口想要组建一支亚历山大里亚人的军队，将该城上千名年轻人聚集到城外，而后让军队将他们包围住，并下令将他们一个个全部用剑刺死。狄奥尼（Dio, lib. 77.）也写了，这场屠杀十分骇人，持续了一天一夜，无数人被杀，甚至都无法数清数目（Spartianus, in Severus.）。还有许多来此观看节日盛典的外乡人也被残杀。罗马军队洗劫了该城的商铺和房屋，那些神庙也被劫掠一空。这些就是令人憎恶的卡拉卡拉所谓"敌人"，他远赴东方国家就是为了搜寻并惩罚这些人。后来，卡拉卡拉将这座城市分成了两部分，剥夺了该市的所有特权，并派兵驻守此地，下令禁止该市的市民进行集会。此外，卡拉卡拉还对亚里士多德（Aristotile）的追随者实施迫害，因为他认为是那位哲学家造成了亚历山大大帝的死亡，为此，他还关闭了该市所有的亚里士多德学院。在他们的一条神谕中，卡拉卡拉被称作一只猛兽——看见他做出如此惊人的残忍之举，又有谁不会这么称呼他呢？尽管后来卡拉卡拉杀死了许多传播这条神谕的人，但他仍然以此为荣。

　　凶猛如野兽的卡拉卡拉回到安提阿，打算对帕提亚的国王阿塔巴诺（Artabano）也实施他的欺骗手段。如果赫罗狄安（Herodianus, lib. 4.）所述属实，卡拉卡拉向帕提亚国王请求将其一个女儿嫁与自己为妻，同时提议将两个君主国联合起来，这样就足以征服当时世界上已知的所有国家。阿塔巴诺一开始并不愿听卡拉卡拉讲话，但后来他接受了联盟，允许卡拉卡拉进入帕提亚迎娶新娘、拜访国王岳父。阿塔巴诺带着一大批人在一个城市迎接卡拉卡拉，所有人都头戴花环，没有携带任何武器。看到如此，卡拉卡拉便命令军队向帕提亚人发起进攻，而帕提亚人既没有马匹也没有武器，还被长长的衣服所牵绊，既无法自卫，也无法迅速逃跑，因此，许多帕提亚人被残杀。国王阿塔巴诺侥幸逃脱，但整个帕提亚却被罗马人占领，罗马军队疲于太多的杀戮和劫掠，终于带着伟大背叛者的荣耀返回了美索不达米亚。对于这件事，狄奥尼（*Dio, lib. 78.*）写道（他的叙述更加真实可信一些），阿塔巴诺本来同意了将女儿许配给卡拉卡拉，但后来又否认了这桩婚事，因为他觉察到这个奸诈的奥古斯都皇帝对他的王国有一些邪恶的企图，并不是一个值得信赖的人。于是卡拉卡拉愤怒地冲进了梅迪亚（Media），劫掠并摧毁了许多城市，其中包括阿尔贝拉（Arbela），还人肆发掘帕提亚王陵。此外，卡拉卡拉还叫人带来许多只狮子（*Spartianus, in Severus.*）。然而狄奥尼写道，当时只有一只狮子突然从山上跳出来，伤害了许多帕提亚人。尽管没有进行过任何战斗，但因为帕提亚人逃到了山上和底格里斯河另一边，虚荣的卡拉卡拉还是向元老院写信说明了他取得的这些"辉煌"的胜利，如今他已征服了整个东方，想要获得"帕提亚征服者"称号。罗马的元老院知道事情是怎样的，但最后还是承认了卡拉卡拉那些功绩是卓越而值得纪念的。在下一年的勋章（*Mediobarbus, in Numismat. Imp.*）上有提到帕提亚的胜利，但是没有写卡拉卡拉第四次获得"皇帝"封号。但蒂勒蒙特（*Tillemont, Mémoires des Empereurs.*）认为卡拉卡拉被授予了此封号。卡拉卡拉对于他这些英勇非凡的功绩十分满意，后来（*Spartianus, in Severus.*）他带着军队在埃德萨（Edessa）市度过了这一年的冬天。

年　份　公元217年　小纪纪年第十年
　　　　加里斯都教皇第一年
　　　　马克里努斯皇帝第一年
执政官　盖乌斯·布鲁蒂乌斯·普莱森斯（Gaius Bruttius Praesens），提图斯·梅西乌斯·埃斯特里卡图斯（Titus Messius Estricatus）第二次

这一年，才斐林教皇光荣殉教，在圣彼得教堂继任教皇之职的是加里斯都（Callixtus）。如我之前所提到的，卡拉卡拉在埃德萨度过了冬天（*Anastasius Bibliothecar.*），在那里，他与士兵们在居民的房子里整日肆无忌惮地寻欢作乐，将人

民的财产据为己有。然而根据以前的规章制度，即使在冬天，士兵们也要住在皮制的帐篷里。此外，卡拉卡拉还改变了士兵的衣服样式，他经常穿着高卢人一种叫作"卡拉卡拉"的连帽长袍（*Spartianus. Dio. Aurelius Victor.*），因此他想要士兵们也这样穿。由此人们将"卡拉卡拉"作为他的绰号。

帕提亚人观察到当时的罗马人不再像狮子一样凶猛了，尤其在得知罗马士兵在冬天过着腐败松懈的生活，上一年的战争也大大削弱了他们的兵力后，帕提亚人决定做足准备以进行复仇。但卡拉卡拉也没有闲着，他也聚集了一些兵力，准备了一些作战需要的器具。不过上帝想要这个卑鄙可耻的皇帝，或者说是令人憎恶的暴君结束他的生命了。当时马库斯·欧佩里乌斯·马克里努斯（Marcus Opellius Macrinus）任禁军总督，也就是护卫军总指挥，他生于阿非利加，出身极其低下，这一年他大概53岁。卡皮托里努斯（*Capitol., in Macrinus.*）在对他的生平记述中将其描述得极为不堪。然而狄奥尼（*Dio, lib. 78.*）却写他具有渊博的法律知识，是一个谦逊的人，在判决案件的时候非常公正，因而受到人民的爱戴，这些好的品质弥补了他出身上的不足。阿非利加有个占卜师预言马克里努斯和他的儿子迪亚杜门尼安努斯（Diadumenianus，当时大概9岁）将来会成为皇帝（*Herodianus, lib. 2.*）。这个占卜师后来被带到罗马，将同样的预言告诉给了罗马军队的指挥官弗拉维乌斯·马特尔尼安努斯（Flavius Maternianus），于是弗拉维乌斯·马特尔尼安努斯立刻向卡拉卡拉写信告知他这则消息。但是据狄奥尼所述，信没有直接到卡拉卡拉手上，因为当时有命令将所有来自罗马的信先交给茱莉亚·奥古斯塔，茱莉亚在安提阿的时候拥有很大权威，为了不打扰忙于帕提亚之战的儿子，她负责处理一切事务。与此同时，当时的监察官乌尔皮安努斯·尤利安努斯（Ulpianus Iulianus）立即派了另一个人告知马克里努斯罗马针对他所采取的行动，这样马克里努斯便先于卡拉卡拉知道了他所面临的危险。

据说，一个叫塞拉皮翁·埃吉齐亚努斯（Serapion Egizianus）的人几天前曾跟卡拉卡拉预言他活不了多久了，在他之后，马克里努斯会继承皇位。他的预言让他付出了生命的代价，卡拉卡拉下令将他喂给了狮子。卡拉卡拉总是在身边带着一些狮子，他尤其喜爱一只名叫阿西纳斯（Acinace，一种波斯人使用的弯刀）的狮子，将其视为一只在桌边、床下或门口的狗,经常在公共场合亲吻它。因为这些事件,马克里努斯决定通过谋杀卡拉卡拉来保全自己的性命。赫罗狄安(*Herodianus, lib. 2.*)补充说,卡拉卡拉有时候还会刻薄地嘲笑马克里努斯,视其为在军事上一无是处的人,甚至还拿死亡威胁他。当马特尔尼安努斯的信被送到卡拉卡拉这里时,卡拉卡拉当时正在马车上驾马,像往常一样,他将信递给了马克里努斯,命他将信中重要的内容报告给他,然后执行信中所要求的决议。也正因为此,马克里努斯得以发现(*Dio, in Excerptis Vales.*)信中告知卡拉卡拉的是与他有关的坏消息。读者在这里可以看到,过去太过于信赖满嘴胡话的占卜者会产生多么恶劣的影响。卡拉卡拉拥有所有罗马贵族的星座与生辰,认为凭此便可以知道谁爱戴他、谁憎恨他,以及谁有可能设计阴谋陷阱对付他。这种过分的迷信导致了或者加速了他的死亡。

马克里努斯不再浪费时间,他担心如果马特尔尼安努斯寄来其他重述此事的信,他就性命不保了,于是他与一位名叫尤利乌斯·马提亚利斯(Iulius Martialis)的护卫军官秘密地讨论将恶毒的卡拉卡拉从世界上除去的方法。马提亚利斯除了是马克里努斯最好的朋友外,还对卡拉卡拉怀有深深的憎恶,因为不久前,卡拉卡拉以一项没有被证实的罪名处死了他的一个哥哥,因此他承诺会在第一个最好的时机下进行出击。在4月8日这天,卡拉卡拉带着几个护卫军(*Dio, lib. 78. Herod., lib. 4. Spartianus, in Severus.*)骑马去卡莱市(Carre)为月亮女神(Luna,那里的人民称其为月亮神Luno)祭祀,途中因为想要小便而从马上下来,护卫军们出于尊重而退到离他较远的地方,马提亚利斯则一直等待着时机杀死他。当卡拉卡拉小便完,马提亚利斯借口扶他上马而靠近他,因为当时马镫还没有投入使用。随后,马提亚利斯用一把匕首往卡拉卡拉的脖子上刺了一刀,卡拉卡拉立即倒在了地上,但当时其他护卫军并没有立即注意到卡拉卡拉遇刺的事件。如果马提亚利斯将匕首拔出来,他本可以保住自己的性命,但其中一个护卫卡拉卡拉的日耳曼人(或者是斯基泰人)看到了这一场景,便朝马提亚利斯射了一箭,将其杀死了。皇帝的死讯传播开来,所有的军队都赶去那里,马克里努斯表现得比其他人更加悲痛,实际上他的内心却在欢呼雀跃。就这样,马库斯·奥勒留斯·安东尼努斯(或者以他的绰号卡拉卡拉称呼他更为合适)在统治了仅仅6年2个月零几天后,在29岁的年纪结束了生命。人们（*Dio, lib. 78.*）还称呼其为"塔兰特"（Tarante）——这是一个角斗士的名字，是世界上最矮小且最残忍的人。所有的人都仇视卡拉卡拉，除了士兵，尽管不少士兵都对他将日耳曼人和斯基泰人在护卫军中置于罗马人之前而感到不满。之后，马克里努斯焚烧了卡拉卡拉的尸体，将他的骨灰装在一个骨灰盒中送到安提阿他的母亲茱莉亚那里。一段时间后，马克里努斯将骨灰带回罗马，埋葬在哈德良陵墓里。

当卡拉卡拉的死讯传到罗马时，起初人们不敢相信这件事是真的，直到多名信使赶来确认了这件事，每个人都忍不住为此欢呼雀跃，尤其是元老院和贵族，他们感觉像是重获了生命（*Capitolinus, in Macrinus.*），因为过去他们总觉得脑袋上架着一把剑。元老院给卡拉卡拉封以所有最可耻下流的名号，但是出于对士兵的畏惧，他们不敢称其为国家公敌。不过，马克里努斯被选举为皇帝后，他写信给元老院请求他们授予神的荣誉给卡拉卡拉，元老院也只得服从。因此，就连异教徒斯帕提安努斯（*Spartianus, in Caracalla.*）也认为这是令人不可思议的可怕之举。一个杀死自己父亲与弟弟的人，一个残杀元老院、罗马和亚历山大里亚人民的刽子手，一个让所有人感到恐怖的人，在他死后，人们在他那里发现各种各样的令人瞠目结舌的毒药——他用这些来满足他的残忍欲望，这样一个怪物在杀死他的马克里努斯的命令下竟被授予了神的封号，人们还为他建造了神庙，安排了祭司和学者。异教的神灵们拥有这样一个尊贵的同伴也很高兴吧！或许异教徒们也能从这位新的神那里得到一些恩惠与赐福吧！这里我就不提狄奥尼（*Dio, lib. 68.*）所写的关于卡拉卡拉死亡的预言了，他也十分信奉这些预言，但人们通常在事情发生后才会想起这些预言。

至于卡拉卡拉的母亲茱莉亚·奥古斯塔，她出生于索里亚，很可能是她将儿子带到那里，或许打算永远不再离开。在她的丈夫塞维鲁斯·奥古斯都统治时期，她就拥有很高的权威，在儿子卡拉卡拉统治时期，她的权威更高，以至于人们通常称她为茱莉亚·多姆娜（Julia Domna），也就是茱莉亚夫人与女主人。而阿谀奉承者们授予了她"奥古斯都之母""国母""元老院之母""军队之母"等封号。斯帕提安努斯（*Spartianus, in Severus.*）将她写成一个因与他人通奸而名声败坏的女人，还记录了一件非常肮脏下流的事，即在塞维鲁斯死后，她的儿子通过以下方式娶其为妻：茱莉亚是个非常美丽的女人，一天，她让卡拉卡拉看到她几乎裸体的样子，卡拉卡拉盯着她，说道："我希望我可以……"她回答道："只要您想就可以。您不是皇帝吗？您制定法律，而不是遵从法律。"于是，他就与茱莉亚结了婚。这件事十分可怕，由此斯帕提安努斯将茱莉亚视为卡拉卡拉的继母，而不是他的生母。遵循他的说法，奥勒留斯·维克多（*Aurelius Victor, in Epitome.*）、欧特罗皮乌斯（*Eutrop., in Breviar.*）、尤塞比乌斯（*Eusebius, in Chron.*）和其他一些作家也都是这么写的。但这些都是没有根据的谣言。狄奥尼对茱莉亚·奥古斯塔比较熟悉，赫罗狄安也至少是临近那一时期的作家，他们一致肯定，茱莉亚是卡拉卡拉和盖塔真正的母亲（*Dio, lib. 78. Herodianus, lib. 4.*）。狄奥尼和赫罗狄安还将她描述为一个富有智慧、热衷哲学的女人，并且认为当时茱莉亚已经接近50岁了，这样的年纪也不太可能发生斯帕提安努斯所叙述的事情。除此之外，如果卡拉卡拉娶了茱莉亚为妻，那么他不可能向帕提亚的国王请求将女儿许配给他。这则谣言是从亚历山大里亚人那里传开的，谣言中将茱莉亚说成是伊俄卡斯忒（Giocasta，希腊神话中的一位悲剧妇女，她的丈夫拉伊俄斯国王无意中被自己丢弃的儿子俄狄浦斯所杀，后来俄狄浦斯娶了自己的母亲伊俄卡斯忒）。对付所仇恨的人，没有什么比编造无中生有的罪名更加容易的了。但我们必须承认，茱莉亚是一个心思非常缜密、举止极其从容的女人，即使凶残的卡拉卡拉亲手杀死了她的小儿子盖塔（*Dio, lib. 78.*），她也抑制住了自己的眼泪，避免激怒残忍的弑弟者卡拉卡拉。尽管内心悲痛，但她还是会在公共场合表现出平静高兴的样子，因为她的每一句话、每一个举动都会被注意到。这与斯帕提安努斯（*Spartianus, in Geta.*）所叙述的不同，他写茱莉亚在几位贵妇面前伤心痛哭，卡拉卡拉差点儿就将她和她那些亲密的友人一并杀死。据狄奥尼所述，从那时起，茱莉亚就受到儿子极大的尊重，卡拉卡拉还将回复信件与拟写诏书的职责交给她，她只需要将最重要的事报告给他即可。

当儿子卡拉卡拉被刺杀的消息传来时（*Dio, lib. 78.*），茱莉亚正在安提阿，她十分悲痛，不断捶自己的胸口，以至于使她早已患有的癌症变得更加严重。她朝马克里努斯发泄怒气，如今除了死她什么也不想要，这倒不是因为她爱自己的儿子，而是因为卡拉卡拉死后，她就失去了所有的权势。然而，由于马克里努斯非常礼貌地给她写信，将她的所有军官甚至护卫军都留给了她，于是她也不再想着寻死了。后来，马克里努斯听到谣言称茱莉亚正在进行一些秘密的操纵以使自己成为帝国的女主人，于是便命令茱莉亚离开安提阿。由于这件事，以及得知罗马为纪念卡拉卡拉所做的一切荒唐之事，茱莉亚决定通过绝食让自己死亡。但是赫罗狄安（*Herodianus, lib. 4.*）写道，他无法确定茱莉亚是自然死亡还是被人杀死的。

由于罗马军队不知道将皇位授予谁，因而皇位空置了两天，但还是要尽快确立新的皇帝，因为帕提亚的国王阿塔巴诺一直想要对卡拉卡拉对他的侮辱和给他造成的损失实施报复（*Dio, lib. 78.*），且已经集结了英勇的军队准备发动战争。马克里努斯为了不让军队怀疑他密谋策划了刺杀卡拉卡拉的事件，表面上看起来并不想去追求这一显赫之位，却在暗中拉拢最重要的军官，以让他们选举自己为皇帝。于是，在4月11日这天，在那些军官的提议下，禁卫军拥立马克里努斯为皇帝，而后剩余的军队也表示了赞同。禁卫军原本想拥立同样担任禁军总督的阿文图斯（Adventus）为皇帝，但阿文图斯以年龄过高为由拒绝接受。马克里努斯一开始也加以推辞，后来接受了他们的让位（*Capitolin., in Macrinus.*）。为此，他送给士兵们一份礼物，并许诺会给予他们更多的犒赏。

为了获得士兵们的信任，马克里努斯给自己加上"塞维鲁斯"的名字，因此在勋章（*Mediobarbus, in Numismat. Imp.*）上可以看到他被称作马库斯·欧佩里乌斯·塞维鲁斯·马克里努斯（Marcus Opellius Severus Macrinus）。这令人感到好笑，因为他与塞维鲁斯皇帝没有任何亲缘关系。卡皮托里努斯认为马克里努斯还给自己加上了"安东尼努斯"的名字，但并没有任何勋章或碑文写有这个名字，因此人们认为这是卡皮托里努斯写错了。不过，马克里努斯将"安东尼努斯"这个对军队十分重要的名字给了他的儿子迪亚杜门尼安努斯（Diadumenianus），宣布他为"恺撒"与"青年王子"。在勋章（*Mediobarb., in Numismat. Imper.*）上，他的名字被写为马库斯·欧佩里乌斯·安东尼努斯·迪亚杜门尼安努斯（Marcus Opellius Antoninus Diadumenianus）。巴基神甫认为（*Pagius, in Critic. Baron.*），马克里努斯在其统治初期就授予了儿子保民官权力，他们二人一起接替了两位首任执政官，担任这一年的补任执政官。但是这个说法只是基于几枚勋章（*Mediobarbus, in Numi-*

smat. Imperator.)上的内容，而且这几枚勋章有可能是伪造的，尤其是其中一枚勋章上写着："迪亚杜门尼安努斯在下一年第二次担任执政官，第二次获得保民官权力，被授予'军队最高指挥'（皇帝）与'大祭司长'的头衔。"谁也不清楚迪亚杜门尼安努斯到底是不是奥古斯都皇帝。赫罗狄安（Herodianus, Histor., lib. 4.）、狄奥尼（Dio, lib. 78.）、卡皮托里努斯（Capitol., in Macrinus.）和兰普里迪乌斯（Lampridius, in Diadumeniano.）要么是怀疑这种说法，要么只称他为"恺撒"。这在现存于帝国博物馆的一则碑文，以及其他由我发表的碑文（Thesaur. Novus Inscript., pag. 469, n. 1.）中也可以看到，上面写着在下一年，迪亚杜门尼安努斯被称作"恺撒"与"青年王子"，而不是"皇帝"，他也没有担任过执政官，更不可能第二次任执政官。不过，这里可以看到马克里努斯任执政官，但是没有任何记录说明他多次担任过执政官之位。况且，在最近几个世纪中，出现了许多勋章和古代碑文的伪造者。

　　后来，马克里努斯给元老院写了几封满含恭敬之语的信，元老院也不管他是个什么样的人，立即接受了由他继任皇位。元老院仍然为摆脱了暴君卡拉卡拉而感到高兴，于是宣布马克里努斯为罗马贵族（Capitolinus, in Macrinus.）——他在之前连贵族都不是，还授予了他保民官权力和行省总督权力，以及各种其他荣誉。当时马克里努斯陷入了两难的境地，因为为了防止士兵不满，他必须表现出对卡拉卡拉的怀念，但这么做又会招致元老院和其他无数人的厌恶。不过，他还是废除了卡拉卡拉制定的一些不公的法律，撤去了卡拉卡拉给予的过多抚恤金（Dio, lib. 78.），还将卢基乌斯·普里西利亚努斯（Lucius Priscillianus）流放到了岛屿上——他曾经因勇猛地与无数野兽搏斗而闻名，但他同时也是卡拉卡拉的宠臣（Herodianus, lib. 4.），曾诽谤造谣过许多骑士与元老院议员，造成了他们的死亡。另外，有3位元老院议员（他们也是卡拉卡拉的密探），以及许多等级较低的人也都被处以了同样的惩罚。与此同时，帕提亚的国王阿塔巴诺带领强大的步兵与骑兵军队进入美索不达米亚，挥舞着旗帜，为背信弃义的卡拉卡拉给他带来的痛苦而复仇。胆怯的马克里努斯立即派出特使去安抚阿塔巴诺，请求议和。但是阿塔巴诺为议和开出高昂的条件——要求重建被罗马人摧毁的城市，并索要巨额的金钱以补偿被捣毁的陵墓和给他的国家造成的巨大损失。阿塔巴诺刚一给出这一回复，就率领全部军队在尼西比（Nisibi）附近对罗马人发起了进攻。双方进行了两场血腥的战争，罗马军队一直处于劣势。胆战心惊的马克里努斯再次向阿塔巴诺请求议和，而阿塔巴诺只同意罗马付出高昂的代价才愿意议和。狄奥尼写道，马克里努斯为停止这场战争花费了500万个银币，还释放了所有被囚的帕提亚人，并归还了曾经掠夺过来的战利品。如果卡皮托里努斯（Capitol., in Macrinus.）的叙述可信的话，马克里努斯还与亚美尼亚和阿拉伯费利克斯（Arabia Felix）的人民进行了战斗，在战斗中他展现出他的英勇，并取得了胜利。但狄奥尼只是提及他与亚美尼亚的国王提里达提斯达成了和平协议。关于与阿拉伯费利克斯作战的内容似乎不太真实可信。这些消息传到了罗马，尽管元老院知道战争的惨状和屈辱求和的事情，但他们还是选择睁一只眼闭一只眼。马克里努斯给元老院写信，提及了他取得的胜利，并承诺给予罗马更好的统治，于是元老院在回信中给予他高度的赞美和祝贺之词，并授予他"帕提亚征服者"的封号与凯旋仪式，但是马克里努斯因为良心的谴责而拒绝了这些荣誉。随着冬天的临近，马克里努斯来到安提阿，而他的军队则再次出发前往索里亚。

年　份　公元218年　小纪纪年第十一年

　　　　加里斯都教皇第二年

　　　　马克里努斯皇帝第二年

　　　　埃拉伽巴路斯皇帝第一年

执政官　马库斯·欧佩里乌斯·塞维鲁斯·马克里努斯·奥古斯都（Marcus Opellius Severus Macrinus Augustus）与奥克拉提努斯·阿文图斯（Oclatinus Adventus）

　　这里的执政官阿文图斯就是之前与马克里努斯共任禁军总督，并拒绝了皇位的阿文图斯。为了补偿他，马克里努斯授予他执政官的高位，尽管他也出身低贱。阿文图斯的名字至今尚不清楚。雷兰多（Reland., Fast. Cons.）引用法布莱图斯的一篇缺失非常严重的碑文，称其为二任执政官Q.M.科克拉提努斯·阿文图斯（Q. M. Coclatinus Adventus per la seconda volta）。但是，他不太可能有两个前置名字，或者他只有M这一个名字。另外，更加不可能的是他已经担任过一次执政官（*Noris, Epist. Cons.*）。从狄奥尼的记述中我们知道，阿文图斯原来就是一个普通士兵，后来成为信使，不久前成为监察官，直到现在马克里努斯才任命他为元老院议员、共任执政官与罗马总督。根据我在别的作品中发表的碑文（*Thesaurus Novus Inscript., pag. 354.*），我认为他的名字更有可能是奥克拉提努斯（Oclatinus）而不是科克拉提努斯。同样地，马克里努斯是否如雷兰多所认为的第二次任执政官也存在疑问。因为有一些勋章（*Mediobarb., in Numism. Imperator.*）上面仅将其称为这一年的执政官，因此有待确认其他写着他第二次任执政官的勋章是不是真实合法的。

马克里努斯·奥古斯都在安提阿度过了冬天，但是并没有来得及采取措施巩固他登上皇位后所获得的一切。人们迫切想要他尽快返回罗马，尽管马克里努斯出身卑微，但人们知道他是一个温和谦逊之人，总是公正处事，为人民谋利益，因此十分爱戴他，对他怀有很高的敬意。然而，马克里努斯却沉迷于（*Herodianus, lib. 5.*）安提阿的安逸享乐（*Dio, lib. 78.*），这是他上台后的一个重大错误。他犯下的另一个错误是花费了太多时间来组建军队，却没有将军队进行划分，没有给各省派去不同的军队，况且当时已经没有战争了。除此之外，马克里努斯也并没有想方设法去获得人们的爱戴，而是生出一种严厉傲慢的姿态，这对于从低位升到高位的人来说是要不得的。另外，他对士兵也没有表现得十分恭敬有礼。卡皮托里努斯（*Capitolin., in Macrinus.*）在他的所有叙述中都对马克里努斯充满诋毁之语，将他描述为一个残忍之人，在进行判决之时也是如此，而在执行军纪时又过分严格。此外，他还沉迷于美食佳肴和剧院的娱乐活动，很少进行接待活动。有可能卡皮托里努斯是在捏造事实。兰普里迪乌斯（*Lampridius, in Elagabalus.*）写道，埃拉伽巴路斯（Elagabalus）让当时的历史学家说尽马克里努斯的坏话。据狄奥尼（*Dio, lib. 78.*）所述，马克里努斯将行政官的职位授给了没有能力、不配担任此项职务的人，他的话和他的行动一样，从未展现出胜任这样一个至高无上的位置所需要的头脑和担当。最终使马克里努斯垮台的是除了禁卫军以外的其他军队，他们本就是不情愿地接受这位新的奥古斯都皇帝，后来对这位皇帝越来越不满，因为他们发现马克里努斯想要在部队中重新执行严酷的古代军纪，强迫他们在冬天也居住在帐篷里。另外，马克里努斯不像慷慨的卡拉卡拉一样经常给士兵赠送礼物，他们甚至还怀疑是马克里努斯杀死了他们爱戴的卡拉卡拉皇帝。他们内心对马克里努斯充满厌恶，相互说着他的坏话，从大部分人的言语中可以看出他们有造反的倾向，只是缺少一个敢于站出来带头叛乱的人，而这个人很快就出现了。

我们之前讲过，卡拉卡拉的母亲茱莉亚·多姆娜·奥古斯塔是索里亚人，她有一个妹妹叫茱莉亚·梅萨（Giulia Mesa）。茱莉亚·梅萨育有两个女儿，一个叫茱莉亚·索米亚（Giulia Soemia），另一个叫茱莉亚·马梅亚（Giulia Mammea）（*Herod., lib. 4. Dio, Lib. 78. Capitol., in Macrinus*）。第一个女儿茱莉亚·索米亚嫁给了瓦里乌斯·马塞卢斯（Varius Marcellus），第二个女儿茱莉亚·马梅亚嫁给了杰内修斯·马尔提安努斯（Genesius Martianus）。瓦里乌斯·马塞卢斯和杰内修斯·马尔提安努斯都是索里亚非常富有的贵族，但都已经去世。茱莉亚·梅萨当时还年轻，她在宫廷陪伴姐姐茱莉亚·奥古斯塔的时候积累了很多财富。她是一个精明机智的女人，对于各国的事务都处理得游刃有余，经验丰富。马克里努斯没有将茱莉亚·梅萨怎么样，也没有夺走她积累的财富。自从皇后姐姐去世以后，茱莉亚·梅萨就带着她的两个寡妇女儿及她们的儿子，也就是她的外孙退隐到了她的家乡埃米萨（Emesa）。茱莉亚·索米亚的儿子叫瓦里乌斯·阿维图斯·巴西安努斯（Varius Avitus Bassianus）（不知道为什么狄奥尼称其为卢布斯——Lupus，可能这是一个绰号），后来，他成为皇帝，别称为埃拉伽巴路斯（Elagabalus）。茱莉亚·马梅亚的儿子名叫亚历克西亚努斯（Alexianus），他也登上过皇位，以塞维鲁斯·亚历山大（Severus Alexander）的名字而广为人知。当时巴西安努斯已年满14岁（*Herodianus, lib. 4.*），长相俊美，是埃拉伽巴路斯（也就是太阳神，但也有人说是朱庇特神或者塞拉比斯神）神庙的祭司——埃拉伽巴路斯神受到城市里所有人的尊奉，人们不仅为其制作肖像或是雕像，还将其刻在一块圆锥状或者糖块状的石头上，据说这块石头是为了人民的幸福从天而降的。驻扎在埃米萨城外的士兵来埃拉伽巴路斯神庙的时候，在神庙内看见了穿着华丽服饰、头戴珠宝头冠的绝美祭司巴西安努斯，立即迷恋上了他。后来，精明的茱莉亚·梅萨便散播传言（*Capitol., in Macrinus.*），称这个俊美的年轻人是她与她的女儿茱莉亚·索米亚居住在皇宫时，茱莉亚·索米亚与卡拉卡拉·奥古斯都暗中勾结所生，于是，士兵们对他的喜爱大大增加。不管这则传言是不是真的，士兵们因为爱戴卡拉卡拉而对马克里努斯无比憎恶。茱莉亚·梅萨手中有一大笔财富，她向士兵们承诺，如果他们愿意将年轻的巴西安努斯推上皇位，她就赠予他们一笔丰厚的犒赏。达成协议后，一天晚上茱莉亚·梅萨从埃米萨出来，带着外孙巴西安努斯来到士兵的驻扎地，士兵们立即宣布巴西安努斯为"皇帝"，并在5月16日这天为其穿上皇帝的长袍，尊称他为马库斯·奥勒留斯·安东尼努斯，后来因为他的祭司身份而被人叫作埃拉伽巴路斯。卡皮托里努斯和其他一些人称巴西安努斯为埃里奥伽巴路斯（Heliogabalus），不过现在的学者一致称其为埃拉伽巴路斯。关于此事，狄奥尼（*Dio, lib. 78.*）写道，卡拉卡拉的这个假儿子能登上皇位全都是尤提基安努斯（Eutychianus）一手操纵的结果，尤提基安努斯因滑稽可笑而被冠以"科马宗提乌斯"（Comazontius）的昵称，他是一个奴隶生的，后来成为皇帝身边的自由奴隶，因为各种各样的丑陋的品质而声名狼藉。他在埃拉伽巴路斯的母亲和外祖母不知情的情况下大胆策划了一切。但似乎赫罗狄安的叙述更真实可靠一些，即士兵们起义造反主要是因为茱莉亚·梅萨许诺给他们的财富。

马克里努斯得知这个消息时，表现出不相信这件事的样子，甚至还对此予以嘲笑，认为埃拉伽巴路斯只是一个愚蠢的小毛孩，等着禁卫军和其他军队的主力依附于他。不过，他还是将这个消息写信告知给了元老院，狄奥尼称那是一封幼稚的信。如果他是一个有勇有谋的人，他就应该率领他全部的兵力朝叛军发动进攻，叛军的人数远少于他的军队，他轻而易举就可以制伏他们，然后再许诺会赠予士兵们茱莉亚·梅萨给他们的犒赏。然而，他认为派禁军总督乌尔皮乌斯·尤利安努斯（Ulpius Iulianus）率领部分军队前去就足够收拾残局了（*Herod., lib. 5. Dio, lib. 78.*）。这位军官刚一抵达那里，就摧毁了叛军驻守的城市的几扇城门，但他不愿强行攻入，想要等待叛军缴械投降。但是叛军并没有投降，反而趁晚上加固了防守。第二天早上，当尤利安努斯进攻城墙的时候，发现被包围的叛军变得攻不可破。此时，衣着华丽的埃拉伽巴路斯被拥立在城垛之上，他的士兵们高喊："这就是安东尼努斯，即卡拉卡拉皇帝的儿子。"然后还展示了茱莉亚·梅萨赠予他们的黄金白银。此番场景深深吸引了那些曾经从卡拉卡拉那里收到过很多好处的士兵，于是他们叛变了，屠杀了禁军队伍里的大部分官兵，然后投靠了埃拉伽巴路斯的军队。尤利安努斯逃跑了，但很快就被追上杀害了，有一个士兵非常大胆，他将尤利安努斯的头颅装在一个小袋子里，用尤利安努斯的封印进行密封，然后把它带到马克里努斯面前，谎称这是埃拉伽巴路斯的头颅。等到真相被发现时，那士兵已经逃之夭夭了。

马克里努斯来到阿帕米亚（Apamea），等待着尤利安努斯出征的结果，听到尤利安努斯不幸遇害的消息，据一些人说（*Goltzius. Mediobarb. Tillemont. Pagius.*），马克里努斯将他的儿子迪亚杜门尼安努斯封为奥古斯都。而狄奥尼（*Dio, lib. 78.*）写道，马克里努斯仅仅是计划授予迪亚杜门尼安努斯皇帝之位，并许诺赠予士兵一笔丰厚的犒赏。因此，一些写有迪亚杜门尼安努斯在那之前就有奥古斯都的勋章，以及卡皮托里努斯引用的一些信件，要么是伪造的，要么存在可疑之处。而且，当时没有时间打造献给这位新奥古斯都皇帝的勋章，因此事实就像狄奥尼说的那样，马克里努斯仅仅是计划授予皇帝之位，很可能还要等待元老院的一致认可。赫罗狄安认为，迪亚杜门尼安努斯仅仅被授予了"恺撒"的头衔。

得知尤利安努斯遇害的消息后，马克里努斯认为不能继续在阿帕米亚停留了，于是他开始返回安提阿。但是，埃拉伽巴路斯的军队有越来越多的逃兵加入，人数越来越多，他们认为自己的力量足以震慑马克里努斯，于是主动出击，在距安提阿大约30罗马里的地方追上了马克里努斯（*Herodianus, lib. 5. Dio, lib. 78.*）。双方交锋发生在6月7日这天。禁卫军身手更为矫健，力量更为强大，但是埃拉伽巴路斯的军队顽强抵抗，因为如果输掉战斗的话，他们就要因叛乱而被判处死刑。尽管如此，禁卫军仍占上风，埃拉伽巴路斯军队中的一些人或开始投降，或落荒而逃，这时茱莉亚·梅萨和女儿索米亚从马车上下来，含着泪恳求他们回到战斗中。世界上最怯懦的人埃拉伽巴路斯在这个时候也表现得像个战神一样，他骑在马上，手中拿着剑鼓舞士兵们英勇战斗。如果马克里努斯不是如此胆小的话，他本可以取得胜利。当他看见战况摇摆不定时，由于害怕被捕，于是任自己的营地被毁，抛下自己的士兵逃到了安提阿。此时禁卫军还在坚守着，直到埃拉伽巴路斯得知马克里努斯逃跑的消息，并将此事告知给了禁卫军，同时向他们承诺如果他们对他宣誓效忠，不仅保留他们的官级，还给予他们犒赏，禁卫军同意了。马克里努斯得知此事后，乔装打扮准备乘船前往拜占庭，打算从那里去往罗马，再重振他的势力。在马克里努斯穿过海峡的时候，本来已经驶到拜占庭附近了，但一阵强风把他刮到了卡西多尼亚（Calcedonia），于是他就在那里躲藏了一段时间，直到埃拉伽巴路斯派去的骑兵带着胜利的消息赶到那里。他们找到了马克里努斯，将其用马车带至胜利者面前，但是在路过卡帕多细亚的城市阿奇莱德（Archelaide）的时候，马克里努斯从马车上跳下来，摔伤了一侧的肩膀，于是士兵将他的头砍下来带给了埃拉伽巴路斯，埃拉伽巴路斯下令将其插在一支长矛上并在整个营地上展示，让所有人都看到马克里努斯已死。就这样，马克里努斯统治大约14个月后被结束了生命，终年54岁。迪亚杜门尼安努斯先前被马克里努斯托付给阿塔巴诺，当时他正在去帕提亚的路上，希望可以在帕提亚保全自己，但是后来他不幸被捕（*Lamprid., in Diadumenianus. Herod., lib. 5. Dio, lib. 78.*），年仅10岁就被杀害。于是，罗马帝国只剩下马库斯·奥勒留斯·安东尼努斯，别称埃拉伽巴路斯做统治国家的主人了，接下来我们会看到他可以称得上是所有皇帝中最无耻可憎的皇帝了。

军队整合之后，埃拉伽巴路斯再次被宣布为皇帝，他以胜利者之姿进入安提阿。士兵们想要将这座无辜的城市洗劫一空，但是埃拉伽巴路斯阻止了他们，同时承诺给他们每人500个银币，当然这笔钱需要安提阿的市民支付。根据狄奥尼的叙述（*Dio, in Excerptis Valesianis.*），埃拉伽巴路斯自己，又或者是别人替他给元老院写了一封信，将信寄给了执政官波利奥（Pollio）。埃拉伽巴路斯自己冠以恺撒·奥古斯都皇帝封号，自认为是安东尼努斯（卡拉卡拉）的儿子，塞维鲁斯、庇乌斯与费利克斯的孙子，拥有保民官权力和行省总督权力。这与以往的做法相反，因为其他皇帝都是在至少做出一项功绩之后才从元老院那里获得这项权力的。由此可以推断出上面提到的迪亚杜门尼安努斯被授予奥古斯都头衔一事的真伪——他根本没有时间从元老院那里获得这一头衔。在信中，埃拉伽巴路斯说尽了马克里努斯的坏话，对自己高度赞扬，宣称会把奥古斯都大帝和马库斯·奥勒留斯作为自己的楷模。然而我们不久就会看到，所有这些都是他或者为他口述那封信的人的大话。

元老院议员当时也意识到了这一点，因为埃拉伽巴路斯单独给执政官波波利奥写了一封信，说如果有人反对或抵抗，他就动用罗马的士兵。元老院议员们本来就因失去了马克里努斯而痛心不已——这位君主不应该像卡皮托里努斯所叙述的那样惨遭不幸，如今，他们更为罗马帝国要由这样一个不为人知的毛头小子来统治而伤心难过——他没有任何合法的头衔，仅通过无耻地谎称自己是前任皇帝的私生子而登上了皇位。然而不管怎样，元老院还是要对他俯首称臣，承认他的皇帝之位，亲口说出对他的颂词，甚至还要赞颂他引以为荣的"父亲"卡拉卡拉，宣布马克里努斯为国家公敌。在属于这一年的一些碑文上可以看到执政官安东尼努斯与阿文图斯，其中一篇是法布莱图斯（*Fabrettus, Inscript., pag. 637.*）发表的。因此，如狄奥尼所说，这表明埃拉伽巴路斯（被称作马库斯·奥勒留斯·安东尼努斯）在未经元老院的许可下，擅自行使自己的权力自称为这一年的执政官，还将马克里努斯的名字从所有公文中抹去，写上自己的名字，就好像他从这一年1月1日就与阿文图斯共任执政官一样。但是不久前我们还看到波利奥也是这一年的执政官，或许他是于5月1日接替马克里努斯继任执政官之位的。茱莉亚·梅萨和新任皇帝的母亲茱莉亚·索米亚非常渴望再次回到罗马——这个她们曾经安逸生活过的地方，于是她们立即启程前往罗马（*Herodianus, lib. 6.*）。埃拉伽巴路斯率军抵达尼科米底亚，由于已至寒冬，他们在此处暂停，等待来年春天继续行程。

  年  份  公元219年 小纪纪年第十二年
        加里斯都教皇第三年
        埃拉伽巴路斯皇帝第二年
  执政官  马库斯·奥勒留斯·安东尼努斯，别称埃拉伽巴路斯第二次；萨凯
        尔多斯（Sacerdos）第二次

  根据我引用的一则碑文（*Thesaurus Novus Inscription., pag. 355.*）中的内容，或许可以推测出第二位执政官的名字是提贝里乌斯·克劳狄乌斯·萨凯尔多斯（Tiberius Claudius Sacerdos）。

埃拉伽巴路斯如今身在东方，狄奥尼（*Dio, lib. 79.*）提到，这时发生了几场骚乱事件（应该都不太重要），因为一些人见马克里努斯和埃拉伽巴路斯相继登上皇位，尽管出身低贱，但仍想在军队中挑起事端，最终他们很快就被制伏了。这位新任皇帝不久就显示出他的残忍本性——仅仅因为他的家庭教师劝诫他不要再像孩子一样胡作非为，他就亲手杀死了老师，而之前正是因为这位教师的见识和胆识，他才战胜了马克里努斯，夺得了皇位。他还下令杀死了在马克里努斯手下任禁军总督的尤利安努斯·内斯特（Iulianus Nestore）、索里亚的行政长官法比乌斯·阿格里皮努斯（Fabius Agrippinus）与潘诺尼亚的行政长官德基西斯·特拉扬努斯（Decius Traianus），他们的罪行是曾经企图篡夺他的皇位（*Herodian., lib. 5.*）。埃拉伽巴路斯在尼科米底亚过冬之时，人们就开始认识到他不仅如我所说的那般残忍，并且荒淫、任性、没有见识，以至于为所有人所憎恨。他做出了许多疯狂的行为，第一个疯狂之举就是痴迷于他的神埃拉伽巴路斯，并且打算一直做他的祭司。他开始在尼科米底亚举办各种庆祝仪式来促使人们对埃拉伽巴路斯神的信仰，他穿着绛红色与金色相间的祭司长袍，装饰着珠宝，头戴镶有黄金与宝石的三重冕。他偏爱这种东方式的充满奢华的衣服；而罗马式或者希腊式的穿着令他厌恶，称其太过粗鄙，因为是用羊毛制成的，而他喜欢丝绸制的衣服，丝绸在那个时期是稀有而珍贵的。他还在埃拉伽巴路斯神的祭祀活动中打鼓和吹奏笛子，并且表演舞蹈。他的外祖母茱莉亚·梅萨非常不喜欢他的这些幼稚行为，曾将他叫到跟前来，说他穿着这么奇怪出现在罗马会使他丧失名誉的。但是，他仍然执着地按自己喜欢的方式穿着，因为除了身边奉承他的人之外他什么都不关心。后来，为了证实罗马人对他的意愿的服从程度，他叫人在那件奢华的、充满异域风格的衣服上画上了祭司和他崇拜的神，并将埃拉伽巴路斯神的画像送到了罗马，下令将其挂在元老院大厅中，每次神甫集会都要对其奉香。他还命令罗马所有神职人员在祭祀活动中先叫他的神埃拉伽巴路斯的名字。人们服从了他的命令，这也使罗马人在他抵达之前就认识到了他古怪的行为，当他到达时，他们也就不会大吃一惊了。

这个疯狂的年轻皇帝进入了宏大的罗马城，他做过唯一值得赞颂的事（*Dio,*

in Excerpt. Valesianis.）就是遵守了不惩罚任何马克里努斯在世时反对或对抗他的人。他赠予了人们新任皇帝通常给予的奖赏。据说也是在那个时候，他向元老院请求授予他的外祖母茱莉亚·梅萨和他的母亲茱莉亚·索米亚以"奥古斯塔"的封号。在兰普里迪乌斯（*Lampridius, in Elagabalus.*）的作品中，茱莉亚·索米亚被描述为一个践踏贞节的女人。埃拉伽巴路斯在他第一次现身元老院的时候就提出让他的母亲也坐在执政官之位中，让她可以像其他元老院议员一样发表自己的意见。这是从未有过的事，只有在这位古怪的年轻皇帝统治期间才出现这样的事。埃拉伽巴路斯还在奎里纳莱山上组建了一个妇女元老院，由索米亚主持议会，在这里进行关于帝国妇女的十分重要的事务的讨论与决定。后来，这个元老院制定了一些关于妇女优先权和穿着打扮的荒唐规定，规定了妇女应该穿什么样式的衣服，哪些妇女具有优先权，谁亲吻谁，谁可以乘坐骡子拉的车，谁可以乘坐牛拉的车，一些人可以骑马，而另外一些人只能骑驴，还有一些人可以乘坐轿子。还规定了在这些坐轿子的人中谁乘坐的轿子可以镶嵌象牙，谁的可以镶嵌银子，谁的可以覆盖毛皮。另外，还规定了谁的鞋子上可以带有金银珠宝。至于埃拉伽巴路斯（*Dio, lib. 79. Herodianus, lib. 5. Lamprid., in Elag.*），他开始将全部心思放在把他信仰的神引入罗马并进行推广。他叫人将那块圆锥形的石头从埃米萨运来，让愚蠢的人民信奉这个太阳神，为此，他还建造了一个十分宏伟的神庙。我们可以在勋章（*Goltzius, Numism. Mediobarb., in Numism. Imper.*）中看到，他被称为"太阳神埃拉伽巴路斯的祭司"。他还致力于减少宗教信仰，即减少罗马异教徒的宗教迷信，让他们只信仰他最爱的神。此外，据兰普里迪乌斯所述，埃拉伽巴路斯还打算让犹太教徒和撒玛利亚教徒，还有基督教徒也信奉这位神。神灵崇拜的反对者，特别是耶稣基督的信奉者肯定是不愿意这么做的。他还想要将其他神庙中所有最神圣珍贵的东西全部运到（或许确实这么做了）埃拉伽巴路斯神庙中，包括维斯塔（Vesta）女神的炉灶、库伯勒（Cibele）神的雕塑、战神（Marte）的盾牌、守城神像（Palladio）和其他异教徒尊奉的神圣器具。罗马人民一直信奉着他们的异教神灵，有着根深蒂固的宗教迷信，因此很自然地，他们对埃拉伽巴路斯的这些做法感到非常不满。看到他们的朱庇特神被这个外族的神所替代，罗马人民有很大的反响与议论。据赫罗狄安所述，埃拉伽巴路斯在他那座神庙中建了许多祭坛，每天都献祭大量牛羊，洒上无数瓶罗马最好、年份最久的葡萄酒，于是人们可以看见葡萄酒和牛羊的血液像小溪一样在地上流淌。元老院议员和骑士也需要时常观看祭祀，有时还要进行一些非常粗鄙的仪式——他们需要穿着东方祭司的衣服，头上举着盛放祭祀物内脏的金银碟子。与此同时，皇帝带着乐团在祭坛周围演奏着各种喧嚣的乐曲，还有腓尼基的妇女边打鼓边跳舞。这就是一位皇帝和罗马元老院表现出的"威严"姿态。

年　份　公元220年　小纪纪年第十三年

　　　　加里斯都教皇第四年

　　　　埃拉伽巴路斯皇帝第三年

执政官　马库斯·奥勒留斯·安东尼努斯·埃拉伽巴路斯第三次，尤提基安努斯·科马宗提乌斯（Eutychianus Comazontius）

这个尤提基安努斯，别称科马宗提乌斯，就是狄奥尼所说的那个助埃拉伽巴路斯登上皇位的人。作为奖赏，尽管出身低贱——是自由奴隶身份，但埃拉伽巴路斯还是将他提拔为禁军总督，后来又任命他为执政官。一些人认为，这一年科马宗提乌斯是第二次任执政官，但是并没有确切的证据。狄奥尼（Dio, lib. 79.）则写他三次任执政官。这可能说的是他在接下来两年中担任了补任执政官。不过可以确定的是，他三次任罗马总督之职。

疯狂的埃拉伽巴路斯将重要的行政官职务出售给卑鄙无耻的人，对罗马和各省的公共事务没有任何作为。他先是把大量时间用于推广他所崇拜的神，在那之后，他完全沉溺于花天酒地之中，或许世界上没有第二个人能比得上他。他只统治了4年，却娶了许多位妻子（Herodian., lib. 5. Dio, lib. 79.）。他的第一任妻子是出身罗马贵族世家的茱莉亚·科尔涅利亚·宝拉（Giulia Cornelia Paola），他们的婚礼十分隆重，还给士兵和人民赠送了礼物，但没过多久她就被埃拉伽巴路斯抛弃了，并被剥夺了"奥古斯塔"的封号和所有其他作为皇帝妻子的荣誉。后来，他娶了茱莉亚·阿奎利亚·塞维拉（Giulia Aquilia Severa）——一位维斯塔贞女，因而这段婚姻引发了人们极大的争论和愤怒，而埃拉伽巴路斯却认为，他作为大祭司长与一位维斯塔贞女结合可以诞生神一样的孩子。没过多久，他也对她厌倦了，于是把目光转向以美貌闻名的安妮亚·弗斯蒂纳（Annia Faustina），她是马库斯·奥勒留斯·奥古斯都的孙女，当时已经是庞波尼乌斯·巴苏斯（Pomponius Bassus）的妻子了。为了和安妮亚结婚，埃拉伽巴路斯找借口处死了她的丈夫。但后来他也抛弃了安妮亚，又娶了其他一些女人，但她们的名字不得而知。最后，他与阿奎利亚·塞维拉复了婚。但这还不是他最残忍的古怪行为，他沉溺于各种无耻下流的淫秽行为，我不愿意去讲述那些下流之事，读者大概也不愿意去了解狄奥尼和兰普里迪乌斯所写下的这方面的事情，就连历史学家们自己也心生畏惧。可以说，埃拉伽巴路斯的邪恶与疯狂催生出那样的下流之态，简直无法想象出一个比他还要卑鄙无耻、声名狼藉的人。他还相继公开他与两个地位非常低贱的男人结了婚，即马车夫希洛克勒斯（Hierocles）与一个厨师的儿子奥勒留斯·佐提库斯（Aurelius Zoticus）。埃拉伽巴路斯穿成女人的样子，想要他们称他为女王陛下。埃拉伽巴路斯的其他疯狂无耻的行为也无须多说。他虽然像女子般娇柔，但十分冷酷残忍（*Dio, lib. 79.*）。佩图斯·瓦勒瑞安努斯（Paetus Valerianus）和西里乌斯·梅萨拉（Silius Messalla）仅仅因为表现出对埃拉伽巴路斯这些荒唐行为的不赞同就被他下令处死了，他的一些朋友和亲信也因为劝诫他生活要更加节制有度而惨遭同样的不幸。为了献祭他的神，他从全意大利挑选了许多贵族少年（*Lampridius, in Elagabalus.*），把他们当成动物一般割喉杀死，以观察他们的内脏。

年　份　公元221年　小纪纪年第十四年

　　　　加里斯都教皇第五年

　　　　埃拉伽巴路斯皇帝第四年

执政官　格拉图斯·萨比尼亚努斯（Gratus Sabinianus）与克劳狄乌斯·塞琉库斯
　　　　（Claudius Seleucus）

埃拉伽巴路斯继续做着疯狂无耻的事情（Dio, in Excerptis Vales.），他花掉了皇帝金库里大部分储蓄，即使公共利息收益也无法满足他的奢侈生活。在罗马市郊（Herod., lib. 5.），他叫人建造了一座金碧辉煌的神庙。9月份，他坐着由非常洁白的马拉着的装饰有黄金和宝石的马车，载着他的神（也就是我们上面提到的那块石头）到那里散心。疯狂的奥古斯都走到前面，手里握着缰绳，头转向神像，一直朝后面走。人们组成仪式队伍，抬着罗马诸神的雕像和各神庙里最珍贵的东西，有的人手中举着点燃的火把，头戴花冠。他们两侧是罗马的骑兵和步兵。庄严的仪式完成以后，皇帝登上神庙的高塔，从那里朝平民扔下大把大把的金币银币和各种衣服，拥挤导致人群中的几个人被闷死。后来，这位皇帝变本加厉，他不想逊色于尼禄和其他可恶的前任皇帝。晚上，他乔装打扮，戴着一顶小帽子，到酒馆和妓院转悠，做出一些荒唐无理之事。他甚至还在宫殿中开了一个妓院。他经常当着所有宫廷官员和众多元老院议员的面扮作马车夫，也丝毫不尊重元老院议员，总是称他们为"穿长袍的奴隶"。此外，他还经常扮作舞者，不仅在剧院中，而且在祭祀活动和其他公共仪式中跳舞。就这样，放荡的奥古斯都完全不顾及自己作为皇帝的身份，他的淫荡使他臭名昭著，成为世界的耻辱。这时，他脑子里又蹦出一个不可思议的想法，即给他的神埃拉伽巴路斯娶妻。他选中了迦太基崇拜的女神乌拉尼亚（Urania，即天空）的雕像（Herod., lib. 5.），阿非利加各市都非常信奉这位女神，人们认为她是月亮之神。疯狂的皇帝认为，埃拉伽巴路斯是太阳之神，没有哪桩婚姻比这个更合适了。他想将迦太基神庙中所有金银和珍贵之物运送到罗马来，作为女神的嫁妆。乌拉尼亚女神像运来之后，他下令罗马和整个意大利为之欢呼庆祝，以纪念这两位神的结合。

在这里，狄奥尼（Dio, lib. 75.）讲到这一年发生的一件奇怪的事，他当时在比提尼亚（Bitinia），对这件事很了解。多瑙河畔出现一个人，狄奥尼认为他是一位神，他自称亚历山大大帝，长相与穿着也与亚历山大大帝十分相像。他带着400个人，手里拿着神杖，身上披着动物皮毛，就像人们通常所画的酒神巴克科斯的样子，身边还有狂热舞蹈的女祭司。他们经过默西亚（Mesia）和色雷斯（Tracia），没有伤害任何人，各地的行政官和士兵也没有予以反抗；相反，他们经过的各市纷纷为其准备好住宿及需要的东西。到达拜占庭后，他们穿过海峡，来到卡西多尼亚（Calcedonia），在这里，他任命了一位祭司以后就消失了，好像从来没有出现过一样。但同一时期，在罗马出现了另一位"亚历山大"，这个亚历山大不像上面那个人是虚构的。前文提到过，茱莉亚·马梅亚（Giulia Mammea）也是茱莉亚·梅萨的女儿，她有一个儿子叫作亚历克西亚努斯（Alexianus），是个品质优良的年轻人，与他魔鬼般的表兄埃拉伽巴路斯截然不同。之前说过茱莉亚·梅萨是个机警的女人，看到外孙奥古斯都做出这么多疯狂无耻的行为，她也开始憎恶他了，随后她意识到埃拉伽巴路斯不会在皇位上待太久，迟早会落得如其他诸多声名狼藉的皇帝一样的下场，那样她就会被剥夺所有权威，甚至陷入更加危险的境地。于是，她打算提拔另一个外孙亚历克西亚努斯。为了实施计划，她巧妙地怂恿埃拉伽巴路斯——因为你忙于对伟大的神的推广祭祀活动，因此最好选一个人来帮助你处理国家事务，而这个人应该从本家族里面选，而不是从外面选。随后茱莉亚·梅萨向他推荐了他的表弟亚历克西亚努斯。埃拉伽巴路斯非常喜欢这个提议，因此一天，他与外祖母梅萨和母亲索米亚来到元老院，宣布收亚历克西亚努斯为他的养子，授予他"恺撒"的封号和"亚历山大"的名字，并声称这是埃拉伽巴路斯神的指令，同时任命亚历克西亚努斯为下一年的执政官。罗马人见大约17岁的皇帝任命自己为当时已经十三四岁的表弟的父亲而大笑不已。狄奥尼认为，亚历克西亚努斯与埃拉伽巴路斯是一样的年纪。不管怎样，元老院议员和士兵们都看出了亚历克西亚努斯的善良本性，因而欣然接受了这个新任的恺撒。狡猾的梅萨为了让其更受士兵的爱戴，到处散播消息称她的这个外孙也是安东尼努斯·卡拉卡拉的儿子，渐渐地，这则谣言越来越令人信服，人们开始认为埃拉伽巴路斯其实不是卡拉卡拉的儿子，亚历克西亚努斯才是。

年　份　公元222年　小纪纪年第十五年

乌尔巴诺教皇第一年

亚历山大皇帝第一年

执政官　马库斯·奥勒留斯·安东尼努斯·埃拉伽巴路斯第四次，马库斯·奥勒留斯·亚历山大·塞维鲁斯（Marcus Aurelius Alexander Severus）

圣加里斯都教皇这一年去世，结束了教皇任职，获得殉教者的光荣称号，继任教皇的是乌尔巴诺（Urbanus）。

埃拉伽巴路斯将亚历山大（*Dio, lib. 79. Herod., lib. 5.*）升为恺撒之后，有一段时间是宠爱器重他的，但渐渐地，这种热情开始冷却，他开始对亚历山大冷眼相看，甚至后悔收他为养子。原因有二：一是他本想调教亚历山大和他一样无耻下流，他以为亚历山大会和他一起跳舞，穿着那些奇怪的衣服扮作祭司，但是亚历山大天生很严肃，如今他的思想也足以分辨出他表兄奥古斯都的荒唐无耻行为，因此他不愿效仿。此外，他的母亲马梅亚是个富有智慧的女人，她一直让儿子远离那些放荡的行为（*Lamprid., in Alexandro.*）。在儿子年幼时，她就精心培养，为他找最好的老师，既包括学术领域，也包括骑士和军事训练，没有一天不让他学习。尼波（Nebo）曾是他的希腊语老师，塞拉皮翁（Serapione）是他的修辞学老师，斯蒂利翁（Stilion）是他的哲学老师。后来，在罗马，享有盛名的拉丁语学者斯卡里努斯（Scaurinus）是他的拉丁语老师，尤利乌斯·弗朗提努斯（Iulius Frontinus）、贝比乌斯·马克里努斯（Baebius Macrinus）与尤利乌斯·格兰尼亚努斯（Iulius Granianus）是他的修辞学老师。在学术方面教过他的人还有瓦莱利乌斯·科尔杜斯（Valerius Cordus）、卢基乌斯·维图里乌斯（Lucius Veturius）与奥勒留斯·菲利普斯（Aurelius Philippus，后来为亚历山大写了传记）。另一个激发埃拉伽巴路斯对表弟亚历山大产生敌意与愤怒的原因是他开始觉察到士兵们对养子表现出的爱戴要多于他这个养父。同时，这位奥古斯都皇帝因为太过放荡，所以士兵们也产生了反感。而年轻的亚历山大智慧明理，谦逊节制。他们对疯狂的奥古斯都有多憎恨和轻蔑，就对这个有教养的恺撒有多尊重与爱戴。埃拉伽巴路斯心生忌妒，开始尝试用各种方法除掉亚历山大，包括下毒、刺杀或其他方式。为了达到目的，他许诺给任何成功杀死亚历山大的人以丰厚的奖赏（*Herodianus, lib. 5.*）。所有人都对亚历山大怀有崇高的敬意，因而残暴皇帝的所有尝试都没有成功，却让亚历山大的母亲茱莉亚·马梅亚更加小心翼翼地保护着儿子，她教育儿子不要接受任何来自埃拉伽巴路斯的食物或酒水，只让有经验的忠贞之人为他准备食物。埃拉伽巴路斯调走了亚历山大身边所有的老师，将他们中的一些人流放了，另一些人被处死了，但这也是徒劳的。士兵们用剑刺死亚历山大倒是可以满足埃拉伽巴路斯残忍的愿望，但是士兵们非常爱戴亚历山大，在他被收养为皇帝的养子时他们也对他宣誓效忠过。此外，亚历山大还秘密地给他们赠送了礼物，因此，没有人愿意自己的手上沾上无辜的亚历山大的血液。茱莉亚·梅萨也渐渐发现了邪恶的埃拉伽巴路斯的所有阴谋，她巧妙地保护着亚历山大，不让他出现在公共场合中（*Dio, lib. 79.*）。埃拉伽巴路斯发现所有隐晦的方法都无济于事后，决定进行公开作战。他向元老院下达命令取消亚历山大的"恺撒"头衔和荣誉，并废除收养关系，当元老院读完这封诏令的时候（*Lamprid., in Elagabalo.*），所有人都震惊得说不出话来。他们是否遵守了命令，我不知道，不过我知道所有人都在心底爱戴亚历山大，憎恨残暴无耻的皇帝埃拉伽巴路斯。士兵们当然没有伤害亚历山大。埃拉伽巴路斯也向士兵们下达了同样的命令，因此，不仅禁卫军，还有其他军队都开始骚动起来（*Herod., lib. 5. Dio, lib. 79.*）——看见有人已经开始抹除亚历山大雕像上的碑文，他们怒不可遏，意欲造反。还有一些士兵跑到宫殿里想要杀死埃拉伽巴路斯（*Lampridius, in Elagabalus.*）。胆小的皇帝得知此消息后，藏在挂毯后面的一个角落里，同时派禁军总督安提阿基安努斯（Antiochianus）去镇压意欲造反的军队。由于禁卫军营地一直骚乱不断，埃拉伽巴路斯便与安提阿基安努斯亲自去了那里以安抚士兵。士兵们不愿屈服，直到埃拉伽巴路斯同意将希洛克勒斯（Hierocles）、戈尔杜斯（Gordus）和其他卑鄙的宫廷人员驱逐出宫殿并判处他们死刑，因为是这些人令埃拉伽巴路斯变得如此愚蠢。埃拉伽巴路斯非常害怕（*Dio, lib. 79.*），请求他们放过希洛克勒斯，也就是那个被他称为"丈夫"的人，说他宁愿自己死也不愿杀死他心爱的希洛克勒斯。最终士兵们妥协了，但要求埃拉伽巴路斯改变生活方式，也要保证不再伤害亚历山大，且埃拉伽巴路斯的任何朋友都不得去看望亚历山大，以免他们伤害他，或者让他模仿无耻的奥古斯都的放荡习性。据兰普里迪乌斯（*Lamprid., in Elagabalus.*）所述，这些事情都发生在上一年。

埃拉伽巴路斯因为这些事而心怀怨恨，因此在这一年的第一天，他本应该与表弟亚历山大一同上任执政官，但他不愿走出房间，直到他的外祖母和母亲跟他说军队即将造反——这令他感到恐惧，中午时分他才和亚历山大正式上任执政官的职位。但是他不想到坎皮多里奥山完成仪式，只好由罗马总督完成，就好像没有执政官一样。埃拉伽巴路斯还没有办法接受自己的生活受到如此限制，更无法接受讨厌的亚历山大仍然活在自己的眼前。因此，他开始寻找新的除掉亚历山大的方法。根据赫罗狄安（*Herod., lib. 5.*）所述，埃拉伽巴路斯还是试图废除亚历山大"恺撒"的头衔和荣誉，因此他将所有元老院议员从罗马支走（*Lamprid., in Elagabalus.*），这样他们就不能再反对他邪恶的计划了。当时非常严肃的元老院议员萨比努斯（Sabinus）还留在罗马城内，于是埃拉伽巴路斯命令一个百夫长去杀了他。幸运的是，这个百夫长耳朵不好，他以为命令是将萨比努斯放逐，因而没有将萨比努斯杀死。后来，埃拉伽巴路斯命令将亚历山大关在房间里，并禁止别人来看望亚历山大。没过多久，狡猾的埃拉伽巴路斯想要试探一下如果他杀了亚历山大，士兵们会做出什么反应，于是他散播消息称恺撒身患疾病，即将病逝。人们对此议论纷纷，士兵们更加情绪激动，他们许多人大喊着想要见亚历山大·恺撒，后来更是把自己关在营地里，不再看守恺撒宫殿了。如果埃拉伽巴路斯不带着亚历山大乘坐马车去他们的营地，他们就将爆发一场可怕的叛乱。他们敞开了大门，将亚历山大迎去他们的神庙，同时高声呼喊着："亚历山大万岁！"很少有人喊"埃拉伽巴路斯万岁"。这个皇帝做的最后一件疯狂的事是在那个神庙里留宿了一夜，第二天早上，即3月7日这天（一些人认为是3月9日，还有一些人认为是更晚些的时候，但兰普里迪乌斯明显支持前一种观点），他要求将昨日高喊过"亚历山大万岁"的士兵处死。这一疯狂的命令让士兵们非常愤怒，于是他们公然向皇帝表示造反。埃拉伽巴路斯逃走了，藏在一个污秽之处——这地方倒是很配得上他，但是士兵们最后还是找到了他，将他和陪伴他的母亲索米亚，以及他身边许多卑鄙的行政官员全部杀死了。在这些官员中，有两位禁军总督和他的议会总长——来自埃米萨的奥勒留斯·欧布洛（Aurelius Eubulo），他曾盘剥过人民，最终被砍成了碎片。罗马总督弗尔维乌斯（Fulvius）与无耻的希洛克勒斯（Hierocles）也落得同样的下场。埃拉伽巴路斯身边诸多有权势的卑鄙朝臣无一人幸免。埃拉伽巴路斯与其母亲的尸体在整个城市内被拖着展览，而后，埃拉伽巴路斯的尸体被扔到了台伯河中。元老院抹去了称埃拉伽巴路斯为"安东尼努斯"的碑文，他简直是侮辱了这个名字，从那以后，人们提到他时只会称他为"假安东尼努斯""亚述巴尼拔"（Sardanapalo）与"第伯里努斯"（Tiberino），或者是"瓦里乌斯·埃拉伽巴路斯"（Varius Elagabalus）。就这样，这个曾过着世上最可耻生活的放荡的年轻皇帝一共统治了3年9个月零几天，以最可耻的方式死去，这是对他所犯下的诸多罪行的惩罚。罗马和罗马帝国从此摆脱了一个怪物的统治。

兰普里迪乌斯（Lampridius, in Elagabalus.）描述了埃拉伽巴路斯对美食极致而独特的追求，并为此花费了大量金钱，其奢华程度甚至超过了阿皮基乌斯（Apicio）和维泰里乌斯（Vitellio）。他还做出了许多其他挥霍奢侈之举，不在这里一一道来了。

年　份　公元223年　小纪纪年第一年
　　　　乌尔巴诺教皇第二年
　　　　亚历山大皇帝第二年
执政官　卢基乌斯·马里乌斯·马克西穆斯（Lucius Marius Maximus）第二次，卢基乌斯·罗西乌斯·埃利亚努斯（Lucius Roscius Aelianus）

自从上一年残忍无耻的埃拉伽巴路斯被杀死之后，当时身在禁卫军军营的马库斯·奥勒留斯·塞维鲁斯·亚历山大就立即在高声欢呼中被士兵们拥立为奥古斯都皇帝（*Idem, in Alexandro.*），然后，他在人民的万岁声中来到了皇帝宫殿。之后，他又来到元老院，元老院议员们兴高采烈地达成一致，确认了亚历山大的皇位，并授予他保民官和行省总督权力，封其为"国父"。所有这些都是同时进行的，一方面是因为被授予"恺撒"的头衔就意味着他已经获得了这些权力和荣誉，另一方面是因为他的正派作风早已令他赢得了所有人的爱戴。另外，所有人都对埃拉伽巴路斯疯狂而又下流的生活感到极度厌恶，而亚历山大曾受他的迫害，这使得士兵和元老院议员们都更加爱戴他。兰普里迪乌斯写道，元老院热烈欢呼亚历山大继任皇位，同时强力谴责臭名昭著的前任皇帝。元老院议员们想要亚历山大给自己加上"安东尼努斯"的名字，这与他的善良本性非常相符，但他委婉谢绝了，认为自己还不配拥有这样令人尊敬的名字。另外，元老院想授予他"大帝"的封号，以和亚历山大这一名字放在一起，他同样拒绝了，说他更加不配获此封号，因为到目前为止，他还没有做出什么伟大的功绩。亚历山大此举表现出的谦逊为他赢得了更多声誉。而他之所以拥有"马库斯·奥勒留斯"的名字，谁也不知道是因为他被埃拉伽巴路斯收为养子——埃拉伽巴路斯当时也使用着这个名字，还是因为人们认为他是卡拉卡拉的儿子，因而也称他为马库斯·奥勒留斯。至于"塞维鲁斯"这个名字，很有可能是因为（不知是真是假）他是塞维鲁斯·奥古斯都的孙子，而不太可能如兰普里迪乌斯所认为的那样——他是因为在军队中严格执行军纪而获得这个名字。他的坚定与严厉不仅仅见于他的统治初期，随着时间的推移到处可见。在上一年的一些勋章（*Mediobarbus, in Numismat. Imper. I.*）中，他就被称为马库斯·奥勒留斯·亚历山大皇帝。至今尚不清楚亚历山大登上皇位的时候是多大年纪。赫罗狄安（*Herodian., lib. 5.*）认为亚历山大当时大概13岁；狄奥尼（*Dio, lib. 79.*）认为亚历山大与埃拉伽巴路斯一般大。如果是这样的话，那么他应该年过18岁了。不过可以确定的是，他当时非常年轻，因此不仅他的统治之初是令人钦佩和赞叹不已的，接下来他对罗马帝国的统治也是令人感觉光荣的。但是，一开始的时候，他的年纪和治理国家的经验还不足以让他承担起这份重任，于是元老院颁布了一道法令规定，从那时起，女人不可以再出席元老院会议。但亚历山大的外祖母茱莉亚·梅萨和他的母亲茱莉亚·马梅亚希望他能够真正治理好国家，于是她们挑选了或者是她们要求（*Herodianus, lib. 6.*）元老院选举了16名元老院议员，作为年轻皇帝的助手和顾问。这些人均是罗马城中在年纪、智慧、学识和道德品质方面最令人敬重的人，其中包括杰出的法律顾问乌尔皮安努斯（Ulpianus）、塞尔苏斯（Celsus）、莫迪斯蒂诺（Modestino）、保卢斯（Paulus）、庞波尼乌斯（Pomponius）和维努利奥

（Venuleio）。那一时期的加图（Marcus Porcio Cato）、法比乌斯·萨比努斯（Fabius Sabinus），和后来成为皇帝的戈尔迪安努斯（Gordianus），还有卡提利乌斯·塞维鲁斯（Catilius Severus）、埃利乌斯·塞雷尼安努斯（Aelius Serenianus）、昆提利乌斯·马塞卢斯（Quintilius Marcellus），以及其他几个人都是正直廉洁之人。富有理性的年轻皇帝自那以后也习惯于经过他们的认可以后才在公众面前发表讲话，或者采取行动，这种统治方式与之前暴君的统治完全不同，因而令元老院、人民和士兵们越发感到难能可贵。在这些受人尊敬、英明智慧之人的建议下，亚历山大统治贤明，一直为人民的幸福着想。他做出的第一件令人称赞的事迹就是归还了各神庙原来被埃拉伽巴路斯搬走的雕像和珍贵之物，禁止在罗马继续崇奉埃拉伽巴路斯神，并将那块可笑的石头送回了埃米萨。之后，他清除了宫廷中大批无用的人——他们大部分都是声名狼藉之人，过去曾服务过荒淫无耻的埃拉伽巴路斯。所有侏儒、小丑、乐师、喜剧演员、阉人和其他身份更加低贱之人全部受到人民的唾骂，他们或被赠送给朋友，或被当作奴隶或土匪出售。他还撤销了先前埃拉伽巴路斯授予那些卑鄙、无能甚至下流之人的所有职务，而将那些精通律法并珍惜荣誉的正直之人提拔到这些职位上。军队再次强盛起来，亚历山大将最显要的军队职务授予了那些曾表现得英勇非凡和谨慎的人。就这样，没过多久，被邪恶愚蠢的埃拉伽巴路斯搞得乌烟瘴气、鸡犬不宁的罗马和罗马帝国就回到了一片宁静祥和的状态。

年　份　公元224年　小纪纪年第二年
　　　　乌尔巴诺教皇第三年
　　　　亚历山大皇帝第三年
执政官　尤利安努斯（Iulianus）第二次，克里斯皮努斯（Crispinus）

这个尤利安努斯是不是二任执政官至今尚不确定，因为法令、历书和碑文（*Thesaurus Novus Inscription., pag. 355, num. 3.*）中都没有提到这件事。

年轻的亚历山大皇帝治国贤明，做出许多仁举善行，而他身边的行政官和顾问均英明而谨慎，特别是享有盛誉的法学顾问多米提乌斯·乌尔皮安努斯（Domitius

Ulpianus），后来他被任命为禁军总督。亚历山大的外祖母茱莉亚·梅萨和母亲茱莉亚·马梅亚已被授予"奥古斯塔"的头衔（*Lampridius, in Alexandro.*），她们也时刻监督着亚历山大践行善举，不沾染恶习，还想办法让他远离那些阿谀奉承者——宫廷中的巨大祸害，以及任何会损害皇帝心智的人。然而，尽管所有人都小心翼翼，皇帝身边还是出现了一些奸邪狡诈的人，他们对皇帝进行劝诱，实施诡计，说他太过于依赖那些顾问，而那些顾问就像是无法忍受的枷锁，于是，亚历山大不再听那些顾问的话。但是他这种转变没有持续很久，因为他认识到这些人的邪恶后立即将他们赶走了，还让元老院根据他们的罪行给他们施以惩罚。之后，他比之前更加信任那些能够帮助他以公平正义光荣统治国家的人。

亚历山大从很早的时候开始就对不正直的行为充满厌恶，他的表哥埃拉伽巴路斯荒淫无度的生活作为一面生动的镜子也让他看到这些恶习的丑陋。他一向鄙弃玷污贞节的罪行，甚至历史上从来没有提到过他违背异教徒制定的关于此事的教条，但尽管如此，青年的激情还是有可能让他偏离原来的道路。亚历山大娶了罗马第一贵族家庭的女儿做他的妻子，他非常喜欢这位妻子，授予了她所有相配的荣誉，同时大力扶持他的岳父。赫罗狄安（*Herod., lib. 5.*）没有给我们留下她的名字，我们也不知道亚历山大第一次结婚及后来几次结婚的时间。亚历山大的母亲马梅亚在茱莉亚·梅萨年老逝世后想要做儿子的主宰者——她无法忍受儿媳占据了儿子的心，和她一样享有"奥古斯塔"的头衔，于是，她开始虐待儿媳及她的父亲。亚历山大的岳父深受亚历山大的敬爱，一天，他来到军营说他非常感谢皇帝对他的照顾与恩惠，但他不想出现在宫廷里了，于是开始发泄对马梅亚的怒气，并讲出马梅亚对他及他女儿做出的所有侮辱言行。后来，专横的马梅亚令人杀死了他，还将儿媳流放到了阿非利加。如果这是真的，那么马梅亚是基督徒这件事情就没那么可信了，就像其他人所认为的那样。尤塞比乌斯证实（*Eusebius, Histor. Eccles., lib. 6. cap. 16,*），马梅亚与基督教有些联系，并且信奉奥利金（Origene）的学说。有可能赫罗狄安不知道那件事情的所有细节和动机。兰普里迪乌斯（*Lampridius, in Alexandro.*）遵循历史学家德希波的记述，确切地写道，亚历山大的岳父马尔提安努斯（Martianus）策划阴谋意欲谋杀亚历山大，但是事件暴露后，他被处死了，亚历山大的妻子奥古斯塔也被驱逐了。另外，兰普里迪乌斯补充说，一位出身世家的元老院议员奥维尼乌斯·卡米卢斯（Ovinius Camillus）策划了一场叛乱，有证据可以证明此事。贤良的皇帝没有惩罚他，而是将他叫到宫殿，称赞他积极为公众着想，之后，在元老院上皇帝公开宣布卡米卢斯为帝国的共治者，也就是授予他"恺撒"的头衔和皇帝的各种荣誉。但是，兰普里迪乌斯之前也说过，亚历山大的岳父马尔提安努斯被授予了"恺撒"的头衔。后来，卡米卢斯在亚历山大出征对抗蛮族人时放弃了这一头衔，隐居到了乡下，在那里生活了很长时间，但最终皇帝将其杀死，因为他是一个尚武之人，还深受士兵们的爱戴。这些事情存在一些可疑之处，但有那么一些线索足以让我们相信，马梅亚是有确切的动机除掉儿子的岳父和儿媳妇的。另外，兰普里迪乌斯写道，一些人认为这件事情发生在图拉真时期。根据兰普里迪乌斯所述，亚历山大娶了执政官苏尔皮基乌斯（Sulpicius）的女儿梅米亚（Memmia）。也许这是他的第二任妻子。一些勋章（*Mediobarbus, in Numismat. Imperat.*）上也写到一个叫作萨路斯蒂亚·巴比亚·奥比安娜·奥古斯塔（Sallustia Barbia Orbiana Augusta）的人，于是一些学者（*Spanhemius, de Praestantia et Usu Numismatum.*）偏向于认为她是亚历山大皇帝的妻子。但是那些勋章上也表示当时不止一个奥古斯都，因此在我看来，他们的观点并不那么可信。

年　份　公元225年　小纪纪年第三年
　　　　乌尔巴诺教皇第四年
　　　　亚历山大皇帝第四年
执政官　弗斯库斯（Fuscus）第二次，德克斯特（Dexter）

遇到塞维鲁斯·亚历山大这样一位贤明的皇帝，罗马人越来越认识到自己的幸运。亚历山大之所以能这样，主要是因为他内心根植着宗教的原则，那就是美德。如果缺少美德，特别是人民的统治者，他们的生活将很容易充满恶毒无耻的行为。当然，他们的宗教不是真正的宗教，因为他们不信奉真正的神，而是崇拜那些没有意义的神灵和生物。然而，不可否认的是，尽管这位君主出生和成长于神灵崇拜中，但他本人并没有什么值得称颂的原则，因为他尽其所能地热爱、敬畏和崇拜神灵以及所有与神有关的东西（*Lampridius, in Alexandro.*）。每天他一起床，便到宫殿的神庙中去祭拜神灵。在神庙中放置着诸神的雕像以及被异教徒们看作圣人的雕像，比如俄尔甫斯（Orpheus）、亚历山大大帝（Alexander il Grande）和提亚纳的阿波罗尼乌斯（Apollonius Tianeus）。最值得引起我们注意的是，那里还放置着耶稣基督的雕像。据信，亚历山大的母亲马梅亚·奥古斯塔曾在索里亚了解过基督教的神圣性，但她并没有抛弃异教崇拜，她应该也激发了儿子对基督教的尊重和敬爱，因此他也崇拜基督，还有亚伯拉罕（Abramo）。甚至据兰普里迪乌斯所述，他还打算为基督建一座神庙，并接受他为神；但是异教徒坚决反对他，说他们关于此事请求了神谕，得到的回答是，如果这么做了，那么所有人都会信奉基督教，所有其他神庙都要关闭了。作为谎言之父的神灵再也没有说过比这个更加可信的真相了。亚历山大经常说那句著名的箴言（更有可能是学自基督徒而不是犹太人）："不要对别人做你不想对自己做的事。"这句话还被用大写字母写在了皇宫和各种建筑物上。基督徒也拥有了一片公共区域，他们在那里建造了一座教堂，将其视为他们教会的主要供奉地，皇帝在诏书中宣称："人们应该以各种方式敬奉神，而不是仅仅在他们的教堂中供奉。"这标志着罗马已经开始建造并容忍基督教的教堂了。亚历山大允许基督教自由发展，在他统治期间，基督教徒的数目大大增加。那些死于这个时期的殉教者都是被其他行省残酷的行政官在皇帝不知情和未经允许的情况下（*Eusebius, Histor. Eccles., lib. 6, cap. 28.*）所害的——他们故意找各种借口残杀他们憎恶的基督徒。

亚历山大对他的母亲马梅亚表现出高度的尊重，甚至到了过度的程度。如果我们相信赫罗狄安（*Herodian., lib 6.*）所说的话，那么这是他唯一的缺点，即他太爱他的母亲了，在一切事情上都听从于她，即使他觉得这样做是不好的。当然，她有时也会给儿子提一些好的建议。因此，马梅亚拥有很高的权势，她还和塞维鲁斯的妻子茱莉亚一样获封"军队之母""元老院之母""国母"的称号。有一次，她被指控想要霸占别人的财产，于是她到儿子那里为自己开脱，说她积攒这些钱是留给他以备犒赏士兵用的。但是有时候，她也会通过不合法的手段获取金钱，充盈自己的宝库。亚历山大对此感到非常懊恼，但没有可以弥补的办法，他对于给予自己生命的人怀有无上的敬意。

亚历山大的爱好是非常干净纯洁的。他喜欢音乐，喜欢几何，擅长绘画，会演奏多种乐器。他唱歌时声音动听，并且温文尔雅，但是他仅在他的房间里、朋友的私人聚会上唱歌。有时他骑马而行，有时他也会步行散步，他还喜欢狩猎和捕鱼。他的母亲始终关心的一件事就是让他保持忙碌而远离那些恶习。但他的这些爱好并不会损害到他的统治（*Lampridius, in Alexandro.*）。他处理事务时，会先由他那些聪明审慎的顾问进行处理；如果遇到非常重要、非常紧急的事情时，他就在顾问旁边协助处理事务，有时他会在太阳还没升起来的时候就起床，在议会中待一整天，从来不会感到厌倦或者疲惫。有时候，他会将处理完公事后余下的时间用来读书，他尤其喜欢阅读希腊语方面柏拉图（Platone）的书，以及拉丁语方面西塞罗（Cicerone）的书。他还喜欢诵读一些演讲词和诗歌，特别是贺拉提乌斯（Horatius）和赛莱努斯·萨摩尼古斯（Serenus Sammonicus）的诗。但在所有书籍中，他最热衷阅读的是亚历山大大帝的生平传记，想在需要的时候效仿亚历山大大帝的作为，但同时他也谴责亚历山大大帝喜欢醉酒和对朋友太过残忍。阅读之后，他会通过舞剑、摔跤和其他需要运动的项目来锻炼身体。这些都是为了保持身体强健。

根据当时的风尚，他还会去浴池泡澡，之后吃一点早餐，有时会推迟后来进食的时间直到晚餐时分。不过，他还是有吃午餐的习惯。他的午餐既不简陋，也不奢华，而是适度有序，食物简单，菜肴干净，有足够吃饱的量但又不会太过于饱腹。只有在节日的时候，他才会多吃一只鹅；在盛大场合，一切都十分隆重奢华时，他才会多吃一两只鸡。他不想他的餐厅里有任何金制的器具，他所有的银制餐具加在一起也只有200磅重。在需要更多餐具的时候，他就向朋友们借。他在吃饭的时候餐桌上还会放一本书，边吃边读。但他更想与一些博学之士一起用餐，特别是乌尔皮安努斯（Ulpianus），他说与这些学者进行讨论比食物对他更有益。当需要举办公共宴会时，他也是禁止铺张浪费，安排的仍然是普通菜肴，但会根据客人的数目进行增加。他不喜欢许多人聚在一起吃饭，因为他觉得那样就好像在剧院或竞技场里用餐一样。一些奥古斯都皇帝，包括现在的一些重大人物习惯于在用餐时让一些喜剧演员或滑稽演员进行表演以消遣娱乐。他喜欢的娱乐节目很单纯，就是看山鹑或其他小动物打斗。除了单纯，他还有一个奇怪的特别之处，即他非常喜欢在自己的宫殿里养各种禽类，包括野鸡、孔雀、小鸡、鸭子和山鹑，还有鸽子，他说他要养2万只鸽子。直到这里，关于这位贤良皇帝的肖像描述仍没有说尽。剩下的部分我留到下一年讲述，因为这一年罗马帝国和平安详，并没有发生什么重大的事件。

年　　份　公元226年　小纪纪年第四年
　　　　　乌尔巴诺教皇第五年
　　　　　亚历山大皇帝第五年
执政官　马库斯·奥勒留斯·塞维鲁斯·亚历山大·奥古斯都（Marcus Aurelius Severus Alexander Augustus）第二次，卢基乌斯·奥菲狄乌斯·马塞卢斯（Lucius Aufidius Marcellus）第二次

雷兰多（*Reland., in Fastis Consul.*）、比安奇尼（*Blanchin., ad Anastas. Biblioth.*）和巴基神甫（*Stampa, in Fastis.*）根据古迪奥发表的碑文，称第二位执政官为第二次任执政官的盖乌斯·马切拉·昆提利亚努斯（Gaius Marcella Quintilianus）。我已经反复强调古迪奥的碑文存在很多可疑之处，它们也不能为学术研究提供可靠的证据。马菲伯爵（*Maffejus, Antiquit. Gall.*）发表过一则碑文，在我的文集（*Thesaurus Novus Inscript., pag. 356, n. 2.*）中引用过，尽管这则碑文有损坏的地方，但我认为上面所写的是这位执政官的真实名字。所有历书和各种法令上都写着这一年的执政官是马塞卢斯（Marcellus）。如果他曾经的姓氏是昆提利亚努斯，而不是马塞卢斯，那么古人们应该称他为昆提利亚努斯。

现在我们来看一下亚历山大·奥古斯都的日常生活。让人钦佩的是他厌恶豪华奢侈，他几乎忘记了自己尊贵的身份，喜欢把自己看作和市民们一样。他经常去市民们常去的公共浴池洗浴，而在宫殿里，他只让他的仆人服侍他。对任何人他都会接见，他的大门也总是为那些名声好的贵族敞开。他不想人们在他面前下跪——之

前虚荣的埃拉伽巴路斯曾要求人们在自己面前下跪,而是让人们以问候元老院议员的方式致敬他,直接以他的名字称呼他,也不需要低头。如果人们不这么做,他就会认为人们是在奉承他,并会嘲笑那些说太多恭维话或对他太过恭敬的人,有时他还会愤怒地解除其中一些虚伪的奉承者的职务。出于同样的原因,他也无法忍受像佩斯克尼乌斯·尼格鲁斯(Pescennius Nigrus)一样听诗人和演说家发表对他的颂词。不过他却很愿意听别人讲述著名人物的事迹(*Lampridius, in Alexandro.*),特别是亚历山大大帝和一些杰出的皇帝及罗马名人。他禁止人们称他为"上帝",还下令给他写信的时候只用加上"皇帝"的名字,即西塞罗时期惯常使用的那样。他下令不准知道自己有罪的人来面见他,特别是那些偷盗东西的官员和贵族。他对待朋友非常亲切与坦率,总是请求他们坐在他旁边,就像元老院议员一样。至于他的谦逊,这一点主要可以从他接见访客看出来,因为他对所有人都是和蔼可亲、热情有礼的,没有人会从他那里受到委屈和不满,也没有哪一天他不是在做善行的。如果他曾敬爱的人生病了,即使身份卑微,他也会关切地前去看望。他的母亲马梅亚和妻子梅米亚对他说,他这么放低身段是在蔑视他至高无上的尊贵地位,亚历山大则回答说:"有可能是这样,但这肯定会使我的地位更牢固、更持久。"他要求一些最信任的人来与他共进午餐,对于没有来的人,他会礼貌地询问缘由。不管是在用餐还是在接见访客上,他总是心情愉悦,从来不会愤怒,他也会讲一些玩笑话,但无关痛痒。他还要求朋友们自由地表达他们的想法,而朋友们在发表意见时,他总是认真地倾听,之后改正自己的缺点;同样地,他也会直言不讳地说出朋友们的缺点,当然这并不是指责。

亚历山大皇帝穿衣简单朴素,没有金银珠宝的装饰,他效仿塞维鲁斯皇帝的节俭,厌恶埃拉伽巴路斯的虚荣(他甚至想在鞋子上也装饰珠宝)。他习惯穿白色的衣服,而不是当时价格高昂的丝绸衣服。他说:"宝石只适合女性,而所有女性,包括皇后在内,都应该满足于少量的珠宝。"一位来自东方国家的特使送给了他的妻子奥古斯塔两颗巨大的璀璨无比的珍珠,他试图卖掉这两颗珍珠,由于找不着买家,于是他便用它们给维纳斯的雕像做了两个耳饰,说道:"皇后戴这么贵重的东西会成为非常不好的例子。"就这样,他以身作则,力图纠正男性的奢侈之风,而他的妻子奥古斯塔则致力于纠正女性的奢侈之风。此外，亚历山大还修复了许多图拉真时期的建筑，仍以最初建造者的名字命名它们。

亚历山大皇帝对善人有多么喜爱，对恶人就有多么厌恶，更准确地说是憎恨。一个叫作塞普蒂米乌斯（Septimius）的作家撰写了这位皇帝无与伦比的一生，他写道，当亚历山大看见那些身为小偷的法官时，感到激动，脸涨得通红。一天，塞普蒂米乌斯·阿拉比努斯（Septimius Arabinus）——因偷窃恶行而著名的元老院议员，曾是埃拉伽巴路斯手下的自由奴隶——和其他人一起向亚历山大致敬，亚历山大惊呼道："不朽的神啊！阿拉比努斯不仅活着，而且在元老院里！难道他想从我这里得到什么好处吗？他一定认为我是一个疯子和傻瓜。"同时，他也无法忍受做出不道德行为的亲戚或朋友，特别是当他们为了利益而出卖公平正义时，他将这样的人视为公众最危险的敌人，会将这些人控诉并惩治，即使赦免了他们，也要求他们隐退，他说国家比任何私人更重要。他的一个亲信因为将一份案件的错误摘要送到了议会，于是亚历山大下令将他手指的神经割断，让他不能再写字，并将他流放到了一座岛屿上。当时有一个贵族为了得到一个军事职务，便想请宫廷上的一些异族国王或亲王为他说好话，因此多次进行贿赂。因为有太多人为那贵族说话，亚历山大最终同意了他们的请求。但从那时起，他一直密切关注着那个贵族，不久后就发现了他的诡计。他叫来当时仍居住在罗马的亲王审问这件事，他们最终坦白了一切。亚历山大问那些亲王，在他们国家会对犯这种罪行的人进行什么惩罚，他们回答说："十字架刑罚。"于是，那个贵族被判处十字架酷刑，没有人对亚历山大的严厉发表怨言。但是这位贤明的皇帝仍然是宽厚仁慈的。可以肯定的是，在他统治时期，没有任何元老院议员被处死，即便是有罪的，他也指示法官尽可能少地对罪犯判处死刑和没收财产。他心系公众的利益，希望在需要的案件中可以践行公正。赫罗狄安（*Herodian., lib. 6.*）写道："他的统治是没有血腥的。"于是，兰普里迪乌斯（*Lampridius, in Alexandro.*）合理地将其理解为仅仅是元老院议员没有被处过死刑。不过赫罗狄安进一步证实，在他统治期间，只有事先被法院确认了罪行，宣判了死刑的人才会被处死。

年　份　公元227年　小纪纪年第五年

乌尔巴诺教皇第六年

亚历山大皇帝第六年

执政官　阿尔比努斯（Albinus）与马克西穆斯（Maximus）

关于这两位执政官的名字，学者们一直存在很大争议。诺丽斯主教（*Reland., Fast. Cons.*）认为第一位执政官叫马库斯或努美里乌斯·努米乌斯·阿尔比努斯（Marcus o Numerius Nummius Albinus），但是这是缺少证据的猜测。雷兰多（*Idem, ibid.*）和斯坦帕神甫（*Stampa, in Fastis.*）根据古迪奥的一则碑文，称这两位执政官为卢基乌斯·阿尔比努斯（Lucius Albinus）与马克西穆斯·埃米利乌斯·埃米利亚努斯（Maximus Aemilius Aemilianus）。但是我们能相信古迪奥的碑文吗？在古迪奥的这则碑文上，一个不准确的地方是上面只有阿尔比努斯有名字，另一位执政官则没有；更不准确的是第二位执政官叫作马克西穆斯·埃米利乌斯·埃米利亚努斯。这不是马克西穆斯家族的名字。如果他的姓氏是埃米利亚努斯，那么法令和历书上应该也这么写，而不是写着马克西穆斯的姓氏。虽然有三则法令上写着阿尔比努斯与埃米利亚努斯，但这也无法反驳其他众多写有阿尔比努斯与马克西穆斯的法令。因此，我们只能怀疑这个埃米利亚努斯可能是接替马克西穆斯的执政官。在元老院的法令中一直是一种纪年方式——如果执政官没有更换，纪年也不会改变。

现在我们继续来看一下贤明的亚历山大·奥古斯都皇帝是如何进行统治的。可以说，他的一生比亚历山大大帝的一生更值得被君主们研读，以学习他们不知道的事情（*Lampridius, in Alexandro.*）。亚历山大竭尽全力使人民感到幸福，不仅避免增加新的赋税，而且还想办法减少已有的赋税。他将之前埃拉伽巴路斯时期要求缴纳的赋税减少到了总量的1/3，也就是说，人民无须再支付30钱的赋税，只需要支付10钱的赋税就可以了。他还打算将赋税降到更低，但公共的需求无法让他这么做。除了对银行家、金银匠、皮货商和其他行业的人征收了其他赋税外，他没有增添任何新的赋税。不过，这应该也只是金额较少的一笔赋税，因为兰普里迪乌斯称其为"美丽的收入"（vectigal pulcherrimum）。但这些赋税也不是为了充盈他的金库，而是为了用于温泉，即公共浴场的维护——公共浴场在当时非常有名并且被广泛使用，这也就是说，这些赋税最终是为了公众自身的便利。他还在这些温泉浴场放上油灯，这样人们在夜晚也能使用温泉——之前从来没有人做过。后来，这项举措被塔西佗（Tacitus）皇帝废除，因为有一些不轨之人滥用它。亚历山大还完全取消了几项通常在罗马缴纳的赋税。他不愿为了增加赋税而损害人民的利益与公平正义；相反，他厌恶所有与税务部门有关的官员，称他们为"必要的祸害"。他经常更换税务部门的官员，希望新上任的官员在一开始就能够更加谨慎、公正。为了造福穷人，他减少了借款的利息。在他统治的最初几年，如果元老院议员借款给穷人以获取利润，他希望借款人可以根据自己的意愿不支付利息，而仅仅以一个礼物代之。后来，他将元老院议员借款的利息降为6%，并且无须赠予其他礼物，然而对于其他大部分人，则要求12%的利息。亚历山大自己也会借钱给穷人，但从不要利息。他满足于看他们用他的钱赚取利润，然后把本金归还给他。他保留了所有借款的准确记录，如果得知他的某个熟人需要金钱却没有找他借款，或是借得很少，他就会把他叫来，要求他说明为什么对他怀有如此少的希望与信任。

另外，亚历山大一直相信节俭是君主的一项美德，而为人民减少负担，将节省下来的钱用于公众的利益与救济也是美德。亚历山大·奥古斯都正是这样做的，他深信君主应该成为他从臣民辛苦汗水中获取的金钱的管理者，而不是作为金钱的主宰者，将其用于自己的娱乐消遣中。因此，他缩减了宫廷内所有不必要的开支，还辞去了冗余的工作人员，只保留必要的仆人，付给他们合理的薪水。他常说："一个帝国的荣耀和伟大不在于宏伟，而在于拥有强大的力量。"这种力量的来源即拥有富有的臣民和英勇的军队。至于军队，我会在后面讲到。亚历山大还帮助臣民进行买卖，对所有商人给予豁免。他致力于增长、扩充国家的配给粮，并将之前被无耻的埃拉伽巴路斯摧毁的国家粮仓重新建立了起来。他还恢复了之前塞维鲁斯·奥古斯都每年提供给人民，后来被埃拉伽巴路斯大大削减了的食油供给。在罗马共和国时期，人民曾是直接参与国家管理、负责国家税收的。自从出现皇帝以后，如我之前所述，很长时间以来，皇帝会时不时地赠予平民一些礼物，每年都会给每个人分发一定的粮食，还有食油和肉类。对此，亚历山大免除了各省和商人在新皇帝上任之时作为礼物被迫捐献的金钱——当时被称为"加冕金"（Oro Coronario）。此外，兰普里迪乌斯（Lampridius, in Alexandro.）写道，这位皇帝也致力于积聚金钱进行存储，但他从来没有通过不正当的方式或是通过增加赋税来获取钱财。他从不为了金钱而贩卖官职，他常说："买了东西的人需要卖。我从来无法让这些商人拥有职务，如果我答应了他们，那么之后我将无法合理地对他们进行惩罚。惩罚一个买了东西之后又将其卖掉的人我会感到羞耻。"他也不给喜剧演员、马车夫和其他为公众提供娱乐的人赠予金钱，即使他们的表演非常精彩有趣。他说："他们应该被视为仆人。"也就是说，他们可以领到的薪水微薄。尽管他非常尊崇异教，但他献给异教神庙的钱是不超过四五磅重的银币，从来没有献过金币。他经常说佩尔修斯（Persius）的一句话："神灵不需要金钱。"因此，他不需要用钱来讨好神灵，但需要用钱来帮扶他们的祭司。兰普里迪乌斯说这位奥古斯都皇帝非常懂得妥善保管金钱。但这并不是说他像那些吝啬之徒一样将钱藏起来，而是说他不会为了虚荣、欲望或者奢侈而大手大脚地花钱。此外，他会花费许多钱在令人称赞的项目上，如建造有用的建筑和其他工程，装饰罗马城，或者增加工人和底层人民的收入等。

他建立了许多学校，这些学校教授修辞、语法、医学、占卜术、数学、建筑和机械等，付给老师固定的薪水，为穷人的子女提供食物。各省的雄辩家也得到了他的慷慨赠予。对于许多被地震摧毁的城市，他会免除部分贡税，以让这些城市可以重建各处的公共和私人建筑。如果有人发现了宝藏，他就将宝藏留给发现者；如果宝藏价值巨大，他会要求他们上交一部分给他们的行政官。他在罗马的每个区都建造了一些公共粮仓，这样没有粮仓的人就可以把他们的粮食存储在这里。他修筑完成了一些著名的温泉，包括卡拉卡拉浴场，还建造了一些以他的名字命名的宏伟浴场。此外，他还给罗马缺少浴场的街区增添了各种浴场。他在罗马和巴哈市还建造了其他建筑，修缮了图拉真建造的桥，修复了罗马的许多古代遗迹，并在罗马竖起许多巨大雕像——在原来的尺寸上建起来的雕像，特别是那些最著名的皇帝的雕像，同时为他们打造碑文和青铜柱，在上面写上他们的事迹。他还建造了许多漂亮的房屋，将其赠送给那些被公认为正直廉洁的朋友。他从不像那些邪恶的皇帝一样忌妒或觊觎别人的财富，他会慷慨地帮助穷人，特别是那些不是由于他们的过错而陷入贫穷的贵族，还赠送给他们一些土地、仆人、动物和一些农用器具。此外，他还给人民分发了3次礼物，对军队进行了3次赠予。从妓女、皮条客和其他害人者那里获得的税钱，由于不是通过正当手段取得的钱，因此他不想将它们放入国库或者分发给公众，而是打算将这些钱用于剧院、竞技场和圆形剧场的维护中，但是他发现这样做有很大的困难，于是不得不放弃。他在没收这些无耻下流女人的财产（*Lampridius, in Alexandro.*）的过程中发现罗马有许多道德败坏的异教徒，他将这些可耻的乌合之众流放了，有一些人在路途中遭遇海难死去。

年　份　公元228年　小纪纪年第六年
　　　　乌尔巴诺教皇第七年
　　　　亚历山大皇帝第七年
执政官　莫德斯图斯（Modestus）与普罗布斯（Probus）

根据诺丽斯主教（*Noris, Epist. Consul.*）的推测，后来的作家们认为这两位执政官的名字是提贝里乌斯·曼留斯·莫德斯图斯（Tiberius Manlius Modestus）与塞尔维乌斯·卡尔普尔尼乌斯·普罗布斯（Servius Calpurnius Probus），因为格鲁特罗（*Gruterus, Thesaur. Inscript., p. 300, n. 1.*）的碑文中提到公元210年的执政官是马库斯·阿西利乌斯·福斯提努斯（Marcus Acilius Faustinus）与特里亚留斯·鲁菲努斯（Triarius Rufinus），之后是执政官提贝里乌斯·曼留斯与塞尔维乌斯·卡尔普尼乌斯，公元229年的执政官亚历山大·奥古斯都，公元230年的执政官卢基乌斯·维里乌斯·阿格里科拉（Lucius Virius Agricola）与塞克斯图斯·卡图斯·克莱门提努斯（Sextus Cattus Clementinus）。但是这种猜测是不准确的，因为公元210年距公元228年隔了许多年，有可能在中间的哪一年，而不是这一年，执政官是提贝里乌斯·曼留斯与塞尔维乌斯·卡尔普尔尼乌斯。因此，为了保险起见，我在这里只放上他们的姓氏，这是毫无争议的。但是由于缺少史料，并且相关的文献存在可疑之处，因此很难将这一年发生的事排列出来，所以我将一些可以肯定发生在公元229年之前的重要事件在这一年进行讲述。历史学家狄奥尼（*Dio, lib. 80.*）的历史记载也是结束于公元229年。

尽管有这么一位贤明的皇帝，但因为一件非常小的事情，罗马人民和禁卫军之间爆发了一场争吵。后来，争吵越来越激烈，甚至动起武器来，双方战斗了3天，死伤无数。由于人数的优势，罗马人民即将镇压住士兵，但士兵们开始放火点燃他们的房子，罗马人民害怕整个城市会被大火吞噬，于是被迫与士兵议和，就这样这场内战结束了。当时杰出的法律顾问——在法学史上闻名的多米提乌斯·乌尔皮安努斯（Domitius Ulpianus）在这一年死去，但是不清楚他是在这一事件之前还是之后死去的。由于他是当时元老院议员中最博学且智慧的，因此他被视为皇帝议会的元首（*Lampridius, in Alexandro.*），比起其他人，他更加受亚历山大·奥古斯都的重用，执行纪念簿与书信的文书工作。为了继任禁军总督的职位，乌尔皮安努斯杀死了禁军总督弗拉维亚努斯（Flavianus）和克罗伊斯（Croesus）（可能是通过法律诉讼和审判）。当然，历史学家们大加赞颂乌尔皮安努斯的学识、谨慎与积极的热情，因为他曾改正了埃拉伽巴路斯引入的许多恶习，但他心怀野心并且身上也存在一些缺点，比如，据说他非常憎恶基督教徒。因此，不知道是因为他给上述两位禁军总督判了死刑而激怒了禁卫军，还是因为他想要重新执行军纪，严厉对待士兵。可以确定的是，有一天，禁卫军对他表示造反，要求亚历山大·奥古斯都处死他，但亚历山大不愿答应他们的请求，并凭借自己的权势多次庇护乌尔皮安努斯。一天晚上，士兵们袭击了乌尔皮安努斯，乌尔皮安努斯逃到宫殿，寻求皇帝和他的母亲马梅亚的保护，但是这并没有阻止愤怒的士兵在皇帝眼前杀死乌尔皮安努斯。兰普里迪乌斯写道，亚历山大受士兵们的尊敬，但是受到如此大的侮辱让他感到从未有过的愤怒，于是他打算惩罚造成乌尔皮安努斯死亡（*Dio, lib. 80.*）的主要带头人埃巴加图斯（Epagatus）。但执行这件事需要十分小心，亚历山大先是将埃巴加图斯派往埃及作为那里的行省总督，后来调到坎迪亚（Candia），在那里将他判刑处死。法院不敢在罗马处决埃巴加图斯，因为担心会引发一场新的叛乱。没人知道引起那场混乱的具体原因，佐西姆斯（*Zosimus, Histor., lib. 1.*）写道："不同时期的作家对这件事的说法不一。不过，据佐西姆斯所述，禁卫军因为担心被罚而拥立一个叫安东尼努斯（Antoninus）的人为皇帝，但是安东尼努斯不愿参与到他们疯狂的叛乱之中而逃走了，再也没有人见过他。佐西姆斯还讲到一个叫乌拉努斯（Uranus）的奴隶，他被拥立为奥古斯都，但很快就被捉拿并带到亚历山大的面前，当时他还穿着士兵们为他披上的皇袍。同室者乔治（Giorgio Sincello）（*Syncellus, Histor.*）也讲到有一个叫乌拉努斯的人在奥斯若恩的埃德萨篡夺皇位，后来被亚历山大打败。另外，据维克多所述，一个叫陶里努斯（Taurinus，或许就是乌拉努斯）的人被士兵们拥立为皇帝后（*Aurelius Victor, in Epitome.*），出于恐惧而跳入幼发拉底河中。当然，这些事仍有许多不清楚的地方。据狄奥尼（*Dio, lib. 80.*）所述，虽然当时发生了多起叛乱事件，但持续的时间都很短，几乎都是那些在卡拉卡拉和埃拉伽巴路斯手下被惯坏而变得蛮横无理的禁卫军和其他士兵引起的。狄奥尼补充到，美索不达米亚爆发了一场战争，由于波斯国王阿尔塔薛西斯（Artaxerxes）征服了帕提亚人（我会在后面讲到这场战争），许多当时在那一地区的罗马士兵便抛弃军营投奔波斯人，还有许多士兵不想战斗，于是杀害了他们的将领弗拉维乌斯·赫拉克利翁（Flavius Heracleon）——那些士兵已变得如此娇气放纵、无所畏惧了。这一年的勋章（*Mediobarb., in Numismat. Imper.*）上还提到一场胜利，但不知道指的是哪场胜利，亚历山大也没有获得"皇帝"封号。

与此同时，亚历山大对人民的统治并没有超出他这个年纪应有的谨慎（*Lampridius, in Alexandro.*）。如果没有禁军总督和其他官员在场的话，他是不会因亲密之词而接纳别人的——有一个叫维特罗尼乌斯·图里努斯（Vetronius Turinus）的人，由于亚历山大对他十分亲密，因此他在谈到皇帝时言语间就好像自己是皇帝的一个宠臣一样，吹嘘自己可以从皇帝那里得到任何他想要的。此外，他还开始凭借自己妄想的宠爱进行非法交易，向那些肤浅之人索要礼物帮助其获得皇帝的恩宠，让人以为是他向皇帝请求的恩惠，但事实上他一句话也没有说。亚历山大得知图里努斯行欺骗之事，损毁皇帝的名誉，就好像他是一个小孩子、傻瓜被图里努斯牵着鼻子走。他想要澄清事实，于是暗地里派了一个人到图里努斯那里请求他帮忙获得一个非常重要的恩惠。图里努斯先是答应帮忙，后来又告知那人做成这件事的困难性，还说他也已经跟皇帝说了很多次。最终当皇帝给予恩惠时，当着证人的面，图里努斯自吹他是这件事的中间人，为此索要一笔巨款，但实际上他并没有跟皇帝说过一个字。于是亚历山大将其控告，对其判刑，图里努斯被绑在一根柱子上，周围放着潮湿的稻草和木头，宣读通告的人高声说道："对说空话的人以烟进行惩罚。"最终图里努斯窒息而死。这件事发生在乌尔皮安努斯被杀之前。

亚历山大给罗马法典增添了许多开明的法令。他为各行各业都编纂了一些法典，并为其任命了一些辩护人。他规定了不同阶级的市民穿着各自特殊的服饰以和其他人区别开来，尤其是要将奴隶辨别出来。乌尔皮安努斯劝他放弃了这项决议，因为这样做会引起许多争论，人们也会意识到奴隶比自由人数目多得多。人们曾抱怨牛肉和猪肉价格太高，但是亚历山大没有降低价格，而是下令不再宰杀牛犊、奶牛、乳猪和怀孕的母猪。就这样，不到两年，牛肉和猪肉的价格就降到了之前的1/4。

年　份　公元229年　小纪纪年第七年
　　　　乌尔巴诺教皇第八年
　　　　亚历山大皇帝第八年
执政官　马库斯·奥勒留斯·塞维鲁斯·亚历山大第三次，狄奥尼·卡西乌斯（Dione Cassius）第二次

狄奥尼在这一年完成了他的历史作品。他坦言，亚历山大·奥古斯都想要让他做共治的执政官，因为他曾经在过去的某一年担任过补任执政官。因此，似乎雷兰多（Reland., in Fast. Cons.）引用的一条法令，还有潘维尼乌斯（Panvin., in Fast. Consular.）和格鲁特罗（Gruterus, Thesaurus Inscript., pag. 1079, num. 11.）发表的一则碑文，以及多尼（Doni）发表的另一则碑文的内容是不正确的，上面写着"狄奥尼苏斯"（Dionysus），而不是狄奥尼，但是并没有一个叫狄奥尼苏斯的执政官接替过狄奥尼，因此这是不可信的。在库斯皮尼亚努斯（Cuspinianus）的历书中也写着"狄奥尼苏斯"。狄奥尼（Dio, lib. 80.）还写道，亚历山大·奥古斯都在过去几年统治过阿非利加，还有达尔马提亚，以及接下来的上潘诺尼亚，亚历山大试图在这些地方的军队中恢复严厉的古代军纪。去年，亚历山大回到罗马，蛮横无理的禁卫

军根据他们对乌尔皮安努斯所做的，同样也控诉了亚历山大，因为他们害怕他在他们中间也恢复古代军纪。亚历山大深知狄奥尼的优点，因此没有迎合那些蛮横的禁卫军去加害狄奥尼，而是任命其为这一年与他共事的执政官。但是他担心禁卫军看见狄奥尼担任这一显要职位会引起更大的骚乱，从而杀掉狄奥尼，因此他认为最好还是让狄奥尼在罗马城外待一段时间。于是，亚历山大来到坎帕尼亚，狄奥尼随后到那里找他，与他待了几天，士兵们对此一言不发。之后，狄奥尼以年事已高且身体不佳为由，向亚历山大·奥古斯都请求退隐到他的家乡比提尼亚的尼西亚（Nicea，Bitinia），在这里度过他的余生，也有可能是担心自己会跟乌尔皮安努斯一样得不到善终。据卡皮托里努斯（*Capitolinus, in Gordian.*）所述，这一年，马库斯·安东尼乌斯·戈尔迪安努斯（Marcus Antonius Gordianus）接替狄奥尼成为执政官，他是戈尔迪安努斯家族中年纪最大的执政官，后来被派往阿非利加担任行省总督。戈尔迪安努斯写信感谢元老院推举自己，而他本人也是一个高尚宽宏、具有雄辩力、克制节欲、正直诚实的人。希望读者记住，这个戈尔迪安努斯会在之后成为奥古斯都皇帝。

  亚历山大皇帝的优秀品质之一在于他总是挑选，并且希望人们也挑选那些擅长管理、品行正直的人来担任各项职务和管理各省（*Lampridius, in Alexandro.*）。谁也不能希冀于被优待，也无法指望别人的推荐，更别说用金钱。宦官在过去的宫廷中十分有权势，亚历山大称他们为"第三类人"，他将大部分"第三类人"从身边撤走了，只留下少数几个人服务于皇后。"第三类人"处于低位，穿着表示他们低下地位的服饰，从而消除了过去因他们享有或他们自以为享有的过高权势而造成的诸多混乱。亚历山大根据元老院的意见选举执政官、禁军总督和其他行政官，并将其他职务的选举工作交给元老院。他说："宁愿将官职给那些对职位没有追求的人，也不要给那些费尽心思以得到职位的人。"如果以往有声望的人可以证明某个人的品质，并且这个人也通过了元老院议员们的批准，这个人才会被任命为新的元老院议员。如果亚历山大发现有人欺骗他，那么这个人就会被赶出元老院，他的拥护者也会受到惩罚。在选举各省行政长官和其他次要官员时，他采取了一种非常少见而令人称赞的方式。在任命这些职位之前，他会向公众展示候选人的名字，鼓励所有人披露他们是否犯过什么罪行，只要能提供证据证明他们的罪行——当时禁止没有证据控诉某人，否则会被处以死刑。兰普里迪乌斯（Lampridius, in Alexandro.）写道，亚历山大是受基督徒的启发而采用这种方式的，基督徒会在任命神甫之职之前做仔细的审查。亚历山大常说："不采用同样的审查方式不是很奇怪吗？我们要选举的是手中握有人民的财产和生命的官员，就像基督徒选举神甫一样。"他希望各省的行政长官知道履行自己的职责，无需行政助理的帮助，然而他们总是要用到助理，并且还提供给他们丰厚的薪水。此外，如果行政长官行使职务广受赞誉，他会给他们提供一些人手，并送去金钱、奴隶、骡子、马和其他必要的东西；但如果行政长官有失职的地方，他会要求他们归还送与他们的4倍多的东西。

总之，这位奥古斯都皇帝的一生令人赞叹，他当时还是那么年轻，更加令人钦佩。对于任何热爱真正的荣耀，想要通过阅读那些贤明君主和杰出人士的一生而使自己变得更好的皇帝来说，亚历山大是一个极为出色的榜样。

年　份　公元230年　小纪纪年第八年

庞提安教皇第一年

亚历山大皇帝第九年

执政官　卢基乌斯·维里乌斯·阿格里科拉（Lucius Virius Agricola）与塞克斯图斯·卡提乌斯·克莱门提努斯（Sextus Catius Clementinus）

在一些文献中，第二位执政官被称作克莱门斯（Clemens）（*Thesaurus Novus Inscription., pag. 357, num. 2.*），而在库佩罗（Cupero）引用的一则碑文中，他被称为克莱门提亚努斯（Clementianus）。如果这则碑文是合法的，那么它的可信度可能高于古代法令。据信，圣乌尔巴诺教皇于这一年逝世，光荣殉教。庞提安继任了他的教皇之职。

现在该讲一下东方国家发生的一场惊世骇俗的革命了。几个世纪以前，亚历山大大帝征服了波斯，后来有一段时间波斯一直在叙利亚（索里亚）国王（亚历山大大帝的继承者）的统治之下。大约公元前250年的时候，著名的帕提亚国王阿尔沙克（Arsace）占领了这个地方，自那以后，阿尔沙克家族一直统治着该地，直到亚历山大·奥古斯都统治时期——帕提亚国王阿塔巴诺（Artabano）被波斯人击败，帕提亚王国对该地的统治宣告结束。当时，有一个地位低下但非常勇敢的古代波斯人的后代阿尔塔薛西斯（Artaxerxes）对阿塔巴诺发起了反叛，他发动他的民族进行武装起义，并与附近的其他民族联合起来，3次攻打阿塔巴诺，获得了战斗的胜利，最终将阿塔巴诺杀死了。于是，王位又回到了波斯人阿尔塔薛西斯的手上，阿尔塔薛西斯不断增强波斯民族的势力，渐渐地，其势力之强足以令罗马人惊骇，后来虽然被阿拉伯人征服了，但即使在今天，经历了一系列令人难以置信的波折之后，波斯的力量仍然使强大的土耳其王国的君主苏丹（Sultano）感到恐惧，特别是令东印度国家伟大的皇帝莫卧儿（Mogol）心怀畏惧。获胜的阿尔塔薛西斯围攻了阿特拉（Atra）（*Dio, in Excerpt. Valesianis.*），但在那里白白地牺牲了很多人，于是他转向梅迪亚（Media），征服了该地大部分地区。后来，他又朝亚美尼亚进兵，虽然那里的人民受到了逃难到那里的梅迪亚人和阿塔巴诺后代的帮助，但最终阿尔塔薛西斯还是迫使他们投降了。巴基神甫（*Pagius, in Crit. Baron.*）依据历史学家阿加迪亚（Agatia）的记述认为，公元226年，阿尔塔薛西斯打败了帕提亚王国，重建了波斯王国；而后在下一年，或者是在228年，他对罗马人发起战争。但阿加迪亚生活的时期距此很遥远，因此他的叙述不是那么可信。我们从狄奥尼那里确切地得知（*Dio, in Excerptis Valesianis.*），公元229年，阿尔塔薛西斯意欲夺回曾经属于波斯王国的一切（*Herod., lib. 6.*）——波斯帝国的领土当时一直延伸到地中海和爱琴海，于是他威胁罗马人要进攻美索不达米亚和索里亚，这给罗马人带来了巨大的焦虑。巴基神甫认为，亚历山大·奥古斯都为了制止这威胁性的进攻，于上一年率领军队来到安提阿；比安奇尼主教（*Blanchinius, ad Anastas. Bibliothecar.*）则认为他出征的时间在这一年；蒂勒蒙特（*Tillemont, Mémoires des Empereurs.*）将其推迟到了公元232年。我认为更有可能的说法是亚历山大于这一年行军出发，因为有一枚属于亚历山大保民官权力第九年的勋章（*Mediobarbus, in Numismat. Imperator.*）上写着："奥古斯都出征（PROFECTIO AVGVSTI）。"

赫罗狄安（*Herodianus, lib. 6.*）写道，在亚历山大统治的第十三年，波斯之战爆发，亚历山大一开始写信给阿尔塔薛西斯，劝诫他放弃攻打计划，满足于自己已有的一切，还提及奥古斯都大帝、卢基乌斯·维鲁斯和塞普蒂米乌斯·塞维鲁斯皇帝曾经在那片地区创下的功绩，警告阿尔塔薛西斯如果执意要跟罗马人战斗，只会落得同样战败的下场。骄傲的阿尔塔薛西斯对这些信给予了一番嘲笑，随即率兵进入美索不达米亚，对罗马管辖的国家开始了围攻和劫掠。这些消息传到了罗马，尽管亚历山大主张和平，但在顾问的建议下，他认为有必要亲自到索里亚的边境出战。于是，亚历山大在意大利和其他各省开始了大规模征兵，最后组成了一支非常英勇的军队，再加上禁卫军和罗马的其他军队，亚历山大告别了元老院，开始朝地中海东部沿岸诸国进军。赫罗狄安还写道，看见这样一位受所有人爱戴和敬佩的贤明君主远去，没有一个元老院议员和罗马市民不为之悲伤流泪的。亚历山大率军走陆路，在伊利里亚对军队进行了整改。后来他经过色雷斯海峡，继续行军直到索里亚的首都安提阿，在那里，他为这场危险的战争进行了一切必要的准备。兰普里迪乌斯（*Lampridius, in Alexandro.*）讲述了他在军队行军过程中保持的行事方式。在从罗马动身之前，他就叫人在公共场所张贴告示说明行军的安排，指明出发的时间，并事先给军队发去停留数夜或者休息一天的通知，于是，各地都提前准备好了宿营地，为军队提供充足的供给。因为担心一些军官会为了赚钱而在行军途中做非法交易，他从未临时改变主意更换事先规定好的停留地。他吃的食物与士兵吃的食物一样，而且在吃午餐和晚餐的时候他将营帐敞开着，这样每个人都能看见他。他还非常关心士兵们是否缺少粮食、兵器、衣服、马鞍和其他用具，会要求一切地方干净整洁，以使人们看见这样装备齐全的部队时会油然而生对罗马军队的敬意。不过，他最注重的是军中的纪律，以确保不会对当地的居民和军队经过的村镇造成损害。他亲自巡视营帐，不允许任何人——包括军官和士兵在行军途中私自离开。如果有人僭越规章，就会被处以杖刑和其他合理的刑罚。对于不遵守军纪、破坏村镇的主要军队将领，他会对其进行严厉的批评、指正，向其灌输从基督徒那里学到的行为准则，说道："你们希望别人在你们的领域上做你们所做的这些事吗？"有一个士兵虐待一位可怜的老妇人，亚历山大便将他从军营中赶了出去，让他做那个老妇人的奴隶，凭借他木工的手艺养活老妇人。其他士兵对此充满怨言，亚历山大让他们认识到这项惩罚的公正性，同时也震慑住了其他人。由于这样严明的规定，罗马军队经过的各个地方，人们都会说："仿佛行军的不是士兵，而是元老院议员。"看见这些曾经习惯于做坏事的士兵现在如此谦逊而有秩序，所有人对他们不再是逃避，而是爱戴，并赞扬亚历山大就像是神一样的存在。

据佐西莫（*Zosimus, lib. 1.*）所述，当时士兵们因为这些严厉的军纪而对亚历山大感到不满，后面我们会看到事实的确是这样。不过根据生活在更早时期而更加了解过往历史的作家兰普里迪乌斯所述，亚历山大曾深受士兵们爱戴，被视为士兵们的兄弟和父亲。兰普里迪乌斯还写道（*Lampridius, in Alexandro.*），年轻的皇帝到达安提阿后，发现其中一个军队的几个士兵沉迷于玩乐，还和女人去浴场，于是他立即将这几个人囚禁了起来。因为这件事，整个军队开始骚乱，满是怨言。亚历山大登上法庭，当着所有准备造反之人的面，将那些被囚禁的士兵带来，严肃地讲到保持军纪的必要性，以及对他们的惩罚实际上是对他人的警示。但士兵们对他的话的反应是喧哗，因此亚历山大比以往更加直接地提醒他们，他们应该朝波斯人呐喊，而不是朝吸取人民的血液来给自己穿衣、喂食、分发赏金的皇帝呐喊。他还威胁他们，如果他们不停下来，他就会将他们全都驱逐出军队。这还不够，他还指责他们忘记了自己是罗马公民。士兵们开始更加用力地呐喊，挥舞着兵器，像是在威胁亚历山大，但亚历山大说道："你们不要狂妄自大。你们的武器是用来对付罗马的敌人的，而不是用来让我害怕的。即使你们杀了我，也会出现一位新的奥古斯都来统治国家，惩罚你们所有人。"士兵仍然没有平静下来，他大声地喊道："罗马公民们，放下武器，随上帝走吧。"而后（像是不太可信的事）所有人都放下了兵器、头盔和军旗，然后撤退了。其他士兵和人民收起那些兵器和军旗，将它们带到了宫殿里。一个月后，在士兵们的请求下，亚历山大归还了他们的兵器，但处死了他们的军官——因为他们的疏忽大意才使那些士兵变得柔弱娇气。后来，在与波斯人的战争中，这一支军队的表现胜于其他军队。亚历山大组建了6支军队，一共3万士兵。由此我们可知，当时的每支军队由5000名士兵组成。亚历山大还安排了其他一些举着金银镶嵌的盾牌的护卫军。波斯战争过后，所有人都得到了更多的军饷。

年　　份　公元231年　小纪纪年第九年

庞提安教皇第二年

亚历山大皇帝第十年

执政官　庞培安努斯（Pompeianus）与佩里尼亚努斯（Pelignianus）

在古迪奥的一则碑文中，第一位执政官的名字是西维卡（Civica），但我对古迪奥的碑文一直心存怀疑，因此我不敢称这位执政官的名字就是西维卡·庞培安努斯（Civica Pompeianus）。公元209年，西维卡·庞培安努斯曾任执政官。公元241年，另一位执政官也叫西维卡·庞培安努斯。但这一年的执政官庞培安努斯的名字肯定不是西维卡。根据潘维尼乌斯和费利西亚努斯（Felicianus）所述，第二位执政官的名字为卡西奥多鲁斯（Cassiodorus），但更加确定的是他的姓氏佩里尼亚努斯（Pelignianus）。

亚历山大·奥古斯都在开战之前想要再次尝试用和平的方式制止住傲慢的阿尔塔薛西斯（Herodianus, lib. 6.），于是他派去新的特使希望阿尔塔薛西斯看到如此强大的军队阵容而改变想法，采取最理智的做法。最终，特使们未得到任何回复而离开了。随后，阿尔塔薛西斯给亚历山大派去400名他的特使，他们全部身材高大，衣着华贵，穿金戴银，他以为这样能震慑住罗马人。阿尔塔薛西斯的特使高傲地要求罗马皇帝尽快撤出整个索里亚和所有其他沿海省份，因为那些地方都是属于波斯人的，在古时候都是依附于波斯王朝的。亚历山大被特使傲慢的要求激怒了，在顾问的建议下，他下令把那些特使的装束全部脱去，流放到弗里吉亚（Frigia），给他们一些田地耕种。他不愿将他们处死，因为这些人不是在战争中俘获的，他们只是在执行他们国王的命令，给他们判处死刑是一件不道德的事情（好像剥夺他们的自由，不让他们返回他们的国家不算是不道德的或侵犯人权的）。于是，双方开始了交战。据赫罗狄安（Herodian., lib. 6.）所述，亚历山大根据将领们以及通晓战术的人的建议，将士兵分成3队，因为他从未在军事活动中自己做过决定（Lamprid., in Alexandro.），所以他想要先听从在战术上更年长、更有经验的人的建议。他命一队士兵取道亚美尼亚进入梅迪亚，另一队进入帕提亚，自己率领第三队。但可能是因为亚历山大天生胆小，也可能是因为他的母亲马梅亚·奥古斯塔不想让他面对危险，又或者是因为索里亚发生了一些骚乱事件，他没有朝敌人进军，结果使得第二军队被波斯人打败，并且死伤惨重，第一军队虽然抵抗住了波斯人的军队，但在返回亚美尼亚的途中，由于缺少生活必需品而导致大量士兵死去。赫罗狄安还写道，亚历山大率领的军队由于疾病死去了很多人，甚至亚历山大也因一场严重的疾病而差点儿死在了那里。战争使得波斯人的庞大军队也死伤无数，所以后来他们停止了战争，有三四年的时间波斯人没有再挑起动乱。兰普里迪乌斯的记述与赫罗狄安的不同，他更加相信许多其他历史学家对这位皇帝在这次战争中的描述，他经过仔细审查，认为亚历山大在与波斯人的战争中获得了一场非凡的胜利。元老院的公文以及亚历山大于9月25日返回罗马后对元老院所做的关于这场光荣之战的报告可以证明此事。亚历山大的话无法令人轻易相信这仅仅是吹嘘和谎言，既因为他不是一个爱自夸的人，也因为很容易就可以否认这样的谎言。亚历山大说在波斯人的军队中有600头大象，其塔防中还设有弓箭手，场面令人十分惊骇。但最终，亚历山大击败了波斯人，捕获300头大象，杀了200头，带回罗马18头。当时波斯军队有上千辆装有镰刀的战车，还有12万匹马，其中1万匹留在了战场上，其他的都逃跑了。被捕获的波斯人数目更多，后来被当作奴隶出售。美索不达米亚失去的城市被收复，阿尔塔薛西斯战败后却逃跑了。罗马士兵满载着战利品而归，这样一场胜利过后他们不再感到战争的辛苦。而元老院议员们听到这样的报告高兴地欢呼起来。兰普里迪乌斯补充说，在激烈的战争中，亚历山大跑到军队之中，鼓舞士兵，称赞战斗出色的人，他自己也参与了战斗，暴露于敌人的弓箭之下。

取得这次伟大的胜利之后，亚历山大回到了安提阿，与军队在那里度过了冬天。梅扎巴尔巴发现的勋章（*Mediobarb., in Numism. Imperat.*）上面表示这一年亚历山大第十次获得保民官权力，因为上面提到"奥古斯都胜利"（VICTORIA AV-GVSTI），这表明亚历山大在这一年打败了高傲的阿尔塔薛西斯，而不是巴基神甫认为的是在上一年，也不是蒂勒蒙特认为的是下一年。但让人无法理解的是，为什么亚历山大没有因为这场胜利而获得"皇帝"的封号。或许是因为他太过谦逊而拒绝了这一封号。元老院还授予了他"佩尔西库斯·马克西穆斯"（Persicus

Maximus）的封号，但是这一封号并没有在勋章上显示。赫罗狄安的说法是，波斯人自己停止了战争。但是如果像他所认为的这样，波斯人的战事进展得很顺利，罗马军队被击溃，那么他们怎么可能没有取得胜利，从罗马人那里夺得整个美索不达米亚呢？

年　份　公元232年　小纪纪年第十年
　　　　庞提安教皇第三年
　　　　亚历山大皇帝第十一年

执政官　卢布斯（Lupus）与马克西穆斯（Maximus）

据赫罗狄安（*Herodianus, lib. 5.*）所述，亚历山大皇帝在安提阿停留了很长一段时间。这一点可以令我们相信，他与驻扎在安提阿的军队在那里度过了冬天。要带领军队经由陆路返回欧洲需要很长时间，但似乎很有可能如兰普里迪乌斯（*Lampridius, in Alexandro.*）所写的那样，他于这一年9月25日返回了罗马，并在元老院对他此次出征做了报告。在所有人的掌声和无法言说的喜悦之中，亚历山大作为凯旋者进入罗马，整个元老院和骑士热情相迎。但亚历山大没有像以往在凯旋仪式上那样坐在战车上，而是步行，后面跟着由4头大象拉着的凯旋战车。他步行至宫殿，当时人群十分庞大，整个游行进行了整整4个小时，所有人都在喊："如果亚历山大平安无事，那么罗马就平安无事。"第二天，举行了赛马项目和戏剧表演，之后，皇帝给人民分发了礼物。从那时起，罗马城内开始出现波斯人奴隶。亚历山大无法容忍波斯国王的傲慢而将他的几个下属贬为了奴隶，有人向亚历山大恳求用赎金使他们重获自由，亚历山大同意了这项请求，并将买走他们的赎金归还给了买他们的人，或者如果他们没有被出售的话，就把这些赎金放到国库中。因此，那些被带到罗马的奴隶和大象可以充分地令我们相信亚历山大·奥古斯都在波斯之战中不是战败者，而是战胜者。兰普里迪乌斯还写道，在廷吉塔纳毛里塔尼亚（Mauritana Tingitana），得益于弗利乌斯·塞尔苏斯（Furius Celsus）的出色指挥，战事进展得非常顺利。同样地，在伊利里亚，瓦里乌斯·马克里努斯（Varius Macrinus，亚历山大的亲戚）在与敌军的交战中取得了一些胜利。在亚美尼亚，尤尼乌斯·帕尔马图斯（Iunius Palmatus）也战胜了波斯人。有可能是在这一年，各个地方写信给罗马告知他们所取得的光荣的胜利，元老院和人民读了这些信后非常高兴，愈加赞颂亚历山大·奥古斯都的名声与荣耀。

年　份　　公元233年　小纪纪年第十一年
　　　　　庞提安教皇第四年
　　　　　亚历山大皇帝第十二年

执政官　　马克西穆斯（Maximus）与帕特努斯（Paternus）

在我的文集（*Thesaurus Novus Inscription., pag. 358, num. 3.*）中引用的一则碑文里，第二位执政官叫作帕特里乌斯（Paterius），而不是帕特努斯。在雷兰多（*Reland., in Fast. Cons.*）收集的一些法令中也是这么写的。因此，尽管我这里写的是帕特努斯，但我还是怀疑他的真实姓氏是帕特里乌斯。有四则法令提到马克西穆斯是第二次任执政官，但这更有可能指的是下一年。

这一年，亚历山大·奥古斯都为纪念他的母亲马梅亚而设立了一所少年男子学院和少年女子学院，分别起名为马梅亚尼（Mammeani）与马梅亚内（Mammeane），如同安东尼努斯·庇乌斯为纪念他的妻子弗斯蒂纳而给少女们起名弗斯蒂尼亚内（Faustiniane）一样。同时，他对任何在民事和军事管理中表现出色的人进行奖赏。对于最值得嘉奖的元老院议员，他会授予其各项执政官的荣誉，并为那些年老贫穷的人送去一些祭司与农场。他将各个民族的囚犯送给朋友们，只保留了其中的贵族，将其征召入伍。他还将从敌人那里夺得的土地赠送给守卫边境的军官和士兵，并允许他们将这些土地传给他们的继承人，只要他们也是士兵。他不希望这些财产落入任何私人手里，他说："如果用这份协议让他们守卫授予他们的东西，那么他们就会更加恪尽职守。"这即使不是后来所谓封地出现的开端，至少也是一个十分明显的标志，即封给士兵土地让他们进行守卫，但土地的直接所有权还是在皇帝手里。这一行为也传到了教会，人们将财产分发给奉献于教会的人。除了土地，亚历山大还赠送给士兵一些动物与奴隶，这样他们就可以耕种土地，而不是将它们抛给侵略的敌人。他认为将土地抛给侵略的敌人是帝国的巨大耻辱。

正当罗马享受安宁祥和的时候，从日耳曼地区传来一些不好的消息（*Lamprid., in Alexandro. Zosim., Hist., l. 1.*）——日耳曼人越过莱茵河，凭借强大的军队打败了高卢，劫掠了那里的市镇和村落，令那些城市十分恐惧。据赫罗狄安（*Herodianus, lib. 6.*）所述，亚历山大还在安提阿的时候，这场邪恶的阴谋就开始了，后来消息传来，日耳曼人不仅越过了莱茵河，还越过了多瑙河，严重地威胁到了伊利里亚和意大利边境各省。因此，亚历山大急忙离开了索里亚，率军朝需要他的地方赶去。如果赫罗狄安所述属实，那么亚历山大应该在安提阿停留了一年多的时间，或者是在一年后，他才开始与日耳曼人的战争。但是很难轻易相信这位希腊历史学家的叙述，因为兰普里迪乌斯与他相比虽然生活的时间更久远一些，但他比赫罗狄安更了解罗马的历史。据赫罗狄安所述，亚历山大·奥古斯都直接从索里亚朝日耳曼进军，没有再返回罗马；然而兰普里迪乌斯引用元老院的公文，确证亚历山大从东方国家返回罗马，获得凯旋的荣耀，之后在罗马享受了一段时间的平静，这时才传来日耳曼人叛乱的消息。我不清楚这件事是发生在这一年还是下一年。目前，亚历山大还是致力于进行作战的准备，以亲自讨伐日耳曼人，让他们为自己对罗马地区造成的损失做出解释。

年　份　公元234年　小纪纪年第十二年
　　　　庞提安教皇第五年
　　　　亚历山大皇帝第十三年
执政官　马克西穆斯（Maximus）第二次，盖乌斯·凯利乌斯·乌尔巴努斯
　　　　（Gaius Caelius Urbanus）

战争的硝烟已经在高卢边界和潘诺尼亚边界熊熊燃起，让整个意大利都感到惊恐。于是，亚历山大·奥古斯都于这一年率领一支强大的军队朝最危险的高卢进发（*Herodianus, lib. 6.*）。他带领着一大队从奥斯若恩省招募的摩尔族士兵和弓箭手，

以及部分逃兵，付给他们丰厚的薪水，打算在这场战争中利用他们的优势——他们比日耳曼人射箭射得更远，能够更轻易地射中目标。就这样，亚历山大从罗马出发了，元老院和他的亲朋密友都不愿意看他离开，试图挽留他（*Lampridius, in Alexandro.*）——他们是如此爱戴他，担心他会面临危险，最终战败。但是亚历山大决心要走，因为他无法忍受战胜波斯人后，被比他逊色的皇帝征服的日耳曼人现在来侵扰罗马帝国。据兰普里迪乌斯所述，所有的元老院议员一直为他送行了150罗马里。行军途中，他遇到一位高卢德鲁伊教的女祭司，她对亚历山大说："去吧，但不要期望胜利，也不要太信任你的士兵。"亚历山大没有听她的话，或者说他没有将这话放在心上，因为他对死亡无惧。兰普里迪乌斯补充说，一位有名的占卜师曾向他预言，他会死在一个蛮族人的手上，亚历山大却很高兴，他认为他会光荣地死在某个战场上，就像其他一些著名的皇帝一样。亚历山大来到莱茵河畔（*Herodianus, lib. 6.*），在这里布置向日耳曼人开战所需要的一切东西。与此同时，他在河上建了一座桥，以让整个军队可以过桥渡河。赫罗狄安在他的作品中一直将亚历山大描述为一个胆小、缺乏勇气的人，认为亚历山大一开始尝试用送礼的方式与日耳曼人议和，因为他很清楚金钱对人的作用，便派去使者给日耳曼人献上一大笔钱。或许，亚历山大真的采用了这个方法。但是兰普里迪乌斯对这件事只字未提，也没有记录赫罗狄安所提到的各种战役，在这些战役中，通常是日耳曼人比罗马人表现得更强势。不过可以确定的是，尽管亚历山大庞大而英勇的军队应该在此次出征中获得了佳绩，但我们并没有关于他在这场战争中所做出的任何军事功绩的记载。

年　份　公元235年　小纪纪年第十三年
　　　　安特鲁斯教皇第一年
　　　　马克西米努斯皇帝第一年
执政官　塞维鲁斯（Severus）与昆提亚努斯（Quintianus）

对于这两位执政官，我们只能确定他们的姓氏，其中第二位执政官还被称作昆提利亚努斯（Quintilianus）。在我发表的一则碑文（*Thesaur. Novus Inscript., pag. 358, n. 2.*）中写着"执政官格奈乌斯·皮纳里乌斯·塞维鲁斯（Gnaeus Pinarius Severus）"，但是无法确定是不是属于这一年的。潘维尼乌斯（*Panvin., in Fast. Consul.*）引用了一则为执政官卢基乌斯·拉戈尼乌斯·乌里纳提乌斯·拉奇乌斯·昆提亚努斯（Lucius Ragonius Urinatius Larcius Quintianus）的健康祈福的碑文，他认为这指的是第二位执政官。我在文集中还引用过另一则属于昆提亚努斯的碑文，但我认为这是指很久以前的一位补任执政官昆提亚努斯。在另一则同样在我的文集中提及的碑文上写到一位叫提图斯·凯塞尔尼乌斯·马其顿·昆提亚努斯（Titus Caesernius Macedone Quintianus）的执政官，但是并没有线索表明这则碑文是属于这一年的。

在这一年，罗马帝国十分动荡，因为贤明的皇帝亚历山大被他那邪恶而残忍的士兵杀害了。亚历山大被杀的地点和方式尚不清楚。兰普里迪乌斯（*Lampridius, in Alexandro.*）对此也不是特别了解，他称亚历山大是在大不列颠被杀的，而其他作家认为这件事发生在高卢，如尤塞比乌斯（*Eusebius, in Chron.*）认为是在高卢马贡萨（Magonza）区的一个叫作西西拉（Sicila）的镇子，或者是在特雷维里（Treveri）镇。赫罗狄安（*Herodianus, lib. 6.*）写了一些关于这件事的细节，但是他叙述的情况并不是那么真实可信。据他所述，当时负责教新征募的士兵（大部分来自潘诺尼亚）战术的军官马克西米努斯（Maximinus）深受那些士兵的爱戴。那些士兵们在背后说亚历山大的坏话，说他是一位胆小如鼠的君主，从来不敢与敌人正面迎击，只会躲在母亲的庇护下。他们认为亚历山大的母亲马梅亚一心只想着积蓄钱财，通过她的吝啬让所有人仇恨她的儿子，这样她就可以选举另一位强壮善战的人做皇帝，然后更好地奖赏士兵。他们对亚历山大也心怀不满，因为他不会在他们身上投入很多金钱，不像卡拉卡拉和埃拉伽巴路斯那样挥霍公共财富以赢得军队的爱戴。为此，士兵们公开反抗马梅亚，他们不承认自己的贪婪，而将一切归咎于她的吝啬。于是，他们将目光落在马克西米努斯身上，突然给他披上皇帝的长袍，宣称他为皇帝。马克西米努斯可能知道他们的计划，也可能不知道，或者至少他是假装一开始不接受，但当士兵们拿剑威胁他，他就接受了奥古斯都这一荣誉。之后，他许诺给士兵一笔丰厚的犒赏，并将给他们的粮食增加一倍，随后立即策划了杀死亚历山大的方法。亚历山大听说了这个危险的消息后，浑身颤抖，不禁哭泣起来，他像发疯了一般冲出帐篷，向他的士兵们恳求，只要他们能守卫他，他承诺会给他们所有他们想要的。士兵们热烈欢呼，答应会这么做。过了一个晚上，马克西米努斯已经带兵前来，亚历山大再次来到他的士兵们面前，恳求他们的帮助，但是，他们背叛了亚历山大，拥立马克西米努斯为皇帝。之后，马克西米努斯命令军官和百夫长杀了亚历山大、他的母亲马梅亚以及想要反抗的人。军官和百夫长立即执行了这一残忍的命令，除了逃跑的人，所有人都死在了他们的剑下。

兰普里迪乌斯（*Lampridius, in Alexandro.*）和卡皮托里努斯（*Capitolin., in Maximino.*）的记述似乎更加真实可信一些，即当时有许多士兵，特别是高卢的士兵对亚历山大很反感，因为亚历山大发现这些士兵在埃拉伽巴路斯统治下养成了一些坏的习惯，他想要在军队中重新严格执行古代军纪。于是，这些士兵们暗中与马克西米努斯谋划。一天午餐过后，许多士兵来到亚历山大的营帐，当时那里只有很少的人值守，亚历山大正在睡觉，他们就趁此机会杀害了亚历山大和他的母亲。不管怎么样，毫无疑问的是马克西米努斯丝毫不感激亚历山大曾经给予他的恩惠，在他的命令下，那些士兵杀死了善良而不幸的皇帝。

关于亚历山大的年纪、他统治的时长及他死亡的日期，学者们一直存在争议，包括巴基神甫、蒂勒蒙特、维尼奥利（Vignoli）神甫、托雷（Torre）主教及本笃会神甫瓦尔塞基（Valsecchi）。普遍认为的更有可能的说法是，亚历山大并不是3月被杀，而是死于这一年夏天，终年26岁零几个月；而不是如兰普里迪乌斯作品中所说的那样，他死去的时候是29岁3个月零7天，他统治的时长是13年零几天或几个月。在我看来，还是不要卷入这样的争议为好，只要让读者明白对于历史主线更加重要的内容即可。

这位年轻的奥古斯都皇帝做出的非凡事迹令人敬佩和赞颂，连一向对他不怎么有好感的赫罗狄安也找不到他有什么缺点，除了过于依赖他的母亲。因此我们憎恨马克西米努斯的残忍行径，以及那些违抗人类和神的法令杀死亚历山大的野蛮士兵。同时我们也意识到亚历山大的死亡对元老院和罗马人民以及罗马帝国来说是个多么大的损失。马克西米努斯表面上表现得很悲痛，想要在高卢为亚历山大竖立一座宏伟的纪念碑（*Lampridius, in Alexandro.*）。而另一座更加受人瞩目的纪念碑是元老院在罗马为亚历山大建造的。亚历山大的骨灰被带到罗马，他与他的母亲马梅亚都获得了神的荣誉，分配有几个祭司。亚历山大与其母亲的诞辰庆典在罗马持续了很长时间。同时，士兵们，甚至包括那些在索里亚被亚历山大废除军务的士兵们将那些沾染过亚历山大鲜血的凶手全部砍成了碎片。这表明他们并没有如赫罗狄安认为的那样全都背弃了亚历山大，亚历山大遇害应该是意外。

许多作家写过这位伟大皇帝的一生，兰普里迪乌斯引用了塞普蒂米乌斯（Septimius）、阿科利乌斯（Acolius）和恩科尔普斯（Encolpus）的记述来向我们传递关于这位皇帝的事迹，而他们的作品如今已经丢失。如果狄奥尼·卡西乌斯的诸多历史作品没有丢失的话，就算西弗里诺（Sifilino）谈到的亚历山大的事迹很少，我们也能发现有关他统治的其他线索。亚历山大的统治是无可比拟的，因为他不仅思想崇高、心地善良，还一直希望将当时最英明智慧、最公正无私的元老院议员和法律顾问留在他的议会上。这样一个受人崇拜的统治者本该活得更久，然而却被性格完全相反的马克西米努斯篡位。马克西米努斯生性残忍，除了士兵，所有人都仇视与憎恨他，视他为所有皇帝中最无耻的恶棍。马克西米努斯策划杀死贤明的亚历山大后被拥立为皇帝，而后他来到元老院接受册封。元老院不得不批准他继任皇帝，因为他拥有罗马帝国最强势的军队。我们并不清楚他是自己还是通过元老院政令而获得的保民官权力和"国父"头衔——这一光荣的头衔从来没有像这次一样被践踏使用。本来罗马人民和其他人民就因为失去了那样一位杰出的皇帝而痛苦万分，当他们得知继任皇位的是一个品质败坏的人时更加痛苦了。马克西米努斯使罗马帝国在短时间内从黄金时代进入了一个混乱的时代。但是我们之后会看到，令他昏了头的野心在3年后让他得到了应有的惩罚。关于马克西米努斯的具体情况和他的个人生活，我将留在下一年讲述。在这一年，圣庞提安教皇因为对耶稣基督的信仰而被流放（*Blanchinius, ad Anastas. Bibliothec.*），但光荣地完成了教皇任职。在他之后，安特鲁斯（Anterus）被选为圣彼得教堂的新一任教皇。

年　份　公元236年　小纪纪年第十四年

法比安努斯教皇第一年

马克西米努斯皇帝第二年

执政官　盖乌斯·尤利乌斯·马克西米努斯·奥古斯都（Gaius Iulius Maximinus Augustus）与阿非利加努斯（Africanus）

根据潘维尼乌斯（*Panvin., in Fast. Consul.*）的猜测，古罗马历书的编纂者将阿非利加努斯的名字写为尤利乌斯（Iulius），但并没有其他证据可以证明。因此，作为一个不确定的事情，我不敢将这个名字放上。在各种历书中我们都可以看到马克西穆斯（Maximus）的名字，而不是马克西米努斯（*Reland., Fast. Consul.*），这令人怀疑是不是马克西穆斯担任的执政官。但通常新任的奥古斯都皇帝会在统治的第一年上任执政官，另外还有其他记载，这足以令我们相信马克西米努斯在这一年担任执政官。圣安特鲁斯（Anterus）教皇在上任一个多月后就去世了，被封为殉教士（*Blanchinius, ad Anastas.*）。法比安努斯（Fabianus）继任了他的教皇之位。

现在我们来看一下这位犯了弥天罪行杀死贤明的亚历山大·奥古斯都而登上皇位的人是怎么样的。盖乌斯·尤利乌斯·维鲁斯·马克西米努斯（Gaius Iulius Verus Maximinus）（大家是这么称呼他的）出身蛮族（*Capitolin., in Maximino seniore.*），他的父亲是哥特人米西亚或米卡（Micea o Micca），母亲是阿兰尼人阿巴巴或阿巴拉（Ababa o Abala）。他出生在色雷斯边界的一个村庄，因此大家认为色雷斯是他的家乡。据说他长相可怕，身高8罗马尺多，力大无比，一顿饭就能吃掉40磅甚至60磅肉，这是不是真的就由他人判断了。他年轻时是牧人，后来被选为制伏盗贼的首领。塞维鲁斯·奥古斯都在色雷斯的时候认识了他，因为他非常强壮，于是征募他为骑兵，后来成为护卫军的一员，之后又被提拔到各种军事职位上，特别是在卡拉卡拉时期，因为他永远精力旺盛，也不欺压士兵，反而经常奖励士兵，非常关心他们，因此获得了很高的声誉，受到所有人爱戴。由于马克里努斯摧毁了塞维鲁斯家族，因此马克西米努斯退隐到了他的家乡。在邪恶的埃拉伽巴路斯统治期间，他被迫回到了军队，被任命为军官，但是3年来他都没有拜见过埃拉伽巴路斯，也没有亲吻过他的手。埃拉伽巴路斯死后，马克西米努斯来到罗马，受到了亚历山大·奥古斯都的热烈欢迎，并在元老院上受到他公开的赞赏。亚历山大任命他为第四军团的军官，这个军团由新征募的年轻士兵组成，马克西米努斯教他们军事战术。因为他力大无比，有人称他为赫拉克勒斯（Hercules），有人称他为克罗托那的米罗（Milo Crotoniate）、阿喀琉斯（Achilles）等。这是人们对马克西米努斯的看法。根据《亚历山大编年史》（*Chronicon Alexandrinum.*）和佐纳拉斯（*Zonaras, in Annalibus.*）所记，虽然马克西米努斯不是元老院议员，他却在72岁的年纪篡夺了恺撒的王位。他有一个年轻的儿子，根据勋章上的记录（*Mediob., in Numism. Imperator.*），他叫盖乌斯·尤利乌斯·维鲁斯·马克西米努斯（Gaius Iulius Verus Maximinus）。一些历史学家也称其为马克西米努斯，说他是一个长相十分俊美的年轻人，身材高大，比他粗鲁野蛮的父亲更加有教养，但也有人认为他比父亲更加傲慢。据卡皮托里努斯（*Capitolinus, in Maxim. juniore.*）所述，他天生善良，如果不是他性情粗俗的父亲马克西米努斯的阻拦，亚历山大·奥古斯都本来想将妹妹提奥克利亚（Teoclia）许配给他做妻子。卡皮托里努斯还写道，他的父亲授给了他"皇帝"头衔。但是在关于他的碑文和勋章中只写着他具有"恺撒"和"青年王子"的称号。因此应该是卡皮托里努斯搞错了，或者如巴基神甫（*Pagius, in Crit. Baron.*）认为的那样，当时的皇帝也被叫作恺撒。

马克西米努斯成为皇帝后，很清楚很多人对他心怀不满，认为他出身低贱，侮辱了皇位的尊严，认为是野心勃勃的他杀害了亚历山大皇帝，所以他尽一切可能用恐怖的方式巩固他的皇位，因为他知道用仁爱是不可能达到的（*Capitolin., in Maxim. seniore. Herodianus, lib. 7.*）。很快他就以各种借口送走了亚历山大的朋友和由元老院选举的顾问，将其中一部分人遣出罗马，剥夺了其他一部分人的职务。他的目标是为所欲为，不依赖任何人。他将亚历山大时期的仆人和宫廷人员全都处死，还杀死了许多人，只是因为这些人对亚历山大皇帝的死表现出痛苦难过。尤塞比乌斯（*Euseb., Histor. Eccles., lib. 6, cap. 28.*）写道，由于马克西米努斯憎恨亚历山大，而亚历山大的宫廷中有非常多的基督徒，于是便对基督教展开了一场可怕的迫害，为此当时基督殉教者的人数大量增加。罗马人因为时常有关于马克西米努斯残忍暴行的消息（*Capitol., in Maximino seniore.*）传来而感到害怕：有的人被钉死在十字架上，有的人被投喂给野兽，有的人被与杀死的牲畜关在一起，还有的人被乱棍打死。人们对他的称呼为独眼巨人（Ciclope）、布西瑞德（Busiride）、法拉里（Falari）等。因此，随着元老院和罗马人民对他的这种恐惧与日俱增，所有人或公开或私底下都祈祷马克西米努斯永远不要来到罗马。据说，当时一位颇有声望的执政官马格努斯（Magnus）策划了一场对付马克西米努斯的阴谋。他先赢得了驻守在莱茵河船只、桥梁的军官和护卫军的拥护，计划当马克西米努斯经过那里时拆毁桥梁，这样马克西米努斯就会留在日耳曼领域，另外他还打算将自己立为皇帝。但是后来所有被怀疑参与了这场阴谋的人（共有4000人）统统被处死了，连审讯和诉讼都没有，因此人们无法弄清楚这件事是真的还是假的。许多人认为这是马克西米努斯为摆脱那些不支持他的人而编造的故事。这场悲剧后，军队中的奥斯若恩军团因为相信他们深爱的亚历山大·奥古斯都是被残忍的马克西米努斯下令杀害，于是针对马克西米努斯发起叛乱。他们意外找到亚历山大的朋友、曾任执政官的提图斯·夸尔蒂诺（Titus Quartino）（*Capitolin., in Maximin. seniore. Herod., lib. 6.*）——他已经被驱逐出军营，士兵们不断高呼，坚持拥立他为皇帝，为他穿上皇帝的长袍。但是不久后，他就被他的朋友马西多尼乌斯（Macedonius）刺杀。马西多尼乌斯也曾是叛乱的发起人，他这么做或许是因自己没有被拥立为皇帝而愤怒，或许是希望从马克西米努斯那里得到一笔丰厚的奖赏——他将提图斯·夸尔蒂诺的头颅带给了马克西米努斯。马克西米努斯对他表示了感谢，但不久后就以叛乱的发起者与朋友的背叛者的罪名将其处死了。特雷贝利乌斯·波利奥（*Trebellius Pollio, in Titus.*）并不赞同这些作家的说法，他认为提图斯当时是摩洛人的军官，统治了6个月，但这与他之前说的提图斯统治几天后就被杀的说法自相矛盾。

  我将马克西米努斯对抗日耳曼人的战争放在这一年来讲，尽管有人怀疑这场战争发生在上一年。亚历山大·奥古斯都曾在出征中带领了一支英勇无比的军队，其中除了许多西方士兵外，如我之前所说的，还有大批奥斯若恩、亚美尼亚、帕提亚和摩洛族士兵，据说他们是日耳曼战争中军队的主力军，因为他们非常擅长射箭，而日耳曼人对此不太精通。马克西米努斯继任皇位后，在这么多士兵的基础上又增添了一些士兵，他亲自训练他们、管理他们，渴望做出一些伟大的壮举，让全世界认识到有一个英勇的皇帝多么重要，从而忘记他们胆小的前任皇帝。于是，马克西米努斯越过莱茵河，对蛮族人发起了进攻。一开始，蛮族人不敢正面迎击，躲在丛林和沼泽地中，然后尽其所能地埋伏作战。双方在丛林和沼泽地中进行了多次战斗。马克西米努斯太过鲁莽，他和其他士兵一样也进入到混战中与敌军交起手来。有一次，他面临着生命危险，因为他和他的马一起陷入一片沼泽地，敌军迅速包围了他，如果不是他的士兵赶来营救，可能他的暴政统治就结束了。后来他在给元老院（*Capitolinus, in Maxim. seniore.*）的信中写道，他进入日耳曼国家，扫荡了400罗马里，杀死了无数敌人，将许多人囚禁了起来，烧毁了他们的村庄，还带走了许多战利品，包括家畜和其他东西，他将所有这些分给了士兵。赫罗狄安（*Herodianus, lib. 7.*）补充说，他破坏了那一地区的庄稼，这表明他是在6月和7月进行的战争。马克西米努斯还在一些版画上绘上他战斗的过程，然后将其送到罗马，这样不识字的人也可以看懂他取得的胜利。因为此次胜利，他和他的儿子恺撒都被授予了"日耳曼征服者"称号，这可以在这一年纪念马克西米努斯第二次获得保民官权力的勋章（*Mediobarb., in Numismat. Imperat.*）上读到，上面刻有"日耳曼胜利"（VICTORIA GERMANICA）的字样。

由于已经没有敌人可与之战斗，再加上临近冬天（*Herodianus, lib. 7.*），马克西米努斯带领军队进入潘诺尼亚，在该地的首都锡尔米姆（Sirmio）暂居了下来，同时计划着在下一年对萨尔玛提亚人发起更大的征战行动——他想要让所有的日耳曼民族都归顺于罗马帝国。如果他没有那么残酷地对待他的臣民，甚至比对待蛮族人更加残酷，那么凭借他的英勇和对战斗的执着，很有可能他能够做到。对此，我们将在下一年进行讲述。

年　份　公元237年　小纪纪年第十五年

　　　　法比安努斯教皇第二年

　　　　马克西米努斯皇帝第三年

执政官　佩尔佩图斯（Perpetuus）与科尔内利亚努斯（Cornelianus）

在潘维尼乌斯（Panvin., in Fast. Consular.）引用的两则碑文中提到一个叫卢基乌斯·奥维尼乌斯·鲁斯提库斯·科尔内利亚努斯（Lucius Ovinius Rusticus Cornelianus）的指定执政官与一个叫普布利乌斯·提丢斯·佩尔佩图斯（Publius Titius Perpetuus）的执政官。因为这种说法仍存在很多疑问，因此我认为最好还是跟雷兰多（Reland., in Fast. Cons.）一样，在这里只提及他们的姓氏。

在潘诺尼亚度过冬天以后，马克西米努斯在这一年做出了哪些事迹，对此我们并不十分清楚。不过在一些归顺于他的各省在下一年献给他的碑文中（Gruterus, Inscript., pag. 151 et 158. Sponius, pag. 186. Thes. Novus Inscript., p. 250, n. 5.），他被称作"达契科·马克西穆斯"（Dacico Maximus）与"萨尔玛提亚科·马克西穆斯"（Sarmatico Maximus），还提及他第七次获封"皇帝"称号，这些都表明他与萨尔玛提亚人、达契亚人交过战并取得了胜利。卡皮托里努斯（Capitolin., in Maxim. seniore.）也证实，马克西米努斯进行过许多次战争，每次都是获胜者，缴获大批囚犯和战利品。他在给元老院的信中充满了吹嘘的言辞，说他在短短的时间内打了那么多场仗，比他一生做过的其他事情还要多，他缴获的战利品之多超出了所有人的期望，他捉拿的囚犯之多连罗马城都不能全部容纳。同时，他对他的臣民态度非常恶劣。他需要金钱以供养大批军队，为了通过各种渠道获得金钱，他给予所有人指控他人的许可（Herod., lib. 7.）。马克西米努斯总是相信密探的话和任何或真实或编造的陈述，只要有人受到了指控，他就立即将其监禁起来，不顾其等级与年龄。因此，无论是白天还是黑夜，人们总能看到许多人被铁链锁着从各处，甚至是罗马帝国很远的地方，用破旧的小车送到潘诺尼亚，他们都是一些担任民事或军事职务的官员，所有人不管是有罪还是无罪都被判处了死刑或者流放，他们的财产被没收，家庭也遭到了毁灭。当时作为富人是巨大的不幸，或者至少面临巨大的危险和焦虑，许许多多的富人曾经很富有，但在马克西米努斯的统治下，最后都落得乞讨的下场。暴君的贪得无厌与残忍冷酷并不止这些,他还将手伸进了城市的所有收入中,这些收入是用来维持公共粮食供应、救济穷人与举办节日庆典和竞赛演出的。此外,他还掠走了神庙中所有金、银、铜制的雕像和装饰品,然后将它们带到造币厂里铸造成了钱币。面对皇帝的掠夺和暴力行径,被自己的君主欺压的人们别说有多么痛苦与不满了,但他们只敢在寥寥几句话中、在诅咒中、在对被冒犯的神灵的祈祷中发泄他们的不满,而有一些人,无法忍受人们对他们的神庙做出的侮辱,为了守卫神庙,他们宁愿自己在祭坛被杀死。甚至士兵们也发出强烈的怨言,因为他们每天都受到亲属和朋友的指责——正是由于他们,马克西米努斯才会做出这么多不道德的残忍行径。现代历史学家们认为这一年阿非利加爆发了对抗马克西米努斯的叛乱,两位戈尔迪安努斯登上皇位,而后垮台,之后还发生了其他一些事件,但是对于这些事件的记述都有许多模糊之处。在我看来,所有这些事都发生在下一年,我会在之后进行讲述。马克西米努斯在这一年仅仅对战了达契亚人和萨尔玛提亚人,之后在潘诺尼亚平静地度过了冬天。

年　份　公元238年　小纪纪年第一年

法比安努斯教皇第一年

马克西米努斯皇帝第四年

戈尔迪安努斯一世与二世皇帝第一年

普皮恩努斯与巴尔比努斯皇帝第一年

戈尔迪安努斯三世皇帝第一年

执政官　皮乌斯(Pius)与庞提安努斯(Pontianus)

研究古罗马历书的学者(*Pagius. Relandus. Stampa et alii.*)一直对这两位执政官的名字有很大争议。根据一些法令和肯索里努斯的记载,第一位执政官叫乌尔皮乌斯(Ulpius),而不是皮乌斯(Pius);另外一些人认为他的名字是阿尼乌斯·皮乌斯(Annius Pius);还有人认为是马库斯·乌尔皮乌斯·克里尼图斯(Marcus Ulpius Crinitus)。有人认为第二位执政官叫作普罗库卢斯·庞提安努斯(Proculus Pontianus）或者庞提安努斯·普罗库卢斯（Pontianus Proculus），因为在一些历书中写的是普罗库卢斯，而不是庞提安努斯。关键在于判别哪个在前面。在我发表的两则碑文（*Thesaurus Novus Inscription., pag. 360.*）中提到两位叫普罗库卢斯的执政官以及他们的名字，但无法证实这两则碑文是属于这一年的。

我认为在这一年发生了阿非利加的叛乱之事（*Herodianus, lib. 7. Capitol., in Maximino seniore et in Gordian.*）。阿非利加各省的地方行政长官为了给马克西米努斯供应金钱（这是在他那里获得功绩的方法）而不断进行判罪和敲诈勒索，导致一些年轻的贵族——其中的首领是蒂斯多罗市（Tisdoro）的毛里提乌斯（Mauritius）——聚集了一大批仆人和市民拿起武器前去讨伐马克西米努斯，让他付出代价。一开始护卫军奋力抵抗，但最后他们都逃走了。这时候的他们比之前更加清楚地认识到自己的危险，于是他们打算做出一件更大胆的事情。知道人们有多么憎恨马克西米努斯，他们就鼓动人们叛乱，后来他们找到那一地区的行省总督马库斯·安东尼乌斯·戈尔迪安努斯（Marcus Antonius Gordianus），拥立他为奥古斯都皇帝，为他穿上皇帝的长袍。尽管戈尔迪安努斯表现出反对和抵触，但他们威胁他如果不接受皇帝之位就杀了他。戈尔迪安努斯是一位80岁受人尊敬的老人，他具备美好的品德，他的父亲梅提乌斯·马鲁卢斯（Mettius Marullus）来自格拉古家族（Gracchi），他的母亲乌尔皮亚·戈尔迪亚娜（Ulpia Gordiana）是图拉真皇帝的后代。似乎执政官之位在他的家族里是世袭的，他的父亲、祖父和曾祖父都曾任执政官，他妻子所属的家族也有许多人曾是执政官。戈尔迪安努斯也曾两次任执政官，一次是在公元215年与卡拉卡拉皇帝一起，另一次是在公元229年与亚历山大皇帝一起。很少有人能在生活舒适和能力方面超过他。从年轻时，他就致力于诗歌创作，他将特别崇拜的安东尼努斯皇帝的事迹写成诗句和散文。他任大法官和其他公共职务时举办了一些隆重的竞赛与其他公共娱乐活动，为他赢得了罗马和各省所有人民的爱戴和掌声。在他成为阿非利加的行省总督后，人们更加认识到他的公正、谦逊和谨慎，都将他视为父亲——人们从来没有这么爱戴过之前的行省总督。人们还以加图（Cato）、西庇阿（Scipio）和其他罗马著名人物的名字称呼他。

善良贤明的戈尔迪安努斯被迫接受了皇帝之位，但考虑到自己年事已高，活不了多长时间，于是他尽其所能地巩固自己的皇位，因为假如从皇位上下来，那会非常危险，因此他宣布他的儿子马库斯·安东尼乌斯·戈尔迪安努斯（Marcus Antonius Gordianus）为"奥古斯都"[一些人认为他叫马库斯·安东尼努斯（Marcus Antoninus）]，之后让他去了迦太基（Cartagine），在那里人们庄严地奉他为皇帝。在诸多说明戈尔迪安努斯于这一年登上皇位的理由中，我觉得赫罗狄安（*Herodianus, lib. 7.*）的记述是具有决定性的。他断言，马克西米努斯在这一年结束了他第三年的统治。巴基神甫（*Pagius, in Crit. Baron.*）坚持认为这还在马克西米努斯第三年统治期间，可他并没有找到其他证据。阿非利加人推倒了马克西米努斯的雕像，为两位戈尔迪安努斯皇帝建起了雕像，这两位皇帝至今仍被称为阿非利加人。他们立即往罗马派去一支特使队伍。我们不清楚瓦勒瑞安努斯（Valerianus，通常译作瓦勒良，首席元老院议员之一，后来成为皇帝）是那些特使中的一员，还是在罗马迎接那些特使的人。特使们讲述了发生的一切，请求元老院批准他们的推举（*Capitolin., in Maximino seniore. Herodian., lib. 7.*）。5月27日，元老院议员们聚集在卡斯托尔神庙（Tempio de' Castori），由执政官尤尼乌斯·西拉努斯（Iunius Sillanus）读戈尔迪安努斯的信，他是这一年与加利坎努斯（Gallicanus）一起上任的补任执政官。元老院庄严地宣布两位戈尔迪安努斯为皇帝，并宣布马克西米努斯和他的儿子为国家公敌。不过在公开信件内容、举行上述集会之前，元老院假装传达马克西米努斯的命令，派了几个杀手到禁军总督维塔利亚努斯（Vitalianus）那里，拿着所谓马克西米努斯写给他的信并要亲口告诉他一些非常重要的事情。维塔利亚努斯是个十分残暴的人，他将那几个杀手迎进自己的房间，在他观察信件封印的时候，杀手们杀死了他，并制造假象让士兵们相信是马克西米努斯下令这么做的——马克西米努斯经常对自己的官员做这种事。元老院的法令颁布以后，人们传言马克西米努斯已被杀死，戈尔迪安努斯许诺给罗马人民一笔丰厚的奖赏并给士兵一笔可观的犒赏。于是人们开始骚动，他们摧毁了马克西米努斯的雕像和肖像，并将他们的怒火发泄在马克西米努斯身边的官员和朋友身上，特别是做着无耻之事的密探和指控者。但是一些无辜之人也被牵连而死。由于罗马总督萨比努斯（Sabinus）试图阻拦他们，最终也被杀死了。后来元老院对20位曾任执政官的元老院议员委以重任，派他们前去意大利边境对抗马克西米努斯的军队。元老院写信给各个行省,包括意大利境外的各国,鼓动所有人拿起武器支持戈尔迪安努斯一方,对抗马克西米努斯。大多数人都听从了,也有一些人由于害怕而将元老院的使者杀死,或者将其抓获送到马克西米努斯那里去。

阿非利加刚一发生动乱,特快信使就将这悲惨的消息带给了马克西米努斯(*Capitolinus, in Maximino seniore.*),接着又传来一条罗马的消息,使得高傲的马克西米努斯愤怒无比地冲出来,他把头靠在墙上,瘫倒在地上,撕扯着衣服,挥舞着剑,仿佛要杀死元老院的人。他看起来就像一个疯子、一头野兽。还好他的儿子没有出去,否则马克西米努斯可能会挖了他的眼睛,因为他对他的儿子也十分愤怒——在他统治初期,他想让儿子到罗马去,但儿子出于对父亲的爱不愿离开他。马克西米努斯说:"如果你当初去了罗马的话,就不会发生现在这些事。"他只有通过饮酒发泄心中的愤怒。第二天,他对士兵们发表了激昂的讲话(*Herod., lib. 5.*),对戈尔迪安努斯和罗马元老院不断地侮辱与漫骂,而后下令军队立刻朝意大利进军,仅仅在一天之内他们就做好了行军的准备。除了英勇的罗马军队,他还带领了许多被俘的日耳曼军队为其所用。在他们的行军途中,从阿非利加传来了一个消息——元老院阶级的卡佩利亚努斯(Capellianus)是马克西米努斯在努米底亚任命的财政长官,老戈尔迪安努斯下令撤掉了他的职位。马克西米努斯被激怒,决定立即报仇。他手下有一支非常英勇善战的军队,他们在与蛮族的不断战争中兵术日益精进,马克西米努斯率领着这支军队以及一支非常强大的努米底亚军队(他们都是很有经验的弓箭手)朝迦太基进军。两位戈尔迪安努斯皇帝和那里的人民面对马克西米努斯军队的进犯均惊恐万分——他们没有安排进行反抗的军队,但是他们还是拿起了武器,在小戈尔迪安努斯皇帝的带领下冲出城门攻击马克西米努斯军队。战争非常激烈,尽管迦太基人在人数上占优势,但由于缺乏作战经验,最终被打败,死伤无数。戈尔迪安努斯二世也死在了战场上,终年46岁。在众多的尸体中甚至都无法找到戈尔迪安努斯二世的尸体。他的父亲戈尔迪安努斯一世得知了此事,据卡皮托里努斯(*Capitol., in Gordianus seniore.*)所述,他非常绝望,为了不使自己落入敌人之手,他割喉自杀,结束了他的统治。赫罗狄安（*Herod., lib. 7.*）认为戈尔迪安努一世是在儿子之前死去的，但似乎还是卡皮托里努斯的叙述更真实可靠一些。卡佩利亚努斯闯入迦太基，屠杀了无数市民，洗劫了那里的神庙，还对其他城市干尽残忍之事。正在行军中的马克西米努斯得知这样意想不到的变动后欣喜万分，备受鼓舞。后来对这件事深入了解过的人都知道卡皮托里努斯的叙述是存在错误的——他写两位戈尔迪安努斯统治了一年六个月。如果马克西米努斯刚一听说他们篡位的消息就马上动身赶来意大利，并在到达阿奎莱亚（Aquileia）之前得知他们垮台，怎么可能让两位戈尔迪安努斯统治了这么长的时间？因此潘维尼乌斯（*Panvin., Fast. Cons.*）和一些作家认为两位戈尔迪安努斯统治了大概一个月零六天，其他一些人认为是两个月多几天。

当罗马得知了两位戈尔迪安努斯不幸死去的消息时，所有人都惊恐不安，原本寄托了公众希望的戈尔迪安努斯被杀，人们甚至可以预见马克西米努斯会对他们做出怎样的恶事，他本就天性残暴，这下受罗马叛乱的激怒更变本加厉。既然已经迈出了第一步，为了抵抗到最后，就得迈出第二步（*Herodian., lib. 7. Capitol., in Maxim. et Balbin.*）。于是，元老院议员们聚集在坎皮多里奥朱庇特神殿（或者是在协和神殿）里闭门讨论，最终他们选举出两位新的皇帝——马库斯·克洛狄乌斯·普皮恩努斯·马克西穆斯（Marcus Clodius Pupienus Maximus）与德西穆斯·凯利乌斯·巴尔比努斯（Decimus Caelius Balbinus），他们两位都是具有很高声望与能力的元老院议员。第一位皇帝即马克西穆斯，其他人称他为普皮恩努斯——他有两个姓氏，他出身卑微，但凭着在战争中的英勇和谨慎，获得了许多功绩，从而一步步地升到了军官之位。他在伊利里亚和日耳曼带军，令萨尔玛提亚人和日耳曼人无比敬畏，而他也深受士兵们的爱戴。升到元老院议员之位后，他先后任大法官、执政官，最后任罗马总督。他是一位睿智而积极的人，但是十分严厉，执法相当严格。第二位皇帝巴尔比努斯出身于一个贵族世家，曾两次任执政官，在管理各行省时获得了广泛的赞誉，因为他本性善良、和蔼可亲，还懂得善用他的财富，因而受到所有人的爱戴（*Capitol., in Maxim. et Balbin.*）。当时的补任执政官是克劳狄乌斯·尤利安努斯（Claudius Iulianus）与塞尔苏斯·埃利亚努斯（Celsus Aelianus），在我看来，他们二人是这一年的执政官，而不是其他人认为的在上一年。卡皮托里努斯（*Capitol., in Maximin. seniore.*）对这两位皇帝的一生的描述存在另一个错误，即写他们是在5月26日（*septimo kalendas junii*）被选为皇帝的。我们可以看到卡皮托里努斯在上面讲过，两位戈尔迪安努斯在这一年5月27日由罗马元老院正式批准为奥古斯都，同一年两位戈尔迪安努斯死去，普皮恩努斯和巴尔比努斯被选为皇帝，而马克西米努斯是在行军途中进入意大利之前得知这一消息的，因此卡皮托里努斯的描述是错误的。此外，巴基神甫认为（*Pagius, Crit. Baron., ad annum 236.*）阿波罗竞赛是在5月26日举办的。因此可以认为卡皮托里努斯说的是这两位新任皇帝是在这一年7月9日被选举出来的，而不是如巴基神甫认为的那样是在上一年。后来元老院向人民宣布了选举新任皇帝的决定，人们因为普皮恩努斯·马克西穆斯生性严厉而忧心忡忡，所以他们拿着武器高喊着表示反对。元老院为了安抚人民而找到的办法是将马库斯·安东尼乌斯·戈尔迪安努斯（Marcus Antonius Gordianus）封为"恺撒"，有人说他是老戈尔迪安努斯的孙子、戈尔迪安努斯二世的儿子，也有人说他是戈尔迪安努斯一世的女儿所生，赫罗狄安赞同第二种说法。这位戈尔迪安努斯三世在罗马受到册封时的年龄对于古代历史学家们来说仍是个疑点，更有可能的说法是他当时大概12岁。

罗马抓紧时间集结了尽可能多的军队对抗马克西米努斯（*Capitol., in Maximo et Balbin.*），由于普皮恩努斯·马克西穆斯·奥古斯都非常擅长指挥军队，因此他被选为军队首领。但在行军之前，罗马人迷信地认为，皇帝在上战场之前必须首先在人民面前进行一场角斗士搏斗，还要在剧院和竞技场中完成其他比赛，以让士兵们适应血腥的场面，或者得到涅墨西斯（Nemesis）女神的帮助。之后，普皮恩努斯·马克西穆斯便朝马克西米努斯进军了，他在拉文纳暂作停留，以聚集更多的兵力，为对抗"独眼巨人"做准备（*Idem, ibid.*）——"独眼巨人"是普皮恩努斯对马克西米努斯的称呼（*Herodian., lib. 5.*）。元老院还给所有表示反抗暴君的行省和城市派去了领事人员以及曾任大法官、财政官、营造司等其他职务的官员，命令他们给城市加固防守，供给武器和粮食，并将乡下的所有谷物运往城市，这样马克西米努斯到来时就没有粮食供给了。当马克西米努斯得知两位新任皇帝的消息时，他清楚地认识到罗马人民对他的仇恨是难以调和的，因此他必须把所有希望寄托在军队上。但当时他和他的军队还在意大利境外，于是他比以往更加急切地催促军队行军赶路，当他抵达伊斯特拉的埃莫纳市（Emona, Istria）时，却发现这座城市已被那里的居民抛弃，他们没有留下任何粮食。这让士兵们窃窃私语，在经过了长时间的行军与旅途的艰辛之后，他们渴望看到餐桌上摆满美味的佳肴，且能在意大利边境玩耍享乐。更糟糕的是，有消息称阿奎莱亚——当时极其广阔、富有而人口众多的城市，同时是罗马帝国最著名的城市之一——也关上了城门，准备进行防守。在围攻阿奎莱亚之前，马克西米努斯派军官去与该市的人民进行谈判议和。为此，马克西米努斯一方说尽了世界上最好听的话语与承诺，但是城里有领事人员梅诺菲罗斯（Menophilus）与克雷斯皮努斯（Crespinus），他们更懂得如何说服犹豫不决的人们不要向敌人打开城门，他们假装阿波罗·百勒努斯（Apollo Belenus）——那里的人们极其尊奉的神——通过占卜师预言马克西米努斯最终会被战败。巴基神甫认为，马克西米努斯于这年冬天发起围攻。诺丽斯主教引用赫罗狄安（*Herodianus, lib. 8.*）的记述——那里的伊松佐河（Isonzo）因为山上的积雪融化而河水上涨，经过漫长的冬天之后积雪才彻底融化，由此可以推断这场围攻发生在3月初。但是高山上的积雪在更晚些的时候才会融化，因为经过一个漫长的冬天之后融化时间会推迟，因此即使在6月和7月，河流应该仍然是水流颇丰的。马克西米努斯率军越过伊松佐河，带着空的水桶和那些用来把葡萄运到城里的容器，围攻了阿奎莱亚。

　　正当这些事发生的时候，赫罗狄安（*Herodianus, lib. 8.*）叙述了罗马发生的一件令人悲痛的意外之事。在留在罗马的少数禁卫军中，有两名禁卫军由于好奇元老院在讨论什么事情，于是进入神殿，一直来到胜利祭坛（Altare della Vittoria）处。不久之前任执政官的尤利安努斯（Iulianus, 不知道是不是上面提到的那两位补任执政官中的一位）与元老院议员梅塞纳斯（Maecenas）将他们的匕首刺进了那两名禁卫军的胸膛，他们二人当场倒地死亡。其他禁卫军逃回兵营，闭守在兵营里等待时机报仇。尤利安努斯出来后，鼓动人们和角斗士拿起武器对抗禁卫军。因此人们汹涌地跑向禁卫军城堡，以为自己可以闯入城堡，征服禁卫军。但禁卫军向他们投射乱箭和长矛，到了晚上，他们在混乱中返回城市，只带回被刺的伤口，许多人被屠杀，特别是角斗士。罗马人民非常愤怒，他们一边寻求帮助，一边连续几天向禁卫军开战，人们无法接受人数远少于他们的士兵做这么长时间的抵抗。人们拆除了禁卫军城堡的引水道，士兵们绝望地出了城堡，他们腰上别着剑追杀城里的人们。人们从窗户和房顶向禁卫军们投掷石块和瓦片，士兵们发现自己处于劣势，于是决定放火烧毁房屋。不幸的是，火势蔓延得非常快，以致城市的大部分建筑都被烧毁了。趁此机会，所有歹徒、恶人与士兵联合起来，对富人的房屋进行了疯狂的劫掠。在罗马进行统治的巴尔比努斯·奥古斯都每天都发布一些法令来平息这样的骚乱，安抚人民和禁卫军，但是没有一方听从他的命令。尽管他曾多次亲自试图阻止冲突，但无济于事，甚至有人朝他扔石头。其他作家写到巴尔比努斯甚至遭受了一顿殴打（Capitol., in Maximo et Balbino.）。平息这一骚乱的唯一方法是将年轻的戈尔迪安努斯·恺撒带到公众面前。看到他，罗马人民和士兵（因为所有人都爱戴他）都冷静了下来，同意和平相处，或者更确切地说是休战，因为他们之间真正的和平根本不存在。

马克西米努斯已经开始了对阿奎莱亚的围攻，因为他觉得继续朝罗马进军，却没有征服他遇到的第一座意大利城市，同时也是非常受人景仰的城市，是件不光彩的事（Herodianus, lib. 7. Capitol., in Maximino seniore.）。但当他看到城市里的所有居民，既包括男人，也包括女人和小孩都进行英勇的抵抗时，他霎时变得怒不可遏。城市里的人们朝马克西米努斯的军队投掷点着的沥青，烧毁他们的作战装备，用石头和熊熊火把摧毁他们的营地。因此，被围攻者的勇气越是与日俱增，围攻者的斗志就越是萎靡。马克西米努斯骑上马绕着军队转，想要鼓舞每一名士兵勇敢地进攻，但一切都是徒劳的。邪恶的马克西米努斯见无法征服阿奎莱亚人，就将他的怒气发泄到他手下的一些军官身上，指责他们与阿奎莱亚人串通，没有尽全力，然后将他们处死了。这一不公正的行为使许多士兵对他心生怨恨。另外，由于普皮恩努斯·马克西穆斯削减了各个城市的粮食供应，并禁止通过海运及河运进行运输，因此马克西米努斯军队的士兵和马匹均缺少粮食。马克西米努斯的军队因为这些苦难而破口大骂，同时他们听到消息（很可能是普皮恩努斯·马克西穆斯传播的）称所有罗马人民都已经准备好作战，罗马各省，甚至是蛮族人都宣布对抗马克西米努斯，因此所有士兵都悲伤沮丧。马克西米努斯军营中有一队士兵，他们过去常在罗马附近的阿尔比努斯山上驻扎，此时想起留在罗马的妻子和儿女，于是决定结束这场悲剧。这一天接近正午的时候，所有士兵集结起来朝马克西米努斯的营帐走去，他们与护卫军达成一致，将马克西米努斯的肖像从军旗上取下。马克西米努斯和他的儿子走出来安抚士兵们，但被砍成了碎片，此时是马克西米努斯统治的第四年。士兵们还杀死了马克西米努斯的军事长官和任何与他亲近的人。他们的尸体被丢给了狗，只有头颅被几个骑兵带到了罗马。色雷斯的士兵为马克西米努斯和他儿子的死而非常痛心，但事情已经发生了，他们也无可奈何了。之后，军队想要与阿奎莱亚人进行友好的谈判，意图进入城市，但阿奎莱亚人不愿招待这样的人，只从城墙上给他们递去了一些粮食，城门依然紧闭着。与此同时，携带暴君头颅去罗马的信使乘船经过阿迪杰河、波河和其他河流形成的沼泽一直到拉文纳。当时在拉文纳的普皮恩努斯·马克西穆斯·奥古斯都还在致力于扩充军队，这时一个意想不到的好消息传来：罗马帝国从两个可怕的暴君手里被解救了出来，普皮恩努斯和所有拉文纳人都为此而欣喜若狂。于是普皮恩努斯快速赶到了阿奎莱亚，受到了阿奎莱亚人民的热烈欢迎。邻近城市也纷纷派特使前来祝贺。马克西米努斯的士兵们穿着和平长袍，头戴月桂花环，也表现出满足于现在的局面的样子，但他们内心却怀有愤恨，因为他们要服从于一个由元老院而不是由他们自己选出来的皇帝。普皮恩努斯·马克西穆斯对他们发表了一番激动人心的讲话，并承诺给他们一笔丰厚的犒赏，之后将军队进行了划分，派往了各省，他与几支军队及他最信任的日耳曼护卫军则在阿奎莱亚停留了几天后再次启程返回罗马。

携带马克西米努斯头颅的信使行程如此之快，以至于在4天内就从阿奎莱亚抵达了罗马（*Capitol., in Maximino seniore.*）。因为那天有竞技表演，巴尔比努斯·奥古斯都与年轻的戈尔迪安努斯·恺撒，还有其他人在剧场里，那几个信使刚一出现，人们就高呼："马克西米努斯被杀死了。"确认了事实之后，所有人都欣喜若狂。元老院立即召开了集会，热烈欢呼，并做出决议：普皮恩努斯·马克西穆斯与巴尔比努斯为这一年接下来的执政官，由戈尔迪安努斯·恺撒代替马克西米努斯。巴基神甫（*Pagius, Crit. Baron., ad annum 239.*）认定，这说的是马克西米努斯在叛乱发生之前本来将他自己定为下一年（公元239年）的执政官，他死后，元老院指定戈尔迪安三世为下一年的执政官。同时，巴基神甫还认定两位戈尔迪安努斯并没有在这一年初发起叛乱，否则按照惯例，应该指定他们为下一年的执政官。两位戈尔迪安努斯的上位与死去，以及普皮恩努斯·马克西穆斯与巴尔比努斯被选为皇帝的事情应该也不是发生在这一年。然而，实际上所有这些事情确实都是在这一年里发生的，仔细研究过马克西米努斯匆忙行程的人会发现事实确实如此。

  普皮恩努斯·马克西穆斯抵达罗马附近，巴尔比努斯、戈尔迪安努斯三世、元老院和罗马人民前来迎接他，并举办了盛大的庆典，但是在士兵们的脸上只看得到悲伤。此外，两位统治者之间也开始出现一些不和与分歧。也就是说，虽然两位奥古斯都皇帝都非常节制，也满腔热忱地致力于管理好国家的民事与军事事务，但他们之间还是存在忌妒与不和谐的地方。巴尔比努斯蔑视普皮恩努斯·马克西穆斯，因为普皮恩努斯出身卑微，而普皮恩努斯同样也不太尊重巴尔比努斯，因为在英勇作战方面巴尔比努斯不如他。残忍的士兵觉察到了他们的不和，特别是禁卫军，他们意识到要击垮这两个不合他们心意的皇帝并不是很难——因为这两个皇帝不是由他们选出来的，因此他们总觉得自己的身份被贬低，就像塞维鲁斯·奥古斯都时期发生的一样（*Capitol., in Maximo et Balbino.*）。就在举办戏剧表演时，或者如赫罗狄安（*Herodianus, lib. 8.*）所认为的那样，在举办坎皮多里奥竞技赛时，禁卫军气冲冲地闯入宫殿。普皮恩努斯·马克西穆斯首先觉察到这具有威胁性的氛围，立刻派日耳曼士兵赶到巴尔比努斯那里去援助他们，随后他也亲自去了。这时妒忌之心再次作祟。巴尔比努斯怀疑普皮恩努斯叫士兵来是想自己称皇帝，于是二人争吵了起来。这时，禁卫军冲破大门，劫持了普皮恩努斯和巴尔比努斯，扒了他们的衣服，将他们带到外面，撕扯他们的胡子，殴打辱骂他们。禁卫军们本来想带他们到兵营，在那里将他们斩杀，但得知日耳曼士兵正赶来援助他们时，就在大路中间将二人杀死了（不清楚具体的月份和日期），然后高呼年轻的戈尔迪安努斯三世为皇帝，并带着戈尔迪安努斯三世来到了禁卫军城堡里。这就是这两位皇帝的悲惨结局，以他们美好的品德他们本应该活得更久。随着二人的死亡，赫罗狄安记载的历史也到此结束。

经历了许多变故之后，只有戈尔迪安努斯三世留了下来，他深受人民和士兵的爱戴，尽管据赫罗狄安所述（*Herodianus, lib. 8.*），他当时只有13岁，但他还是被公认为罗马皇帝。

年　份　公元239年　小纪纪年第二年
　　　　法比安努斯教皇第四年
　　　　戈尔迪安努斯三世皇帝第二年

执政官　马库斯·安东尼乌斯·戈尔迪安努斯·奥古斯都（Marcus Antonius Gordianus Augustus）与马尼乌斯·阿西利乌斯·阿维奥拉（Manius Acilius Aviola）

在狄奥尼和我引用的一则碑文（*Thes. Inscript., p. 361, n. 1.*）中写着第二位执政官阿维奥拉的名字为马尼乌斯·阿西利乌斯。我们在前面讲过，戈尔迪安努斯三世在上一年被指定为这一年的执政官，他有着与皇帝祖父和父亲一样的名字，即马库斯·安东尼乌斯·戈尔迪安努斯。他是戈尔迪安努斯一世的一个女儿所生，很有可能被外祖父收养，或者是被他的舅舅戈尔迪安努斯二世收养。然而德西普斯（Desippus）和另外一位古代历史学家认为他是戈尔迪安努斯二世的儿子。如果是这样，那他应该是戈尔迪安努斯二世的私生子，因为据卡皮托里努斯（*Capitol., in Gordiano III.*）证实，戈尔迪安努斯二世从来没有合法的妻子，不过他与22个妓女有过关系。戈尔迪安努斯三世的母亲在儿子升为皇帝之后并没有被授予"奥古斯塔"封号，这也可以说明她出身卑贱，并不是戈尔迪安努斯二世的妹妹，而是一个妓女。一些历史学家（*Lampridius, in Elagabalus.*）认为戈尔迪安努斯三世的名字为安东尼努斯（Antoninus），在一些石碑上也是这么写的，但更可靠的说法是安东尼乌斯这个名字。

这位年轻的皇帝长相俊美，性格温和，对所有人都和蔼可亲。他学习过文学，具有很高的天赋与才华，元老院、人民和士兵都非常爱戴他，将他视为他们的儿子，称拥有这样的皇帝是他们的福气。要统治好帝国，戈尔迪安努斯三世唯一缺少的是年龄和处理事务的经验，因为论心地善良，他不逊色于任何人。因此，在他成为奥古斯都以后，罗马所有的骚乱纷争全部停止了，士兵和人民也和谐相处了，所有人都开始享受现在的安宁与慰藉，试图忘记贤良的亚历山大皇帝死后遭受的诸多痛苦。

据卡皮托里努斯（*Capitolin., in Maxim. et Balbino.*）所述，马克西米努斯被杀之后，帕提亚人，也就是波斯人向东方各国发起了战争；卡尔皮人（Carpi）和斯基泰人（Sciti）也早已向罗马帝国的两个默西亚行省发起了战争，给这两个行省造成了巨大的损失。在上一年，本来已经决定由普皮恩努斯·马克西穆斯率兵到东方镇压波斯人，巴尔比努斯率另一支军队越过多瑙河与蛮族人对战，而让年轻的戈尔迪安努斯管理罗马。但上帝另有安排，我们可以认为当时的局势不是那么危险，也不是很有必要出征作战，因为这一年罗马呈现一片和平安宁的局面，罗马帝国在那些地区也没有遇到任何的动荡与骚扰。新上任的戈尔迪安努斯三世皇帝为了更多地赢得人民和军队的爱戴，如过去的新任皇帝一样，赠予了他们一份丰厚的奖赏，当时的勋章（*Mediobarb., in Numism. Imperator.*）提到这是这位皇帝的第一次慷慨赠予。

年　份　公元240年　小纪纪年第三年
　　　　法比安努斯教皇第五年
　　　　戈尔迪安努斯三世皇帝第三年
执政官　萨比努斯（Sabinus）第二次，维努斯图斯（Venustus）

执政官萨比努斯很有可能是那位于两位戈尔迪安努斯死后在元老院上提议选举普皮恩努斯·马克西穆斯与巴尔比努斯为皇帝的人，不久后他被任命为罗马总督。据卡皮托里努斯（*Capitolin., in Maximo et Balbino.*）所述，他是乌尔皮乌斯家族的一员，也就是图拉真皇帝所属的家族，因此他的名字应该是乌尔皮乌斯·维提乌斯·萨比努斯（Ulpius Vettius Sabinus）。

罗马正享受着一片令人向往的宁静与祥和，这时从阿非利加（Capitol., in Gordiano III.）传来消息称一伙对戈尔迪安努斯·奥古斯都不满的人和反叛者联合了起来，其中的首领是一个叫萨比尼亚努斯（Sabinianus）的人。戈尔迪安努斯三世往那里派了一支增援部队，先前被反叛者围攻的毛里塔尼亚总督与增援部队一起将反叛者围堵，迫使他们来到迦太基，并捆住了他们的首领萨萨比尼亚努斯，恳求饶恕。饶恕了这些反叛者以后，所有的动乱都平息了。但是卡皮托里努斯的记述非常混乱，令我们无法厘清事情的具体经过。佐西莫（Zosimus, Hist., lib. 1.）的叙述与卡皮托里努斯的不同，他认为迦太基人民拥立萨比尼亚努斯为皇帝。除此之外，关于萨比尼亚努斯的其余事情我们一无所知。从戈尔迪安努斯的一则法令中我们可以得知，这一时期的禁军总督是一个叫多米提乌斯（Domitius）的人。

年　份　公元241年　小纪纪年第四年
　　　　法比安努斯教皇第六年
　　　　戈尔迪安努斯三世皇帝第四年
执政官　马库斯·安东尼乌斯·戈尔迪安努斯·奥古斯都第二次，西维卡·庞培安努斯（Civica Pompeianus）

如果不是看到有一则雷内修斯（Reinesius, Inscript., pag. 633.）和利戈里奥（Ligorio）引用的碑文上写着与戈尔迪安努斯·奥古斯都共任执政官的是庞培安努斯·西维卡，我可能不会放上西维卡这个名字，因为我对古迪奥的另一则碑文并不是很信任，上面写着这一年的执政官叫作西维卡·庞培安努斯。不管怎样，至少可以肯定的是，这个西维卡·庞培安努斯与之前讲过的公元231年的执政官庞培安努斯并不是同一人，因为他没有被叫作二任执政官。在卡皮托里努斯（Capitolinus, in Gordianus III.）的作品里，他被叫作波皮尼亚努斯（Popinianus）。这应该是错误的写法，因为很多法令和石碑都可以证明庞培安努斯是他的姓氏。

我们之前讲过，阿尔塔薛西斯（Artaxerxes）重新建立了波斯帝国。在亚历山大·奥古斯都打败他之后，那里的人民平静了一段时间，但阿尔塔薛西斯死去之后，他的儿子萨波尔（Sapor）不仅继承了父亲的帝国，还继承了父亲的野心。由于罗马人占领的美索不达米亚曾经是波斯的统治区域，因此该地很快成为萨波尔虎视眈眈的目标。尤提基乌斯（*Eutichius, Annal. Eccles.*）赞颂萨波尔的公平正义，阿加西亚斯（*Agathias, Histor., lib. 4.*）对他的描述则完全相反，说他是一个冷酷、残暴、无情的人，完完全全是一个暴君。在他统治初期，他带领一支强大的军队闯入美索不达米亚，占领了卡雷（Carre）和其他周边城市，围攻了尼西比市（Nisibi）。他在这座城市的城墙之内建造了一座高高的城堡，不断地骚扰那里的居民，就在居民们准备投降的时候，他接到通知急需他带兵返回波斯。因此萨波尔与尼西比的居民达成一致，只有居民们承诺直到他返回他们都会将那座城堡保留得完好如初，他才会离开。但是他刚离开没多久，尼西比人就用泥和砖封闭了城堡。后来萨波尔重回尼西比市，再次对该市发起了围攻并占领了尼西比，因此部分居民遭到了凶残的屠杀，其余人则沦为奴隶，同时萨波尔还抢夺了大量战利品。这位极其残暴的波斯国王做出的事情令意大利也十分恐惧。因此，罗马元老院决定全力聚集兵力和金钱以镇压狂妄自大的敌人，并决定让年轻的戈尔迪安努斯三世亲自指挥军队，或者更准确地说是进行战争实操（*Capitolin., in Gordianus* III.）。

  与此同时，人们还想着给戈尔迪安努斯三世娶妻，即使据赫罗狄安所述，他当时还不满18岁。很有可能是他那不知名的母亲为他物色了一个妻子，根据一些勋章（*Mediobarb., in Numismat. Imperat.*）和碑文（*Thesaurus Novus Inscription., pag. 251.*）中的记录，她的名字叫弗利亚·特兰奎丽娜·萨比娜（Furia Tranquillina Sabina）。关于特兰奎丽娜，我们只知道她具有"奥古斯塔"的封号，但她并没有诞下任何子嗣。然而特兰奎丽娜的父亲米斯特奥十分有名，当时他仅仅是凭他的学识、雄辩力与审慎度闻名，而不是凭他担任的职务，他在成为皇帝的岳父之后被任命为禁军总督，很快利用自己的权势整治法庭，让他的皇帝女婿走上正确的道路。直到现在，年轻的给戈尔迪安努斯三世一直在母亲的管理之下，而他的母亲不太谨慎，任宫廷中的宦官随心所欲地欺骗给戈尔迪安努斯三世。宦官们教给戈尔迪安努斯三世小孩子的游戏与把戏，并串通一气贩卖公平与职位。其中一个宦官毛鲁斯（Maurus）向戈尔迪安努斯三世提议对某些人进行表扬或指责，对此戈尔迪安努斯向高迪亚努斯

（Gaudianus）、莱维伦杜斯（Reverendus）和蒙塔努斯（Montanus）征求意见，他们同意了提议之后就会予以执行。在他们的建议下，戈尔迪安努斯任命费利克斯（Felix）为禁军总督，将第四军团的指挥权交给萨拉帕莫内（Sarapammone），但他们都是不配担任这些职位的人。皇帝的国库落入这些贪婪之人的手里后变得毫无生机，还好英明的米斯特奥及时赶来将他的女婿从这些可恶的害人精手里解救了出来。卡皮托里努斯（Capitol., in Gordianus III.）写道，米斯特奥给戈尔迪安努斯三世写了一封信，在信中他表示很高兴铲除了这些祸害，让戈尔迪安努斯三世远离了这些损害他名誉与公众利益的官员。戈尔迪安努斯三世在另一封信中承认自己过去做了许多不该做的事，此外他说他现在认识到有些人隐瞒真相而用虚假的事情欺骗君主，被置于这样的人之手的君主是多么不幸！于是从那时起，戈尔迪安努斯三世想要对一切了如指掌，作为一个理解力很强、意志很坚定的君主，他将所知的一切都处理得井井有条，在所有方面都听取他明智的岳父的建议，还称呼其为父亲。因此，作为共和国的守护者，戈尔迪安努斯三世希望米斯特奥也得到元老院的认可，他公开说明他所做的一切都归功于这位令人尊敬的大臣，也就是他的岳父。就这样，戈尔迪安努斯三世渐渐成熟起来，不再像一个青涩的年轻人，公众对他的爱戴也与日俱增。

据说这一年发生了一场大地震，许多城市都因此而震动，许多居民掉入了裂开的地缝中。

年　份　公元242年　小纪纪年第五年
　　　　法比安努斯教皇第七年
　　　　戈尔迪安努斯三世皇帝第五年
执政官　盖乌斯·维提乌斯·阿提库斯（Gaius Vettius Atticus）与盖乌斯·阿西尼乌斯·普雷特克斯塔图斯（Gaius Asinius Praetextatus）

在格鲁特罗的一则碑文（Gruterus, Inscript., pag. 309, n. 7.）中，第一位执政官叫作盖乌斯·奥菲狄乌斯·阿提库斯（Gaius Aufidius Atticus）。但在更多地方他被称作维提乌斯，而不是奥菲狄乌斯，这在我的文集（Thesaurus Novus Inscription., pag.

*361, num. 3.*）中引用的一则碑文上也可以读到。因此格鲁特罗的那则碑文是不正确的，或者这位执政官同时拥有两个名字。

过去在罗马，战争开始或结束的时候（*Capitolinus, in Gordianus Ⅲ.*），都会举办开合雅努斯神庙大门的仪式。很长一段时间以来，罗马都没有举办过这一仪式了。戈尔迪安努斯三世决定领兵前往东方各国镇压波斯人，在这年年初他叫人将雅努斯神庙的大门打开以示战争的开始。后来春天到来，戈尔迪安努斯三世带领着一支强大的军队与足够多的钱走陆路朝拜占庭出发，然后在那里乘船到亚细亚。戈尔迪安努斯三世经过默西亚，在色雷斯遇到许多罗马帝国的敌人，很可能是萨尔玛提亚人、阿拉尼人和其他类似的蛮族人。戈尔迪安努斯三世或将他们屠杀，或让他们逃回到他们的国家。他的岳父米斯特奥作为禁军总督与他同行，同时他也是戈尔迪安努斯三世的得力助手。米斯特奥不仅深谋远虑，而且时刻保持警觉，这令所有人都钦佩他。罗马帝国边境所有大城市都备有很多粮食、醋、猪油、大麦和稻草，足够维持皇帝和军队一年的生活，但这是卡皮托里努斯的描述，在我看来却很难令人相信。其他城市根据他们的实力能够提供两个月的供给，或者更少。作为禁军总督，米斯特奥经常看望军中的士兵，他不允许老人当兵，也不允许征募小孩。他想要将军队驻扎的地方用壕沟围起来，夜里他还经常进行巡逻。他对公众的热忱为他赢得了所有人的爱戴，以至于他的下级军官全部都恪尽职守，没有敢敷衍塞责的。

征服美索不达米亚之后，萨波尔比以前更加傲慢了，他率兵攻入索里亚，如果不是戈尔迪安努斯·奥古斯都赶来镇压了他，他可能会成功地完全占领索里亚。据卡皮托里努斯所述，似乎安提阿被波斯人攻占。戈尔迪安努斯写给元老院的一封信让人怀疑这件事的真实性，有可能这座大城市只是被波斯人围攻，陷入了危险的境地。不过可以确定的是，戈尔迪安努斯三世赶到了那里，将安提阿从波斯人手里解救了出来。后来又进行了各种战斗，但在所有战斗中，都是罗马人取得胜利。这令萨波尔与波斯人感到恐惧，他们立即以最快的速度撤回到幼发拉底河的另一边。这时候有可能发生了佩特鲁斯·帕特里修斯（*Petrus Patricius, Legation. Tom. I Hist. Byzant.*）所叙述的事情，即萨波尔越过幼发拉底河后，来到埃德萨市，他派了几个传信员到该市的罗马军营,假装他们要回到他们的国家以庆祝一个节日(而不是出于害怕),表示如果罗马士兵可以让他们经过,他们会送上一份丰厚的礼物,那些罗马士兵很可能并不知道戈尔迪安努斯三世已经打败了波斯人,或者是为了礼物,他们没有对波斯人进行任何纠缠就放他们过去了。戈尔迪安努斯三世的其他事迹我会放到下一年讲,因为并不清楚是在这一年还是下一年,戈尔迪安努斯三世重新占领卡雷(Carre)以及尼西比市,美索不达米亚也回到了罗马帝国的统治之下。据卡皮托里努斯(*Capitolinus, in Gordiano* Ⅲ.)所述,当时波斯国王非常害怕,还没等罗马请求,就放弃了所有夺取的城市,撤走了他的驻兵。

年　份　公元243年　小纪纪年第六年
　　　　法比安努斯教皇第八年
　　　　戈尔迪安努斯三世皇帝第六年
执政官　阿里安努斯(Arrianus)与帕普斯(Papus)

在上一年或者是这一年,戈尔迪安努斯·奥古斯都将索里亚和美索不达米亚失去的城市全部收复了(*Idem, ibid.*)。在尼西比时,他写信给元老院,将他取得的这些胜利告知给他们,并希望到波斯的首都,即塞斯蒂芬(Ctesifonte),拜访一次萨波尔国王。另外,他希望可以进行一些祭祀和游行,将萨波尔引荐给众神,并感谢禁军总督与他的父亲米斯特奥,因为得益于米斯特奥的英明指挥,他才取得了这样的胜利。于是,元老院授予了戈尔迪安努斯三世凯旋的仪式,戈尔迪安努斯三世将乘坐大象拉的战车进入罗马,同时米斯特奥也可以乘坐由马拉的战车。此外,元老院还在大石碑上刻上了献给戈尔迪安努斯三世的颂文。然而这时,米斯特奥因为痢疾将命不久矣。许多人认为是马库斯·尤利乌斯·菲利普(Marcus Iulius Philippus,后来成为皇帝)非常惧怕严厉的米斯特奥而收买了给他治疗的医生,给他服用了对他病症不利的药,从而加速了他的死亡。米斯特奥将他的全部财产留给了罗马帝国,然后去世了。伴随着米斯特奥的死,戈尔迪安努斯也因为没有了引导和支持而变得时运不济了。上面提到的菲利普接替了米斯特奥的职位成为禁军总督,但没过多久他就忘恩负义，以最令人憎恨的方式登上了皇帝的宝座。我将于下一年讲述此事。

这一年，著名的柏拉图哲学家普罗提诺（Plotinus）名盛一时，他的许多作品保存至今；另一位著名的哲学家波菲里（Porphyrios，也是柏拉图的追随者）编撰了自己的生平传记（*Porphyrius, in vita Plotini.*）。普罗提诺渴望与波斯的哲学家交流思想，为了进入波斯，他加入了戈尔迪安努斯三世的军队，时年39岁。